旧京月色

杨澄 著　盛锡珊 绘

北京出版集团公司
北京出版社

图书在版编目（CIP）数据

旧京月色 / 杨澄著；盛锡珊绘 . — 北京：北京出版社，2020.2
ISBN 978-7-200-14782-7

Ⅰ.①旧… Ⅱ.①杨… ②盛… Ⅲ.①北京—地方史 Ⅳ.① K291

中国版本图书馆 CIP 数据核字（2019）第 066962 号

总 策 划：安　东　　高立志　　项目统筹：司徒剑萍
责任编辑：司徒剑萍　李更鑫　　责任印制：陈冬梅
封面设计：金　山

旧京月色
JIUJING YUESE
杨　澄　著　盛锡珊　绘

出　　　版	北京出版集团	
	北京出版社	
地　　　址	北京北三环中路 6 号	
邮　　　编	100120	
网　　　址	www.bph.com.cn	
总 发 行	北京出版集团	
印　　　刷	北京华联印刷有限公司	
开　　　本	880 毫米 ×1230 毫米　1/32	
印　　　张	12.625	
字　　　数	232 千字	
版　　　次	2020 年 2 月第 1 版	
印　　　次	2020 年 12 月第 2 次印刷	
书　　　号	ISBN 978-7-200-14782-7	
定　　　价	88.00 元	

如有印装质量问题，由本社负责调换
质量监督电话　010-58572393

北京城
是梦堆起来的地方。

悠悠老北京,
积蓄着多少代人
矢志不舍的追求、
胼手胝足的努力
和绚丽多彩的梦想?

回望老北京,
不仅需要情感,
更要有勇气、
智慧和胸怀。

天桥

  中轴线南端的汉白玉桥,是明清两代皇帝祭坛、出巡的必经之地,故曰"天桥"。据说当年此桥高大雄伟,平时不许登临。后来水道泯灭,又修路,通电车,桥便拆了。如今又在马路中间复建了一座桥,还恢复了"天桥双碑"的景致,只是已与当初大相径庭了。

祭灶

　　腊月二十三，糖瓜儿祭灶，是北京的老习俗。灶王爷是玉帝派到各家的"一家之主"，这天要上天汇报本家的善恶。所以祭灶时要用糖稀抹住灶王爷的嘴，不让他说坏话。过去妇女在祭灶时要回避，有"女不祭灶，男不拜月"之说。

年货摊

春节前,长街摆开各色年货供应摊,如香炉蜡扦、干鲜果品、鞭炮红灯、供花神像等,应有尽有。

守岁

　　大年三十,为除夕,是春节的高峰。一家人忙着贴春联、挂千、门神,布置供桌神像、祖先牌位,摆供。全家吃团圆饭,给长辈拜年。踩岁、妪岁、守岁。天越黑,鞭炮声越响。子夜,诸神降临,新年开始。

　　　　　　　　　　　　　　火判

　　　　　　　　　　　元宵节时,有人借宽阔之处垒一泥塑大肚判官,内蓄煤球,用劈柴点燃。只见七窍生烟,火苗蹿出,渐至遍体通红,五官喷火,引得万众鼓掌欢呼!也算是灯节一"灯"吧。

海王村公园（厂甸）

　　在和平门外琉璃厂。辽代时是城郊的海王村，元代开始建窑烧琉璃。明代被列入"五大厂"之一，得名琉璃厂。后窑废。清初，文人士绅居住附近，渐成书画文玩市场。每到春节，商贩云集，百货杂陈，形成雅俗共乐的"厂甸庙会"。大糖葫芦、大串山里红、风车、走马灯、花脸面具、噗噗噔儿，是为"逛厂甸"的标志。

白云观庙会

  在复兴门外。始建于唐开元年间,金代重建。成吉思汗延请长春真人丘处机来到燕京,奉居此处,易名"长春宫";明初改名"白云观"。每年阴历正月十九日为燕九节,庙会盛大,人如潮涌。据说这天可以遇见长春真人的化身,因此人们纷纷来此撞大运,以求大富大贵。今庙宇重修,成为京城春节主要庙会之一。

烧法船

　　每逢阴历七月十五，京城寺庙制作纸扎大法船，上载纸扎仆役及各种用品。僧人诵经超度亡魂，而后火化法船，寓意已发送到阴间。

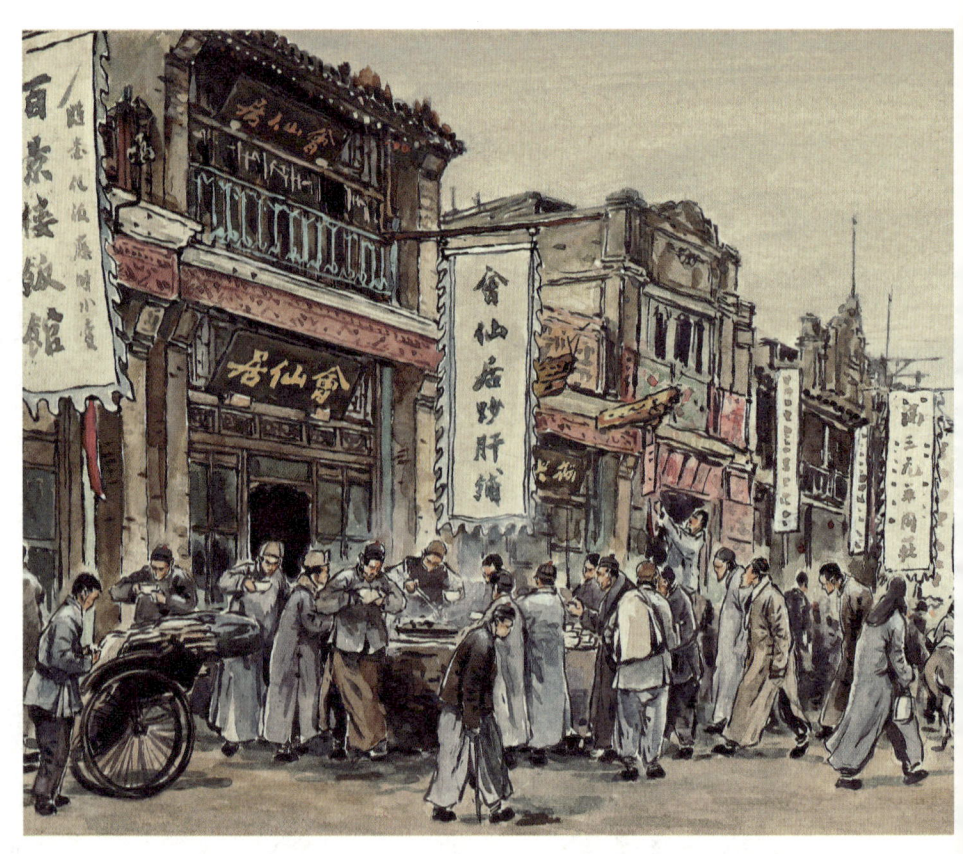

会仙居

 位于前门外鲜鱼口,原是一家小酒铺,创业于清同治元年(1862),靠卖零酒和加工"折箩"为生,后发明了"炒肝儿",一时轰动京城。1933年,天兴居炒肝店在会仙居对过儿开业。1956年公私合营,两家合并,只用"天兴居"旧名旧址。

耍猴栗子的

  傀儡戏的一种。艺人用挑子挑着道具,走街串巷,表演时钻到蓝布套子里,头顶是小戏台,边说边演,通常是"王小打老虎";演到一半,艺人出来端着锣要钱,然后才接着演。"猴栗子"一词,据说是"傀儡"的音转。

天桥三角市场

　　旧时天桥有彼此相连的三个市场,此为三角市场。"云里飞"的滑稽京戏的场子就在这里,还有些食品摊。

结婚

婚礼当天,男方要请个"娶亲太太"到女方家迎娶新娘;女方也要请出"送亲太太"护送新娘到男方家。娶亲太太、送亲太太必须是家中父母、丈夫、子女都有的"全福人",借福施福,讨个吉利。

目　录

开　篇　想起旧京"杂拌儿"…………………… 1
第一章　再见了，龙须沟 ……………………… 6
　　一、一个浅池，叫金鱼池 ………………… 6
　　二、一出好戏，叫《龙须沟》 …………… 11
第二章　年节很讲究 …………………………… 15
　　一、春节 …………………………………… 18
　　二、正月十九，燕九节 …………………… 53
　　三、二月二，龙抬头 ……………………… 55
　　四、清明节，寒食节 ……………………… 56
　　五、五月节，端午节，端阳节，女儿节
　　　　………………………………………… 63
　　六、七夕节 ………………………………… 67
　　七、中元节，鬼节 ………………………… 72
　　八、八月节，中秋节，团圆节，月饼节，

1

　　　　兔儿爷节……………………………………… 76

　　九、九九重阳节………………………………………… 82

第三章　飘然远去的老行业………………………………… 86

　　一、下磨脚底上磨肩…………………………………… 89

　　二、冲风唤卖一声声…………………………………… 96

　　三、巧手拾掇万家器…………………………………… 125

　　四、饥饿逼出来的天才………………………………… 135

第四章　城以街通，街以市兴……………………………… 165

　　一、想当初，鼓楼大街热闹非凡……………………… 166

　　二、到后来，前门大街包罗万象……………………… 168

　　三、看现在，王府井金光闪亮………………………… 176

第五章　老字号不老的奥秘………………………………… 187

　　一、六必居坚守"六必"……………………………… 188

　　二、瑞蚨祥志存高远…………………………………… 195

　　三、亨得利智慧取胜…………………………………… 197

　　四、同仁堂货真价实…………………………………… 201

　　五、新记西服行诚而有信……………………………… 204

　　六、合盛永颜料铺以和为贵…………………………… 208

第六章　三餐佳馔有味道…………………………………… 211

　　一、食不厌精的"谭家菜"…………………………… 212

二、两种烤鸭一般香…………………… 220

三、"砂锅白肉"，居、家皆然…………… 230

四、二荤铺"灶温"的"温"……………… 234

五、从"东来顺"粥摊儿，到赫赫

　　清真馆……………………………… 256

六、东兴楼成事在人………………………… 264

七、春节家宴说"和气"…………………… 268

第七章　老茶馆，另一个"家"………………… 272

一、北京人的茶缘………………………… 273

二、饮茶的三六九等……………………… 277

三、各色各样的老茶馆…………………… 286

第八章　京剧的摇篮…………………………… 295

一、没好角儿就没有京剧………………… 297

二、北京人别忘了"广和楼"…………… 300

三、锣鼓相当唱对台……………………… 313

四、我也"票"了一回戏………………… 330

第九章　可人的小黄鸟儿　外一则……………… 336

　　可人的小黄鸟儿………………………… 336

　　雨后的蜻蜓……………………………… 339

3

第十章　老地方藏着的老故事……………………345
　　一、东胡林村：一万年前的项链和手镯……345
　　二、董家林：最古老的"北京城"…………347
　　三、八宝山：西晋的骨尺………………349
　　四、温泉车儿营：北京最早的石雕像………352
　　五、云居寺：千年不辍地刻经藏经…………353
尾　声　故事不远，就在眼前——从李连英说起……361

开　篇　想起旧京"杂拌儿"

　　旧京的月色，清冷皎洁，却隐隐地透发出一袭暖意，撞人心扉，尤其是上元节和中秋节的那一轮明月，总是勾引起人们对团圆的渴求和甜蜜的回想。每到春节，我就想起八仙桌上那类如满月的如意八宝漆盒以及漆盒里面的"杂拌儿"。

　　金漆描绘外黑内红的圆盒里，八个梯形小簸箕拱卫中心的小八边盒，小簸箕分门别类地盛着瓜条、青梅、杏脯、蜜枣、芝圆、麻圆、花生蘸、核桃蘸八样糖渍蜜饯的果脯，中心八角盒是一盈鲜红的榅桲（炒红果）。那可是北京人过年怎么也少不了的吉祥甜食。就如同北墙上供奉的神像、条案上的祖先牌位和锃光瓦亮的白铜五供，还有案前插着八仙人的丰盛供品。所不同的，供品是祭奉神佛和祖先的，不可轻举妄动；唯独这盒"杂拌儿"却可以任人开盒品尝，就连我们这些淘气的孩子也可以偷觑大人的脸色，适量地索取而不受呵斥。

　　怪了，神佛面前的"杂拌儿"究竟是何物呢？

大明万历年间有个太监叫刘若愚,受奸佞魏忠贤一案的牵连,判了斩监候,因在狱中,他一面不停地上诉申辩,一面学着司马迁在牢房写书,把他十六岁因梦自宫当太监以来,在宫里的所见所闻,一一写下,集成《酌中志》一书,记录翔实,文笔生动,成了了解明代宫廷生活的一本难得的好书。书中就记载宫里过春节时把"柿饼、荔枝、圆眼(桂圆)、栗子、熟枣"放在一个"百事大吉盒儿"里,可以随手品尝,取意百事美好大吉。这或许是刘若愚透过监牢的铁窗,望见了高挂夜空的一轮明月,触动心弦,想起了宫里过春节时摆在案上的"百事大吉盒儿"。

旧京人聪明,到了清朝,这个吃食有了改进,将一些剥皮费事的干果,用蜜汁或糖水腌渍加工,成为看着五光十色、吃着香甜美味、取用随心所欲的吉祥小吃。传说慈禧太后吃得很高兴,顺口给起了个"杂拌儿"的名字,一下子传到民间,赢得了"宫廷小吃"的美名,进而成了代表北京的风味食品。然而京城子民更有创新,既然"杂拌儿"杂七杂八的没规矩,谁都可以量着口味和财力选料凑热闹,于是乎"杂拌儿"就有了不同的拼凑,三六九等,质分高下,怎么合适怎么"杂"怎么"拌儿",五花八门。

这就有了三种"杂拌儿":

一等的高杂拌儿,也叫细杂拌儿,是将鲜杏、蜜桃、大枣、桂圆、荔枝、山楂、藕片等，经过糖蜜渍汁加工成的干果和蜜饯杂拌儿，看着漂亮，吃着可口。价格自然高，专供住在大宅门里的有钱人家享用或馈赠亲友。过去的东安市场、有名的干果店，常出售这种鲜亮味美的蜜饯果脯，渐渐地它就成了外地来京旅客常购买的伴手礼。

二等的中杂拌儿，也叫粗杂拌儿，其中有梨干儿、苹果干儿、柿饼条、山楂条、脆枣、榛子仁、花生蘸什么的。常出现在戏园子门口、庙会的摊上。用秤约，打包拿走，有点儿类似于如今看电影吃的爆米花。

最次的杂拌儿，叫"杂抓"，也叫"一把抓"。里面都是最便宜的瓜子、花生、酥进豆什么的，自然价钱便宜。吃着解馋、耗时候解闷儿。过去，各大干果店都能买到细粗杂拌儿，"杂抓"则由小商贩推着小车儿或挑着担儿走街串胡同叫卖，一声吆喝吸引来众多买主儿，有首民谣唱道：

过大年好喜欢，吃杂抓能抓钱，
学生抓识字，大姑娘抓针线，
抓到嘴里甜如蜜，抓到福气在眼前……

卖"杂抓"的小贩不带秤，只用手一抓，往旧画报卷成的三角形纸筒里一倒，就算交易成功，因而有了"杂抓"的名字。

一般京城人家一进腊月，日子过得再紧绷，也要撑（节省）出一笔钱来置办年货，选购足够的细杂拌儿是其中一项，为的是除夕守岁和招待拜年来的亲友。红烛高烧，炉火正旺，饮着香茗，吃着杂拌儿，阖家围炉叙话，喜气盈盈，这才叫年味儿。

描金盒里的细杂拌儿随吃随添，不许空，老是满的，圆圆满满，甜甜蜜蜜，直吃过了正月十五元宵节，年的甜味、家的浓情才悄然地流进记忆，沉淀到心底……

物资匮乏的年月，食不果腹，哪里还有零食可享？政府却循理儿有份民心。春节前凭票证，按人头准购二两葵花子、半斤花生和适量的水果糖，写在副食本上。虽然数量不多，却能在除夕围炉迎新时，不干坐着。那时没有电视，绝无"春晚"之扰，夜色渐浓，妈妈端出一碟花生、一碟瓜子和一碟水果糖，权当既往的"杂拌儿"。此刻，一家人菜色的脸上才绽露出一丝笑模样。吃食寡少，留下的记忆却深刻，"杂拌儿""杂拌儿"，唯杂而拌之，才有色彩、才有甜味，进而升华为一种厚重的亲情。进而悟出皇皇都城在年深日久的跌宕中，不也是由四面八方的"杂"人们前赴后继而共筑的吗？光分七色，声有五音，人分三六九等，地有南北西东，试观天地万物，哪一处不是杂而拌之？顺而悟出，旧时北京人过春节吃杂拌儿，既是磨时候吃零嘴儿，也是点滴入心，不忘生活之本。往开了说,北京城从古到今,从东到西,从大到小,哪一处不融着"杂拌儿"的神采呢?

于是,我想起了用"杂拌儿"的道理,说说北京城处处的零碎儿,摸摸古城的温度,找找那些平实憨厚的老北京人。哪想,抬头一看,当头的星空,月色正浓……

第一章 再见了，龙须沟

童年，人生的初始阶段，虽短暂，却影响终生。暮年，记忆模糊了，唯独童年时的印象，鲜丽如昨，总也抹不掉。

我的童年是在龙须沟边度过的。

一、一个浅池，叫金鱼池

从前，旧京天坛北墙外边有条龙须沟，名字好听，气味难闻，因为它是南城下九潲汇集的一条奇臭无比的大臭沟，七扭八拐，自西向东淌去。沟虽臭，沟边却密匝匝地住着五行八作的穷苦人和调颜料排污水的染坊、熬硝熟皮子的作坊。那时候，为了能在京城挣上一口活命的窝头，哪还顾得上脏臭？

可就是这么臭的一条沟，怎么竟攀上"龙须"的美名呢？

听老辈人说，明大将徐达攻进元大都以后，朱元璋让刘伯温修造一座簇新的北京城。可是连年征战,耗费巨大,造城的钱从哪出呢?刘伯温能掐会算。他站在元大都丽正门(今前门北)往南一看,说眼前是一条龙脉,这儿是龙头,身背后的北面是龙身,钱就埋在这条巨龙的身子底下。他指挥明军士兵先从龙头南面的"龙须"开挖。只一破土,就见满窖的黄金白银在太阳地儿里闪闪发光,晃得人俩眼发花。刘伯温只拿龙须的这点儿金银,就打造了"三头六臂哪吒城",整个龙头、龙身、龙爪、龙尾下面的钱,至今还没动呢!

北京城有模有样地建好了,刘伯温只顾挖土取金,没有顾上回填沟里的土。年深日久,积水成渠,自然就叫"龙须沟"了。

其实,龙须沟是辽金时期莲花池水系流经虎坊桥、龙潭湖、东南护城河,最后注入通州大运河的废弃河道。

老辈人说,起先那阵儿,龙须沟可鲜亮了:岸柳依依,水清荷红,画舫轻摇,笛音缭绕,一时名噪京城,有"小江南"之称。春日踏青,夏日纳凉,秋日观枫,冬日赏雪,一年四季都有个看头,那叫一个美!更有一层,水道还经过金帝消夏行宫"金鱼池",只见金鱼游弋的水泊中,托出一片雕梁画栋的亭台楼阁,犹如天上宫阙飞落人间,好不气派。

然而,时光飞逝,人世沧桑,昔日的清丽风光早已不在。水断了，龙须沟由清变浊，由浊变臭；金鱼池的楼台殿阁早已毁颓殆尽、不知去向；晾了底儿的坑塘只能仰仗老天爷每年下的那点儿雨水，勉强供养坑边养卖金鱼和开染坊的人糊口谋生。龙须沟臭了，却聚集了越来越多来北京寻梦圆梦的穷人，在这里，或奋起、或沉沦，龙须沟演绎着北京城另一角五光十色的人生，书写真实的北京史。

20世纪30年代，我出生在前门大街南端紧靠珠市口的小胡同里，离龙须沟也就一里多地。那时候北京的学校很少，多是私立的，很简陋。比如租个小院，几间空房，请俩老师就能开学上课，一个屋子可以由一个老师分拨给几个年级的同学上课。学校没钱了，就停办，学生再找别的"学校"。我曾在龙须沟北岸的一个明代破庙里念小学三年级，破败的大殿改作教室，阴暗漏风，整天闻着龙须沟散发的一阵阵呕人的臭气，日久年深，鼻子都熏"聋"了，不辨香臭。冬天，天寒地冻，臭味虽然被暂时封住了；可西北风窜进教室，搅得周天寒彻，又没火炉，人缩成一团，哪还听得进课。老师无法，只好让我们出去，围着大殿跑圈儿，跑热了再回来上课。

最要命的是夏天。太阳毒晒，龙须沟里的粪便垃圾跑气冒泡，像开了锅，冒着噎人的臭气；沟里的死猫烂狗（时有死孩子）膨胀得很大，时间长了还要"嘭"的一声开膛放炮。遇到雨天，那就更糟了。沟水泛滥，漫出沟沿、漫进院落，甚至升堂入室，漫上炕沿。随之而来的是臭沟里五花八门的漂浮物，和无处不在的白花花、圆滚滚的大尾巴蛆……此时，我们的教室早已成了"泽国水乡"，只好蹲在凳子上听讲，上面漏雨，下面还要及时地清除爬上课桌的大尾巴蛆……

下学了，回家却成了生死攸关的大问题。晴天出门，沟、路昭然。虽然沟边的小路不宽，但总可以看得见旁边冒着黑气的沟水，小心翼翼地捋着墙根走。大雨之后，一片汪洋，哪是沟，哪是路，就全凭记忆了。更要命的是，原来狭窄的土路让水一泡，成了泥浆，黏滑无比，一个不小心就滑进沟中，沉入浓稠莫测的沟底。时常有臭沟淹死孩子甚至大人的噩耗传来，令人不寒而栗！至今，雨天，战战兢兢摸着沟边回家的紧张景象，还不时入我梦中。

然而，我还是应了那句老话："是福不是祸，是祸躲不过。"那年夏天，早晨刚到学校，校长就说放假，不上课了。我们自然很高兴。后来听说，是美国大兵在东单练兵场强奸了中国的女大学生，全市大中小学罢课抗议。校长没说，我们也不懂，只想着去玩。同伴建议去不远的金鱼池捞小金鱼去。

那时候，金鱼池是北京城供养金鱼的基地。北京的龙睛鱼以色彩斑斓、造型奇特、品种繁多而闻名。金鱼池虽然失去了往日的水源，但因其地势低洼、坑塘毗连，成为不少鱼把式专门饲养各色金鱼的地方。我们时常拿着喝水的搪瓷小碗，跑到较远的鱼塘边，把碗埋进水中，等小鱼游进碗里时，猛然端起，鱼就是我的了。当然这是偷鱼，养鱼人不干，大呼小叫让我们倒回去。只是相隔太远，他们也不会真的追过来。乐得我们捧着小金鱼回家。

这天，我蹲在两塘之间的泥沿上，目不转睛地等着一条小墨龙睛游进我的小碗。突然，小伙伴高声叫喊："来人了！"我一慌，脚下一滑，只觉得浑身一凉，就滑进锅底形的鱼塘中。等我醒过来的时候，我发觉自己光溜溜地被裹在一捆白布中。一个红脸膛的壮实汉子笑眯眯地俯身

卖小金鱼的

看着我:"怎么样?金鱼池的'鱼汤'鲜不鲜?"我难为情地摇了摇头,缩进白布里。

后来,妈妈来了,千恩万谢地感激那汉子救了我一命,还送了一盒正明斋的饽饽匣子。原来我落水的那一刻,塘边染坊的刘师傅正用一丈多长的大铁勺挑染蓝布。看我落水,他垫步拧腰,撤出长勺,飞速地杆向鱼塘,用勺心把我安稳地捶上岸边,又把我翻过身来,伏在一口大铁锅的锅脐上控水,然后把我浑身擦干,裹在未染的白布中,还给我灌了碗姜汤,洗净了我的衣服。走的时候,他提着一个小玻璃鱼缸,里面有一红一黑两条金鱼,还有绿绿的扎草,说:"以后想要鱼,就来找我。"我羞愧得低下了头。

二、一出好戏,叫《龙须沟》

1950年5月,一杆红旗插在龙须沟西头,歌声中,改造龙须沟由明沟改为暗沟的工程开始了。这件事惊动了刚从美国回来的老舍先生。他惊诧,新中国刚成立,政府这么忙,怎么一下子就想到了修这条贫民窟里的臭沟?到底是人民自己个儿的政府啊!他几乎刻不容缓地拿起了笔……1950年10月,沟还没修完,老舍的三幕话剧《龙须沟》已经刊登在《北京文艺》的创刊号上了。

再见"龙须沟"是1951年2月,我上了灯市口的育英中学之后，在东华门大街路北的真光电影院（今北京儿童剧场）的舞台上（那时候位于八面槽的首都剧场还没建成）。紫红的大幕拉开，啊，依旧是我熟悉的沟边漏雨跑风、摇摇欲坠的破屋子；依旧是我熟悉的整日奔命、不得温饱，还要提防"黑旋风"之类恶霸欺凌的小人物：程疯子、程娘子、王大妈、丁四嫂、赵大爷、二春、小妞子……三幕戏浓缩了龙须沟小人物的悲欢离合，也勾起我那段不太长的回忆。我沉浸在古都新生的幸福中，由衷地唱出：

解放区的天是明朗的天，
解放区的人民好喜欢，
民主政府爱人民啊，
共产党的恩情说不完……

从《龙须沟》的幕后，我看到了一位老北京人正直、博大的襟怀和他娴熟超群的笔力。

老舍兴致勃勃地写完《龙须沟》后，交给刚成立的北京人民艺术剧院（原来是歌舞剧都演的综合性剧院）排演。剧院的李伯钊院长请北京师范大学的焦菊隐教授执导。焦菊隐看了剧本认为太单薄，不适合演出。经过剧院一再的努力，焦先生说："那就让导演和演员一起来丰富这个戏吧！"

《龙须沟》的主要演员于是之、郑榕、叶子等那时虽然都是二十多岁的青年，但他们有旧社会的体验、扎实的演技和一颗滚烫的心，把龙须沟的各色人物演得活灵活现。作者、导演、演员拧成一股绳儿，何止丰富了三幕话剧《龙须沟》，更是为新中国、新北京的诞生奏响了一曲叫人亢奋又让人心服的颂歌。

周恩来总理看了直言，这戏帮了他大忙。他让负责文艺工作的周扬同志表扬老舍先生，但是遭到一些从解放区来的理论家和作家的反对。他们不服气，认为老舍刚从美国回来，又没有参加过革命斗争，怎么能率先获奖？最后还是北京市委书记彭真为周总理圆了场、补了台。他说，既然《龙须沟》是写北京的，那老舍这个奖，就由北京发吧！

1951年12月21日，北京市人民政府委员会和市各界人民代表会议协商委员会联席会议决定：授予话剧《龙须沟》作者舒舍予（老舍）"人民艺术家"荣誉称号，颁发了奖状。老舍很自豪，也很珍重，把奖状一直挂在墙上。

《龙须沟》一剧，开启了北京人民艺术剧院成功的创作道路；开始了老舍、郭沫若、曹禺、田汉等名作家与焦菊隐、欧阳山尊、夏淳等名导演，于是之、刁光覃、郑榕、蓝天野、朱琳、胡宗温等名演员的完美合作，推出了《龙须沟》《茶馆》《蔡文姬》《关汉卿》《带枪的人》《推销员之死》等经典名剧。

一个人、一部戏、一个剧院，为一座城市、一个时代留下了一段感人的记录，可思可想，可歌可泣。

人生如戏。一位始终对老舍不服气的女作家，终于在1966年夏天，当着热血偾张的红卫兵小将的面，指着老舍的鼻子说，他拿过美金！一场老舍做梦也想不到的暴打与凌辱，把这位一生热爱北京的老作家逼进了黑沉沉的太平湖……

我倏然惊醒，心灵的沟壑怎么比千年的沟壑还难以填平呢？

我真的没有想到，再见了龙须沟之后，又有了再见太平湖！

今天，走在天坛北墙外的金鱼池大街上，别致的楼群，宽敞的马路，奔忙的车流，日子过得既紧张又舒心。可有谁还记得当年那条臭沟呢？又有谁还记得那个逼疯好人、淹死姐姐的时代呢？龙须沟由清变浊，积攒着旧时代的故事；龙须沟由明改暗，又刻录了新时代的精彩。今天，我们又该怎样续写没有了龙须沟、没有了老舍的故事呢？

于是，我拿起笔，遵从老舍先生那颗善心，去追寻旧日的光彩，探求普通民众心底的光明，用旧京曾经的故事去填平世间的沟壑，堆垒起一条通向明天的五彩路。

第二章　年节很讲究

俗话说："十里不同风，百里不同俗。"一个地方有一个地方的风俗，老北京自然也有老北京的风俗。

那么，风俗到底为何物呢？《汉书·地理志》讲得很玄奥，却不乏机理：

> 凡民函五常之性，而其刚柔缓急音声不同，系水土之风气，故谓之风；好恶取舍动静无常，随君上之情欲，故谓之俗。

《辞海》讲：风俗是"历代相沿积久而成的风尚、习俗"。

这么讲，仿佛又言之不足，乃进一步解释："自然条件不同而形成的习尚叫风；社会环境不同而形成的习尚叫俗。"

《现代汉语词典》讲的就比较简单：风俗是"社会上长期形成的风尚、礼节、习惯等的总和"。

这么说，"风俗"这个词儿可谓包罗万象。由来不去管他，只说大面，风俗有哪些呢？比如过年过节啦、婚丧嫁娶啦、小孩满月啦、老人庆寿啦、居住习惯啦、饮食口味啦、穿衣戴帽啦，等等，不一而足。而北京地处天子脚下，五方杂处，四海云集，天南地北，风俗就没有准确的方向性、地域性，却有宽容性、示范性。试想，全国，乃至全世界的各色人等，一股脑儿会聚京城，"同饮一河水，同顶一方天"，该当如何？他们相互影响，相互制约；一方面是和而不同，另一方面又必须求同存异，实现约定俗成，澄出一层层"精华"，风行于世，流芳百代。这些"精华"，无人规定，却众人共遵；虽礼法繁杂，却寓"礼"于乐。审视老北京的老风俗不光丰富多彩，而且充满情趣。细剥就里，这里边藏着老辈人的记忆、经验、苦乐，乃至生命。它是文明的积累，历史的文化遗存，一笔平添生活乐趣、增益人生智慧的文明财富。

这里就拣最能体现老北京风俗的过年过节的事儿说说。

年节是人们日常生活的节点和亮点。一年到头，奔波劳碌，唯有到了节庆才能从蓄满了浓郁的人情和持久的欢乐中，品到人生的美好和幸福。

北京人最讲究过年、过节，这里边还真有不少说道。

旧时的北京，节庆不断，一年当中，隔三岔五就会有一个应时当令的祭祀、游乐的活动，过的是节，遵的是礼，找的是乐。

比如清明节（公历四月五日前后）、端午节（农历五月初五）、乞巧节（农历七月初七）、中元节（农历七月十五）、中秋节（农历八月十五）、重阳节（农历九月初九）、冬至节（农历冬月中旬）、腊八节（农历腊月初八）、春节（农历正月初一），等等。

记得小时候，爱唱一个歌谣，把十二个月的节都说了个遍，也反映了那时北京的时尚：

> 正月正，大街小巷挂红灯；
> 二月二，家家摆席接女儿；
> 三月三，蟠桃宫里去游玩；
> 四月四，男女老幼游塔寺（指白塔寺）；
> 五月五，白糖粽子送姑母；
> 六月六，阴天下雨煮白肉；
> 七月七，坐在院中看织女；
> 八月八，穿双球鞋逛白塔（指北海）；
> 九月九，大伙喝杯重阳酒；
> 十月十，穷人着急没饭吃；
> 冬月中，公园北海去溜冰（指中山公园和北海）；
> 腊月腊，调猪调羊过年啦！

一、春节

一年节庆，以春节最为隆盛。

它几乎占了整个腊月、正月两个月：腊月准备，正月高潮，直到二月二"龙抬头"才偃旗息鼓，前前后后足有俩多月。春节过大年，礼数最多，规模最大，时间也最长，成了全民族辞旧迎新的盛大典礼。

现在六十岁开外的人都有儿时盼过年的共识。因为那时候国弱家贫，物资匮乏，肉蛋奶不用说，就连花生瓜子也是稀罕之物，只有到了春节才肯赏光，或者还有更幸运的事光临：可以裁件新衣服，换顶新帽子，到厂甸买串儿大糖葫芦！

记得有首儿歌唱道：

> 糖瓜祭灶，新年来到；
> 姑娘要花，小子要炮，
> 老头儿要顶新毡帽！

把那种欣喜、急切的心情唱得清清楚楚。
贫穷，让人充满期待，也更恪守传统，遵从道德。

旧时的北京，一进腊月，街头巷尾就充满了浓浓的节日气氛。

《京都风俗志》描绘：

> 市中卖年货者棋布星罗。如桌几笔墨，人丛作书，则卖春联者；五色新鲜，千张炫目，则卖画幅者。以及芦棚鳞次，摊架相依，则佛花、供品、杯盆、杵臼，凡祭神日用之物，堆积满道，各处皆然。

这时节，京城店铺装饰一新，货物备齐，起早贪晚地接待顾客，熬更守夜也要做好年底的最后一笔买卖。只见马路边摆摊的，胡同口挑担的，叫卖着年画、佛龛、对联、花炮、绒花、绣花样子、灯笼、香炉、蜡扦、春联、门神、挂千、鲜鱼水菜、干鲜果品，等等。那真是五光十色不胜观，叫卖声声试比高，喧腾的街市一下子把人们的心气烘了起来，真的"要过团圆年喽"！

腊八节

腊月初八，一碗香甜的百果粥，揭开了春节的序幕。

富庶人家是"老太太心别烦，过了腊八就过年"，说的是盼年心切，喜悦日盛。穷困的人，则心情不同。因为，时至岁尾年关，商界纷纷写帖子催账，被称作"送信儿的腊八粥，要命的关东糖，救命的煮饽饽（饺子）"！只有过了大年初一，才算躲过债主。一个"年"，有的盼、有的怕；几家欢乐饮美酒，几家愁苦命到头！年是节，还是关？

腊八节又叫成道节，有个来由：

传说佛祖释迦牟尼，就是在这一天得的道，成的佛。

话说释迦牟尼，本是古印度迦毗罗国的王子，他为了解除人世间生、老、病、死的痛苦，舍弃优裕的王族生活，踏遍山川险境，寻求人生哲理。苦修多年，却终无所获。这一年的腊月初八，他来到哈尔邦的尼连河畔，累饿交加，眼前一黑就晕倒在菩提树下。此时牧女茜迦罗越正提着用头牛的奶熬成的奶米粥，到菩提树下谢神还愿。她看见释迦牟尼躺在地上奄奄一息，赶忙把奶米粥喂给他吃，扶他靠在树下歇息。释迦牟尼恢复了元气，只觉眼前大放光明，通体清爽如鸿毛，心中顿有所悟，遂成大道。

还有另一个版本：

释迦牟尼一路苦行，只靠捡拾野果草籽充饥，时常因为悟道专注，忘了采食，也忘了劳累。终于在腊月初八这一天，他倒在了尼连河畔的菩提树下。他勉强把布袋中捡拾的野果草籽倒在钵里，煮成一钵稀粥，慢慢吃下。这时，奇迹发生了，眼前的混沌世界幻化出一条披满霞光的天堂之路。佛祖看破了红尘，悟出了正道。

两个说法差不多。总是讲佛祖修行是苦思苦行修炼的结果，寻求真理要百折不回。从此，佛门弟子每逢腊八，就举行诵经礼佛活动，并用杂米干果熬粥，敬佛布施，牢记佛祖慈悲悯世、刻苦修行的功德。

过去，京城皇寺名刹都有腊八舍粥的善举。皇帝也将宫中的"御制腊八粥"装盒赐给王公大臣。渐渐风行成俗，腊八节演化成春节序曲。如今，人们清晨喝着香甜美味的腊八粥，还知道佛祖苦思苦行悟出的，慈悲为怀、智慧在心的至理吗？

腊月的安排，弛张有序，先松后紧，节奏逐日加快。腊八过了，是半个月的准备，气氛一天比一天浓烈。声音出自黄口小儿脆嫩的歌声：

二十三，糖瓜儿粘；

二十四，扫房日；

二十五，推糜黍；

二十六，去调肉；

二十七，宰只鸡；

二十八，把面发；

二十九，蒸馒首；

三十儿晚上坐一宿；

大年初一扭一扭。

这个编排具体的时刻表，为春节的团聚大餐安排得头头是道。

二十三祭灶是"过小年儿",为"大年儿"做预热,让民众先吃点儿甜头,目标定在厨房里的那位灶王爷和灶王奶奶。

可能是饿怕了,中国人特别重视吃,信奉"民以食为天"。

逢年过节的核心就是吃。立春的春饼,端阳的粽子,中秋的月饼……就连老北京人见面的问候,也是以吃代好:"您吃了吗?"答:"偏过了。"

然而,吃从何来呢?当然是厨房,它虽不登大雅,却是居家之要害重地。

更有一层,那是老天爷派驻为"一家之主"灶王爷夫妇的监督所!

腊月二十三,祭灶

传说灶王爷夫妇是玉皇大帝派驻各家的,专门监督一家人的言行。

到腊月二十三这天晚上,他老人家要回到天庭,向老天爷具体汇报这家人的善恶言行,听从玉皇大帝的赏罚。

因此,到了黑夜,院里立起高杆,挂天灯,为灶君回宫照亮。

其实祭灶是我国远古重大祭祀活动之一,核心是火,它表达了原始社会人类对火的敬畏和崇拜。

古代祭灶单纯热烈，要用黄羊。后来故事多了，降了级，改用饭菜羹汤，糖瓜糖饼，还要为灶君的神马准备清水一碗，料豆一盘。

过去因为妇女整天围着锅台转，就在灶王爷眼皮底下，所以，为显庄重，有"男不拜月，女不祭灶"的说法。

祭灶开始时，点蜡上香，把化开的关东糖抹在灶王爷夫妇的嘴上，为的是粘住他的嘴，让他们别在老天爷那儿说本家的坏话。

主祭人口念："您上天就多言好事吧，专等您回宫降吉祥啦！"然后，取下神像，与千张、元宝一起就地焚化，清水一泼。只见青烟缭绕，火灭灰飞，就算礼成。

这时，妇女躲进厨房打扫炉灶，涂抹新泥，名曰"挂袍"。

老早以前，北京唱小曲儿的有一段"祭灶"，很真实，也很风趣：

腊月二十三，呀呀哟，
家家祭灶，送神上天，察的是人间善恶言。
一张方桌搁在灶前，千张、元宝挂在两边。
滚茶凉水，草料俱全。
糖瓜子，糖饼子，正素两盘。

当家人跪倒，手举着香烟，
一不求富贵，二不求吃穿；
好事儿替我多说，坏事儿替我隐瞒。

（《霓裳续谱》）

由"祭灶"，顺而想到，家里炉灶上常有一种类似蛐蛐的小虫出没：色黄白，体有纹，六足，有须，以炉台上的残渣剩饭为食，夜半常发"曲曲"声，细碎悠长，为沉寂的夜色又添一份幽深。

父亲说，这就是灶王爷的"马"，俗称"灶马"，人不加害，虫亦不害人。

我更奇怪，难道灶君夫妇竟如此寒酸，以小虫为坐骑吗？

早先，我家厨房东墙垒有炉灶，灶王爷的神位在南墙靠炉灶的侧上方，整日烟熏火燎，神像满脸油烟，几不可辨。

我常想，天宫诸神中，唯有灶王爷夫妇地位最惨：环境差，任务重，二十四小时蹲守不说，走的时候还要被糖稀糊住嘴，有口难开。回宫汇报也难，老说好话，玉皇不信；如实汇报，惹恼了地面主人，人家来年不请了，岂不失业？

空有监督虚名，又要逢场作戏。灶王爷，难啊！

除夕、大年夜、三十儿晚上

从二十六到除夕,过年的节奏加快。

这几天灶君回宫,人间无人主宰,百无禁忌,叫作"乱岁"。人们多用这几天谈婚论嫁,以为大吉大利。

这几天还要把一年的药方凑在一起烧掉,叫作"丢百病"。

除夕这一天,还要把门神、春联、挂千(又作挂钱)、窗花贴好。京城街巷呈现出:

> 挂门钱纸飐春风,福字门神处处同;
> 香墨春联都代写,依然十里杏花红。
>
> (《都门竹枝词》)

中国人看重门,自然更看重门神。

过年讲究万象更新,从那儿开始新呢?

首先是门。过去大门都是左右两扇,正好贴两位门神,两边的门框再镶上一对春联,这样字画搭配,高雅美观、焕然一新!

贴门神的历史很久。中国有部古老的奇书《山海经》,里面记载:

> 在浩荡无垠的东海,有座度朔山,山上有棵弯弯

曲曲的大桃树，占地三千里，伸向东北方的树枝底下有座鬼门，大小鬼都从此门出入。鬼门两侧有神荼、郁垒两位神将把守。若发现为非作歹的恶鬼，二神将就用苇索捆绑，扔到虎池喂虎。

后人就把连恶鬼都惧怕的神荼、郁垒的画像贴在门上，并悬挂桃符驱邪避鬼。

《荆楚岁时记》载：

> 正月一日……绘二神，贴户左右。左神荼，右郁垒，俗谓之门神。

这是最早的门神，亦有只写名字，不画像的。今多不用。

后来比较常见的两位门神爷，是大唐名将秦叔宝和尉迟恭二位。据说，大唐贞观年间，宫中入夜常有鬼怪作祟，唐太宗李世民不堪其扰，难以安息，就调来秦叔宝、尉迟恭一白一黑两位爱将，彻夜把守宫门。鬼怪惧其威严，一哄而散。自此，宫中平静如常。

民间仿照此例，画白盔、白甲、净面飘髯的秦叔宝和黑盔、黑甲、铁面短钢髯的尉迟恭神像贴门左右，以为神佑。

还有把捉鬼的唐终南进士钟馗画像贴在门上的，只是左右一样，成了"对判儿"，红袍黑靴，虬髯赤面，仗剑驱邪，颇有威势，也很好看。

除此之外，还有贴麒麟送子的、和合二仙的。

清代宫廷门神依照宫殿的职能、等级定制，分八类：

一将军（分金、红、绿、满云金、满云红、满云绿六种将军），二福神（有绿加官、白加官两种），三勇士，四童子，五麒麟，六娃娃，七神判（分满云朱砂判官和福在眼前判官），八福禄寿三星。

这一大批门神，打破了老一套，各种门神形象灵动，装饰性很强，很值得借鉴。

春联古称桃符。传说，桃木辟邪，把吉祥话写在桃木片上，挂在门框上，禳灾祈福，也好看。

这个习俗最早起源于五代后蜀宫中。蜀后主孟昶写在桃符上的：

新年纳余庆，嘉节号长春。

这是中国的第一副春联。

后来，改在红纸上用毛笔写黑字或金字，书法酣畅，对仗工整，愈发美观。紫禁城的宫殿是朱漆金顶，所以，春联是白纸蓝字。

挂千（挂钱）是把"抬头见喜""福在眼前"一类的

吉祥话，刻在红、黄、金色配图案的剪纸上，呈长方形，底边有穗，贴在房檐、影壁上，随风飘荡，喜气洋洋。据说，挂千可以把外来的邪风晦气挡回去。

此外，在新糊的高丽纸窗或玻璃窗上，还要贴美丽、喜庆的窗花，寄托希望，憧憬未来。中国人尚红，这时的街巷院落四处飘红，人们心情欢悦，除夕在暮霭中，一步步降临了。

有道是：

雪亮玻璃窗洞圆，香花爆竹霸王鞭；
太平鼓打咚咚响，红线穿成压岁钱。

拜年，首先要拜的是神佛、祖先，其次是长辈亲人，再次是故旧友人。

我记得布置完院、门的春联、挂千以后，就是布置堂屋的神位了。

事先到大栅栏把口路西的正兴南纸店，请一张诸天神圣的"百分图"，全开的宣纸套色刻印诸天神圣，画幅中上方的主要佛尊均用金箔敷面，金光熠熠，分外夺目！

神像供在堂屋北墙的正中央。像前的大条案上摆放从前门大街正明斋请来的一堂一号蜜供。一堂五座，状若佛塔，红纸剪花，从塔顶垂罩蜜供，红黄搭配煞是好看。条案前的八仙桌供干果、馒头、素菜（香油炸过的山药块、豆腐块、粉条段），上插通心草剪画的"八仙"人、红绒福字、金元宝。

桌椅全用暗八仙的绣花红缎帷子披罩，桌上白铜五供香烟缭绕，红烛常照，香火昼夜接续。

供神同时，还要打开祖宗牌位的木外罩，亮出写有祖宗名讳的木牌，再挂上祖宗的"影像"。

敬神祭祖，这是一年中，全家最红火、最喜庆的几天。

腊月三十日是一年的最后一天，名"除夕"。除，本义是宫殿的台阶，衍生义有度过的意思，所以腊月又叫"除月"，三十这天叫"除夕"。这天的晚上要隆重地进行三件事。

第一件是吃团圆饭。

一年到头，家里家外都不容易，年前都要赶回来，亲人团聚，围坐一桌，互诉衷肠，吃一顿"团圆饭"。席间敬酒布菜，互道辛苦，敬老抚幼，其乐融融。别看一顿团圆饭，却是维系一家和睦团圆、铭记亲情责任的重要手段。这顿饭丰盛、难忘，是用心准备十几天的最后成果。俗话说："宁可穷一年，不可穷一天。"

第二件是守岁。

吃完团圆饭，按辈分分拨给长辈拜年。长辈坐在八仙桌两侧，儿孙跪地磕头，口念祝福长寿之类的颂语。长辈说些勉励的话,礼毕给"压岁钱",维系长幼有序、百善孝当先的社会秩序。

说到"压岁钱"也有个来由。

传说古时候有个小妖怪叫"祟"(音岁),黑身子,小白手,专门抚摸熟睡的小孩。被他一摸,小孩就发烧,胡言乱语,说是中了邪了。

怎么办呢?给小孩一枚"压胜钱",握在手里,"祟"就不敢来了。《博古图》中称这种钱"一体之间,龙马并著,形长而方"。这种"钱"是辟邪的镇物,样子很多,很漂亮,但不是货币。此风俗始于汉代,市面上或者还能看到这种"压胜钱"。

渐渐地,因"祟"与"岁"同音,压祟的意思被奖励的意思替代了,"压胜钱"成了孩子们"磕头挣钱"的"压岁钱"。挺好的祛病祈福的"压祟",变了味儿,成了孩子们过年挣钱比阔的兴奋点。

吃完团圆饭,家中女眷收拾收拾赶包素馅饺子,用香菇、木耳、粉丝、胡萝卜、炸货、香菜做馅,拌以香油,包成饺子。为了酿造幸运气氛,女主人暗把一个小银毫包进去,声明谁吃着谁一年有福,惹得众人心绪不宁。

明太监刘若愚著《明宫史》里记载:

正月初一日五更起,焚香放纸炮……饮椒柏酒,吃水点心，即扁食也。或暗包银钱一二于内，得之者以卜一岁之吉。

它证明，北京人正月初一吃饺子的习俗，起码有四五百年的历史了。

习俗还有"三十晚上坐一宿"。

人们不睡觉，各自消遣，静待新旧交替的"更交子时"的到来。子时（23时至次日1时）一到，钟声、炮竹声响彻夜空。

据说，此时天宫诸神会集九天，俯视人间百态，准备下界赐福惩恶。人们谨言慎行，在院子里燃松枝，香烟缭绕，怄去灾祸，名为"怄祟"。踩踏铺在地上的芝麻秸，噼啪作响，名曰"踩岁"。"岁""祟"同音，企盼在新的一年，把邪祟灾祸踩在脚下，驱出家门，讨个大吉大利。"踩岁"的另一个说法是踩过旧岁，走进新年，而今迈步从头越，赢得万象更新、吉祥如意。

交更时刻，家里的主妇忙着下锅煮饺子，顺应"更交子时"之"交子"（饺子）二字。这里要特别说说"饺子"。

中餐享誉世界，不单单是它口味浓郁，做法高超，而且在于它内中蕴藏着丰厚的文化理念。其中饺子就是一件绝佳的创作。

饺子又叫水角、扁食、饽饽、馄饨、水点心。

饺子，极高明地把主副食合二为一，而且把食者巧妙地转化为做者，人人参与，在围桌共话的和谐气氛中，擀皮和馅，包进鸡鸭鱼肉、海鲜蔬菜等人间美味，随心所欲，荤素自便！饺子味美、形美，可以用一双巧手，又快又好地包出各种形态的饺子，既美观，又充实，尝之以鲜，果之以腹，而且烹调合理，增益健康。

清朝的李光庭有感而发，写诗赞饺子：

细研霜肤薄，弯环味曲包；
拈花生指上，斗角簇眉梢。
轻似月钩漾，白如云子抄；
主人非自食，饾饤莫同嘲。

美味的饺子让这位李大老爷搜索枯肠，遣词造句，憋成一首诗。文则文矣，却少了饺子的水灵、好吃。

我倒是想起过去老北京的一首民歌，虽是家长里短的大白话，理却不亏：

夏令去，秋季过，年节又要奉婆婆，快包煮饽饽。
皮儿薄，馅儿多，婆婆吃了笑呵呵，媳妇费张罗。

在我国北方，饺子是喜庆食品，就连结婚大典上也有吃"子孙饺子"的重要环节。在包括春节在内的许多节日里，饺子都是应节的主餐。

民间流传"好吃不如饺子，舒服不如倒着"，体验再三，千真万确！

"饺子就酒，越喝越有。"绝妙搭配，绝对理想！

所以，在初一凌晨接神的供桌上，三碗素馅饺子，是主要的供品，想必诸神也承认"好吃不过饺子"！

第三件是接神。

时间是除夕的下半夜，大年初一的凌晨。

接神大礼开始了，香案摆在院中（印象中，父亲的商店无院，香案只能摆在北布巷子不宽的街中），家长主祭，按《皇历》上标明的方向，一一上香，迎接天地诸神，及新请来的灶王祃。众人跪地磕头，焚化千张、元宝一类祭品。礼成后，按辈分再向家长（掌柜的）拜年，长者说一些勖勉的话。这时东方发白，人们准备在大年初一的早晨，开始外出拜年了。记忆尤深的有两件事。

一个是除夕这一天至午夜，总有人敲门，口喊："送财神爷来啦！"

一些乞丐或无业游民，抓住人们求财心切的心理，到东晓市（早市）批来一些粗印的"财神祃"，挨家递送。送财神的来了，自然"欢迎"，给的钱都超值，显得大方。一表敬神之诚，二表周济穷人过年。再有送者，也一律照收，不能拒绝。除夕这天，总能"请"到十几份财神爷，留到年初二一早，祭财神时焚化。

另一个是"柜上"说"官话"。

初一凌晨接完神后，掌柜的照例要在账房分别找员工"说官话"："官话"者，甩开私人面子，一本正经地评说一年的功过，赏罚分明，决定去留。这一夜多数人兴奋，也有个别人沮丧。

记得有个员工收拾铺盖时，无意中露出一本《金瓶梅》。后查该员两次夤夜不归，追问，是逛了"胡同"。说官话时，即明示该员犯了规矩，节后柜上出川资，由保人领着返回老家了。年终结算的不光是员工一年的经济所得，还有一年的做人表现。

过去，北京的买卖家大多用乡亲，一为知根知底，用着放心；也是为着便于管理，有铺保做证。掌柜的以身作则，对伙计要不偏不倚，认真负责，这样才能服众，树立正气，话说在官面，是非立在人心，买卖焉能不正规？

正月初一、元旦

大年初一，一年之始，名为元旦。

民国后，以冬去春来之际，把初一定名"春节"。元旦就成了公历年1月1日的专用词了。

大年初一去拜年的习俗，由来久矣。

元人欧阳玄《渔家傲》词中描写：

绣毂雕鞍来往闹，闲驰骤，拜年直过烧灯后。

　　可见街上的繁忙。

　　过去，男主外，女主内，所以，初一拜年是男人的事。

　　按北京的老规矩，年初一是本家同宗拜年，年初二是姥姥舅舅家拜年，年初三以后是给老师、同学、朋友、同事拜年。亲人间拜年，带上点心匣子、干鲜果品等，不奢华，讲心意；给上级、朋友、生意上的好伙伴拜年，是借拜年笼络感情，表达谢意，织造良好的人际关系。

　　初一到初五，家里不接待女客，妇女在家也不出门，有挺多的规矩：

　　不说不吉利的话；不动刀（凶器）；不打碎盘碗，如果不小心摔了，赶紧说"岁岁（碎碎）平安"；不扫地，不倒泔水（怕把"财"扫出去）；不动针线、剪子（怕眼睛长"针眼"，惹口舌）；不看病、吃药，希冀一年不得病。这些"老令"看起来有些迂腐，其实它是把希望物化为禁规，提醒人们谨慎小心，防患未然，取得心理上的满足。

正月初二，祭财神

　　忙碌一年，彼此见面，张嘴的第一句话，就是"恭喜发财！"因此，忙完了大年初一之后，不能耽误的一件大事、急事、非办不可的事，就是祭拜财神！

北京的俗曲唱道：

> 新正初二日，
> 大祭财神，
> 点上香烛把酒斟，
> 供上了公鸡、猪头、活鲤鱼。
> 一家老幼行礼毕，
> 鞭炮一响惊天地。

民谚："初一饺子，初二面，初三的合子往家转。"

据说，这三天的食谱，都与财神有关：初一吃饺子是为财神爷催生；初二吃面是为财神爷降生挑寿；初三吃合子是请财神爷保佑主人往家里挣钱。看来，过年请财神爷光顾家门，是众望所归了。

那么，迎了半天，财神是谁呢？

不是固定一位，而且有文武之分，共三位。

文财神叫比干，是殷纣王的丞相，因为他正直无私，敢于直言，被纣王挖了心，历代民众一直都很钦佩这位无心宰相的正直无畏。

武财神有两位：一位是三国时的五虎上将之一的关羽，他是忠义的化身，买卖家都以为他诚信可托，义薄云天。在显眼的位置上设神龛、点香烛，祈求日夜保佑。另一位是赵公明，据说秦时避乱，他在终南山得道，被道教封为"正一玄坛元帅"，有赵公元帅之称。此公黑面密髯、头戴铁冠、手挥铁鞭、身骑黑虎，威风八面。传说他有驱雷役电、除瘟禳疫的本事。他秉性公正，主持公道，助人求财。

这三位财神甭管是文是武，都是正直无畏的化身，人们明白，求财取利不能昧着良心唯利是图，选财神也必须要选个居心公正、有真本事的。

财神虽热，可老北京的财神庙却不多。

据查，乾隆年间在北京成百上千的庙宇中，仅有十座财神庙，大多供的是赵公元帅。其中，城南的五显财神庙最有名，这里从大年初二到十六日举行的庙会鼎沸京城。去五显财神庙进香，同逛厂甸、白云观会神仙一样，是老北京过春节必不可少的一个节目。

五显财神庙在广安门外六里桥西南。

早年间，为了抢烧头股香，赶早发财，很多信众借着"吉星高照"的吉言，顶着星星月亮，从四九城拥到广安门，等着开城门。

门一开，万众奔涌直奔财神庙。待冲进庙门，地小人多，你争我抢，来不及进入大殿，就忙着把成股的香投进院内的香池。哪敢跪在地上磕头，生怕被后面拥上来的人踩死，只能挤到殿前朝里一望，算是"心到神知"。有的人挤不进庙院，只好把香烧在门口，悻悻而返。

有些不是本寺的僧、道，也趁机赶来，拦路化缘，"借花献佛"。

更有趣的是，庙院西配殿设有"借元宝处"，发财心切的人可以在这里用现金买纸糊的金元宝、银元宝，拿回家供在案头，名为向财神爷"借用"的。等来年发了，再加倍返还。

这里的财神如此神通广大，供的是哪一位呢？

说来蹊跷。原来正殿当中端坐的财神既非比干、关羽，也不是赵公元帅，而是五位短衣襟、小打扮，相貌威猛的汉子。这和庙堂供奉的神圣、佛祖大相径庭。

那这五位是什么人？何以享此殊荣？何以名为"五显财神庙"？又何以赢得信众如此狂热的崇拜呢？

细看殿内五位"好汉"，仿佛是绿林中人。原来他们是明朝的五位"大元帅"：都天威猛大元帅曹显聪、横天都部大元帅刘显明、丹天降魔大元帅李显德、飞天风火大元帅葛显真、通天金目大元帅张显正。

据说他们侠肝义胆、扶弱抑强、乐善好施、仗义疏财，深得民众爱戴。他们死后，明英宗于天顺二年（1458）敕封为"五显元帅"，建庙奉祀。

很明显，这五位"都天""横天""丹天""飞天""通天"，都不把"天"放在眼里的"大元帅"，肯定是"犯上作乱"的绿林好汉。奇怪的是，明英宗朱祁镇怎么为这五个"反叛"修庙祭祀呢？

还有一个说法，说是康熙年间，京城有伍氏兄弟三人，行侠仗义、劫富济贫，另有二人相帮，深得民众信赖。五人死后，百姓感其恩义，乾隆元年在此立祠奉香。五位好汉劫富济贫，当然不容于政。他们是怎么死的？为什么朝廷又允许建庙祭拜，而且就在天子脚下、几百年盛行不衰？这两个说法至今都是个谜。

听老辈人讲，当年这个五显财神庙，又叫"五哥庙"，规模很大。

庙外有个大广场，竖着高大的牌楼；庙内的三间大殿很宽敞，正殿外有两株参天的百年古树和建庙、修葺的大石碑，还有一座聚众谢神的戏楼。

明神宗万历年间和清高宗乾隆元年，曾两次重修。后来朝廷顾不上了，年久失修，到清末就只剩一层殿了，可那热闹劲儿愣是一点儿没减！

因为，过去来五显财神庙进香的大多是发财心切的商贾、求稳怕乱的梨园子弟和寄存梦想的妓女。这些人流落风尘、身在江湖，漂泊不定，福祸不保，好梦难求，只有拜神，祈求幸福。

拜谁呢？玉帝高远，佛祖威严，只好找绿林中仗义有为、说了算数的人。

财神庙庙会有两道风景很好看：

一个是从菜市口到广安门,为逛庙会的人拉脚的小驴和小排子车川流不息。就连平时坐包月车、轿车来的富商贵客,到这里也扔下自己的好车,挤上小排子车,和普通大众一道前往,显示求神祈财的"一视同仁"。

另一道风景是从庙里拜神归来,人们拿着从庙会买回来的红绒福字、金银纸元宝、聚宝盆、风车、大糖葫芦和财神庙特有的纸红鱼,取意"年年有余""富贵有余"。一路红光,咔咔有声,发财高歌,响彻云霄。

20世纪50年代后期,庙会停办。

1987年下半年,因建西三环六里桥立交桥,五显财神庙被拆除,但保存了两株古树。

如今庙拆了,神没了,赤裸裸的金钱钞票,却堂而皇之地跑出来,顶替了赵公明、五显财神,亲自挂帅,掌控万世的天庭。

借问一句,发财,还用得着什么神通吗?

破五

从年初一到年初五这五天,人们心情兴奋,却小心谨慎,因为过年有诸多禁忌,一旦冒犯了哪条就会招来流年不利。

初五是最后一天,一早大放鞭炮,崩走穷神恶煞,早迎福星;中午还要吃一顿饺子,呼唤阖家和和美美。

过了初五是初六,这天,新媳妇回娘家,家里的女眷也可以走亲访友、出门闲逛了。市面的买卖家,一早店主率领全体员工,在街上摆开香案,焚香叩首,恭迎财神降临,祈求"开市大吉,万事亨通"。这时,街上鞭炮大作,紫烟升腾,带着节日的欢乐,人们在惜别除夕、元旦的高潮中,度进节日最后的余韵。

初七,人日、人胜节

在春节密集的节日里,仿佛初七没什么名堂、是难得空闲的一天。

一查问,不对了,初七有讲究,名曰"人日"。

《燕京岁时记》说:

> 初七日谓之人日。是日天气清明者,则人生繁衍。

甭问了,这天要是阴天下雪,肯定人口就要下降了。仿佛人日主生。有什么说辞吗?

《北齐书·魏收传》记载:

> 魏帝宴百僚,问何故名"人日"?皆莫能知。收对曰:"晋议郎董勋《答问礼俗》云:正月一日为鸡,二日为狗,三日为猪,四日为羊,五日为牛,六日为马,七日为人。"

魏收的意思是指鸡、狗、猪、羊、牛、马的生日，占了前六天；初七则是人的生日、人类的生日。

据说，遥遥远古，天帝派女娲下凡，炼石补天。天是补好了，可天地玄黄，宇宙洪荒，了无生气。女娲百无聊赖，随手拿起身边的黄土，初一捏了个鸡，初二捏了个狗……捏了六天，满地欢叫，有了生气，可怎么看怎么觉得少点儿什么。对了，缺少个支撑世间万物的"人"，生活依然无序。初七这天，女娲仿照自己的模样，捏了一男一女，又主持婚配，让"人"去生儿育女，繁衍至今。

后世为纪念女娲炼石补天、捏土造人之功，定大年初七为"人日"，又名"人胜节"。

为了在这天驱阴赶晴，家家户户要在院子里烙薄饼，炒"盒子菜"，名曰："熏天"求晴。

"人日"的"发明"，不同于其他节日。

人们终于觉悟到除了祭神祭祖之外，不能不给"自己"一个说法，这是"人"的胜出。

说法虽则套了天神造人、造万物的窠臼，却说明人类与众生万物都出自一"母"——大自然。人与万物是相容相和、共荣共生的依存关系；不可以强凌弱，暴殄天物。

可惜，这样一个人类反思的节日，却在生态日益失衡、大自然屡遭破坏的今天，被人类自己遗忘了。

初八，顺星

古人相信，地面有多少人，天上就必定有多少星。

道家和星象家认为，每人一年的吉凶祸福，都由一位"流年照命星宿"（由日、月、水、火、木、金、土、罗睺、计都九星轮流值年照命）主宰。

初八夜晚，诸星下界聚会，人间要举行"顺星"的祭祀仪式，回应自己的"流年照命星宿"。

怎么祭祀呢？

事先，家中妇女用黄、白两色灯草纸剪成灯花，尾部折叠似鸡爪，可以站立。然后把剪好的灯花放在香油盆里浸泡，再从街上卖"支炉"（一种放在炉盘上支撑炊具的小砖块）的小贩那里买来黄土烧制的小灯碗。

入夜，等夜空中星星都出齐了，家人院中摆案，供上"星神祃"和"本命延年寿星君"。神祃前，点燃一百零八盏灯碗里的黄白灯花，安放五碗熟元宵（每碗五个）和一杯清茶。

祭祀时，还要把点燃的灯花散放在灶台、门槛、窗台、案头等处。闪闪烁烁，仿佛"银河落九天"。

礼毕，全家吃元宵，大放鞭炮。这就是家里的"顺星"。

而社会顺星的隆重活动，则放在道教主刹白云观。

初八，是西便门外白云观举行祭星大典的吉日。

白天，香客拥到庙里的元辰殿，给值年的本命星君上香、捐灯油，祈求消灾解祸。可这满大殿都是姿态各异的星君，怎么找出自己的那位值年星君呢？有个法子，当您迈进大殿敛神细看，先盯住一位您觉着顺眼的星神，而后顺着右手按您的岁数数，数到您当年岁数的那位，您瞧吧，一准像您，这就是您值年的星君。赶紧上供烧香礼拜，放香钱、递红包，星君知会了，自会保佑您一年顺利幸福。

晚上白云观主持率领众道人，披法衣，鸣钟鼓，在元辰殿香案前，广陈供养，燃点全套星宿灯盏，合诵《玉枢经》，祈祷风调雨顺，国泰民安。就连京城官绅名士、富贾大亨也赶来顺星，以求吉星高照。

正月十五，上元节、元宵节

惜别春节的尾声，应在新年的第一次月圆的元宵节上。这天，团圆的主题，再一次得到全民族的尽情发挥。

正月十五古称上元节，后来又叫元宵节、灯节。

一个节的形成、发展有个历史不断充填的过程，从中不难发现，人们是怎么把一层层的愿望，叠加、物化成繁文缛礼的节庆。在寻欢作乐中，增添摆脱危难的信心和勇气。元宵节就是一例。

元宵节"节"的起因，要推到公元前187年的汉代。

高祖刘邦死后，太后吕雉专权，她利用吕氏的家族势力，取代了刘家统治集团的地位。七年后，周勃等老臣戡平了诸吕之乱，皇权复归刘家，汉文帝刘恒即位。奏凯之日选在正月十五上元节，文帝刘恒非常高兴，传旨，今后每逢此宵，普天同庆，与民同乐。

怎么乐呢？无非是张灯结彩，宴群臣，演百戏，举国欢庆。因为这是新年的第一个月圆夜，节名"元宵"。那时只定为节，还没有逛花灯、吃带馅的"元宵"等习俗。

公元前99年的一天，想得道成仙的汉武帝刘彻，召集方士们询问远国遐方有什么稀罕之事。众方士支支吾吾，无言以对。

唯有他的宠臣东方朔跪地进言说："臣游北极，至钟火之山，日月所不照。有青龙衔烛火，以照之四极。"

于是，武帝下令，正月十五祭祀北极神（郭宪《别国洞冥记》）。

看来这是真的。司马迁在《史记》里记载：

> 汉家常以正月上辛祠太一甘泉，以昏时夜祠，到明而终。

太一，就是北极神东皇泰一。暗夜无光，唯有一轮皓月当空，无私地向人间播撒清辉。这叫人冥冥中联想到，那是一条见首不见尾的青龙，口含明珠，施福于世。

东汉明帝刘庄永平十年（67），提倡佛教，敕令上元节张点灯火，呼应天上的明月，同放光明，以示尊佛。从此，上元之夜大放灯火。有了灯，活动更明亮、活泼了。

到了唐朝，李姓皇帝以老子李聃为先祖，以道教为国教，又为上元节里加进了新的内容：

正月十五是道教尊崇的"上元赐福天官紫微大帝"的生日，举行多种多样的庆祝活动。其实这个"紫微大帝"就是皇帝自己的化身，这么做的目的还是为了彰显君权神授，大唐千秋。

值得注意的是，上元之夜的礼神活动中，添加了宫里煮食"搓粉丸"为"紫微大帝"祝寿的内容。这该是吃"元宵"的开始。到今天，我国南方的糯米汤圆，还是如此做法。

唐玄宗时，把张灯活动由一个晚上，改为三个晚上；北宋时期，延为五个晚上；南宋时期，增到六个晚上。

明太祖朱元璋创建大明王朝后，敕命家家点灯，欢庆元宵，规定初八"上灯"，十七日"落灯"；成祖朱棣迁都北京后，沿用旧制，灯节仍然是初八开始，十五日"正灯"，十八日结束，共十个夜晚。活动中心设在紫禁城东面的灯市口，一时"人不得顾，车不能旋，填城溢郭，旁流百廛"，欢腾喧闹的情景可想而知。直到清康熙年间，朝廷深恐灯市喧闹危及宫城，才把灯市迁到东四牌楼、西四牌楼、新街口、棋盘街和外城的大栅栏、琉璃厂、灵佑宫（天桥）等地。

回忆中，昔日北京灯节难忘的"亮点"有三：

第一是买卖家的花灯彩盒，争奇斗胜。

过年停业时，前门大街、大栅栏、鲜鱼口、廊坊头条二条的买卖家，纷纷在玻璃橱窗里，挂出精心绘制的大幅布制的连环画，仿佛银幕演绎彩色的故事。

画幅依窗而定，数量不多，但很大，多选取《三国演义》《封神榜》《红楼梦》等名著的精彩片段，引来不少观众驻足观望。这几天我总要跑去好几次，看个没够。因为画得实在太好了，不单情真景实，颜色瑰丽，人物穿戴、表情栩栩如生；而且画家捕捉的那"一刹那"，恰是节骨眼儿，如同一个"四击头"亮相，那叫绝了！看这种"橱窗年画"补书之不足，增戏之有余，有情节，有琢磨劲儿，很耐看。买卖家到年底，花重金请名画家、选名著，展示"戏出"，是装点，也是"广告"，更是对广大消费者的酬谢和拉人缘。

这种酬谢还表现在正月十五晚上的花灯和彩盒上。

是夜黄昏，店家在门口挂出精心制作的花灯，纱绢的、玻璃的、明角的、灯草纸的……上面绘有山水、花卉、翎毛、人物，也有戏出、故事。有的转动如走马灯；有的不动，成组成排，似连环画。灯的造型也是各有巧妙，引人观赏。

诗人赞颂这情景：

满城灯火耀街红，弦管笙歌到处同；
真是升平良夜景，万家楼阁月明中。

晚饭后，人们走出家门，聚集到箭楼与正阳门之间的棋盘街广场，静待各大商家来此比赛点放"盒子灯"。

先是各商家在广场中心支起四根大杉篙，搭成金字塔状，顶部交会处悬一大铁钩，上挂一个直径1.5米、高0.5米的大纸盒子，通体彩画，非常漂亮。皓月当空，只见一家商铺率先点燃垂地的芯子，火光闪烁上升，直逼"彩盒"。猛然，一声响亮，火光迸发，彩盒"哗啦"脱落一层，灯照处，一黑衣汉子挥拳猛击胯下斑斓猛虎。"啊，武松打虎！"几乎是异口同声。哗啦，轰！又是一声响亮，"彩盒"又落一层，只见短墙、街楼，一少妇临窗俯视，街中一男子仰面嬉笑。"挑帘裁衣！"有人高喊。如此随着一声声响亮，彩盒一共跌落了十层，原来是《水浒传》的"武十回"。这边刚完，那边又放起了《三国演义》，"桃园三结义""三英战吕布"……一档接一档，不时伴有各种花炮鸣放。人们津津有味地仰头观看，忽而大声叫好；忽而惊奇赞叹，如醉如痴。整个广场似海潮击岸，一波轰响，一波沉寂，涛声不断。这夜，星光、月光、炮光、火光，映在一张张亢奋的笑脸上，仿佛世间愁苦一时散尽，只存下欢乐。

第二是民间花会大闹花灯。

早先，花会在北京城挺流行，四九城都有很多名目不同的花会。每支会有专门的组织和统一的指挥。

这里的"花"，是指"会"的花样，一档子一个样，表演各有特色。

花会是伴着铿锵的锣鼓声，由若干"节目"串接在一起，边走边演。行进中，如果群众热情邀请，会头挥旗，停止前进，就地表演。

这种形式热烈火爆，最符合春节闹元宵的气氛。

我在崇文门外清化寺街的清化寺（明代古寺）读小学时，稀里糊涂地被拉进一支花会，换上一身黑箭衣，勾脸挥棍，演开路的"五虎"，师傅交代了几句，有大师兄领着打，一会儿也就跟上趟了。

花会最齐整的组合是"幡鼓齐动十三档"。它的走会次序是：

　　开路打先锋（一人耍飞叉开路），五虎紧跟行（耍齐眉棍）；

　　门前摆设辖客木（高跷、秧歌），中幡抖威风（耍五六米铜铃旗幡）；

　　狮子蹲门分左右（太狮、少狮），双石头上下行

（举砘子、耍砘子）；

掷子石锁把门挡（抛接双石锁），杠子门上横（攀耍木杠）；

花坛盛美酒，吵子响连声（乐器演奏，有文场、武场之分）；

扛箱来进贡（演出"县太爷出巡"。随走随演，回答群众提问，诙谐有趣），天平称一称（莲花落、什不闲唱段）；

神胆来蹲底（挎鼓会的大鼓队断后），幡鼓齐动庆太平。

每档会的前面，都有一面镶火焰边、内绣会名的三角门旗引路，引会人手执一把同样的、但小得多的"拨旗"，指挥本会的行进、表演。

花会行进的线路预先都安排好。有的买卖家在门口摆下茶桌点心，等花会到来盛情邀请演出。会头一挥大旗，拉开场子开始一档一档表演，演完抱拳致谢，不动茶水点心，围观群众高声喊好。因为会里有规矩："笼箱自带，茶水不扰；分文不取，毫厘不要。"

花会是公益组织，参加的人没报酬，却有尽职尽责的义务。当然全套行头道具、乐器杂物要靠大佬或行会资助。花会内部凭的是一股子江湖义气，大多数参加表演者都是因爱好而来的。

有一年灯节，我参加的花会，走到金鱼池北面的大市北上坡，与两支花会不期而遇，互不相让，谁也走不了。观众知道，这是要打擂了，人越聚越多，且高声喊叫、起哄。三个会头一合计，决定一档对一档地比试。

三档开路钢叉，飞天搅地，伤了两个；三档五虎棍，直打得头破血流；高跷过桥，摔伤了仨人；太狮夺旗，俩人断了腿……

此后的比试更是"下定决心，不怕牺牲"，都豁上了命！巡警听说怕出大事，赶忙劝说，又赶来不少穿马褂儿长袍儿的头面人解劝，这才偃旗息鼓，分别散去。闹元宵，闹到要打群架，不值也不愿，可赶上了，谁也不能丢人现眼，在众人面前认"尿"，所以觍着脸也要上。各档子会只有平时苦练本事，到时候才能力拔头筹，这叫"傲立独尊"。

除了春节，走会的另一个高潮是农历四月的妙峰山碧霞元君庙会和六月中顶的庙会。

京津地区的各路花会，从四面八方赶往妙峰山朝圣，也是一次大会合。据说，走会盛举曾惊动了住在颐和园的慈禧。她摆驾北宫门的楼上，观看路过的花会。各路花会自然不放过这个机会，使出浑身解数表演，博得慈禧的青睐，好应召进园表演，赢得绣龙黄旗，获得"万寿无疆某某老会"的殊荣。

时过境迁，走会的盛况在沉寂了一段时间后，正逐渐恢复。看到国外各地举办的狂欢节，也是盛装游行，伴以激昂的鼓乐，不禁想起我们早先的花会。祝愿当年那种融勇敢、智慧与技巧于一身的群众性的自娱自乐，再现火红，代代相传，传出"老北京"那股精气神来。

第三是簇簇人围火判官。

正月十五闹花灯的"花"，既指灯面上绘画千端，赏心悦目；也指灯的造型五花八门，别出心裁。但花灯巧妙，总是悬挂半空的灯。而京城西皇城根路北的一座庙里，竟矗立起一座红袍纱帽五官喷火的坐地判官，人称"火判"，引得全城的民众簇簇围观，堪称京师上元奇景。正是：

灯市元宵百样灯，烧来火判焰腾腾；
黄鹂紫燕全无影，三月街头早卖冰。

原来火判用黄泥塑身，通体空腔，蓄入煤球，如同一个大火炉。点燃后，七窍升烟冒火，整体通红，映得满院红光，有如神判天降。这个创意匠心独运，可谓胆大妄为；细一琢磨，要做成这一"火判"，技术难度极大：造型要逼真，炉膛要合理，点燃要方便，火起不变形。敢问这是哪位大家的手艺呢？

具瞻先生在《新正飞火忆京华》一文中说道：

"火判"首创于清代道咸年间，当时在西单鱼市附近有位从事修造炉灶的工匠姓恭，人称老恭。那时室内取暖煤炉的灶膛多用"锅盔木"（一种特殊白色泥土）制成，俗称"白炉子"。老恭师傅心灵手巧，在京城很有名。有一次，他被传进圆明园当差，看见大水法十二生肖按十二时辰喷水，不由得心里一动：能不能以火代水、塑个神道呢？他选取民间传说中钟馗的形象，用"锅盔木"塑形，灶膛搪里，点火即燃，始则"钟馗"的耳、眼、鼻、嘴七窍生烟，渐渐淡烟转浓，喷出火焰。火光先由青绿转紫，最后变红。火焰随风向变幻不定，时隐时现，越显"钟馗"神威莫测。此后，老恭又为驻守圆明园的兵士塑了一组"五鬼闹判"，造型奇妙，火起情生，堪称一绝。英法联军毁了圆明园，此"绝"亦绝！

二、正月十九，燕九节

春节的梦总也做不完，老是找点儿理由，造个"节"，再给自己、给家祝福一番。比如闹完元宵以后的"燕九"。来源呢，有说道。

康熙三十二年（1693）宣城人袁启旭刻了本九位诗人的合集：《燕九雅集》。书叙里说：

京师以正月十九日为燕九之会。相传元时丘长春于此日仙去,至今远近道流皆于此日聚城西白云观,观即长春修炼处也。车骑如云,游人纷沓,上自王公贵戚,下至舆隶贩夫,无不毕集。

孔圣人的后人、《桃花扇传奇》的作者孔尚任是九位诗人之首,他率先唱道:

春宵过了春灯灭,剩有燕京燕九节;
才走星桥又步云,真仙不遇心如结。

明白了,原来燕九这天,京师民众蜂拥而至白云观,是为了"遇神仙",却病延年。

传说,长春真人丘处机,每逢十八日夜就会显灵,或幻游人,或化乞丐,在白云观"显像度人"。侥幸被"度"者,即可脱俗成仙,长生不老。所以这天冠盖如云、游人如织,涌向白云观。人们在滚滚人流中,左顾右盼,留心观瞧,希望碰见"神仙"。有人把街边老乞丐请回家中好好供养的,也有人拾一瘸犬小心照料的,都以为自己慧眼识真,撞见了"真人",结果闹了不少笑话。不过,民间艺人和商贩倒是从"神仙们"的身上,着着实实地赚了个锅满盆盈。

三、二月二，龙抬头

地处北方的京师，虽然名之曰春节，却在新正很难发现一点儿春的气息。无怪乎安徽宣城人袁启旭叹道：

燕山正月春茫茫，却道他乡胜故乡；
那比江南江水上，绿波双桨野梅香。

那么，京城的"春"，来自何处呢？

俗话说，"春打六九头"，"七九河开，八九雁来；九九加一九，耕牛遍地走"。直到进了二月，方传来一点儿春的信息。那信息，就是二月二的"龙抬头"。

传说，二月二是土地爷的生日。大地回春，自然从脚下解冻的土地开始；酣睡一冬的神龙悠然梦醒，抬头望天，查看春的到来。因而，这天一早，京城人纷纷去祭土地、拜土地爷。吃的食品都与龙有关，比如，饼叫龙鳞，米饭叫龙子，面条叫龙须，饺子叫龙牙，等等。

民间还有个习惯：这天出门接闺女回娘家省亲。民谣唱道：

二月二，接宝贝儿；接不来，娘掉泪儿。

春节迎来了春的信息。热热闹闹的大年，以亲人的再次团聚收尾。人们终于悟出，过年过年，为的是阖家团圆；吃喝享受，还不是准备来年奋斗！

如今，龙抬头只留下个说法，立春吃春饼倒延续至今。

老北京的吃"春饼"，颇值一说。

做法是，开水烫面，和面擀开抹油，烙双合薄薄的春饼，直径15厘米左右。而后把浓香不腻的"天福号"酱肘子，蘸酱的小葱，与炒好的"合菜"（菠菜、豆芽菜、粉丝、鸡蛋、豆腐丝、少许韭菜一并炒熟）一起包进薄饼里，卷而食之，名曰"咬春"，奇美无比。春饼结构合理，味美养人，有益健康，真是中餐的一大成功创造。

春日来临，"民以食为天"的中国人，就自我提醒：均衡饮食，多吃蔬菜。无怪乎，立春这天，豆芽菜和肘子都供不应求了呢。

四、清明节，寒食节

每年春分过后的十五天是清明，它大致在阳历的4月5日前后。这时节天清日明，万物萌生，它给"猫"了一冬的京城众生带来温暖和喜悦，也唤醒了人们心灵的复苏。于是家家户户忙着预备祭祀用品祭祖添坟，追忆祖先的恩德，为的是不忘根本。老人们说，清明祭祖是咱们民族的老令（礼）儿，打从两千多年前的周朝就有了，战国时很盛行，到了秦汉，清明祭扫就成了一年少不了的礼仪。唐玄宗立了规矩，正式把清明节祭祖扫墓定为朝廷的"五礼"之一，可见庄重。

家祭

记得儿时，清明未到的头几天，妈妈就把堂屋条案上的祖宗牌位和白铜五供擦抹干净。小心地取下牌位的木罩，亮出里面四位神主的灵牌。细木打磨的浅黄色木牌宽5厘米，高33厘米，镶在长方形木雕宝座上，牌面上用小楷分别写着父亲的上四辈双亲的名讳，男性名讳俱全，女性无名，只写某姓氏，双亲名下均为"大人之灵位"。醒目的是，每面神主牌的上端，都有一枚红红的朱点，那是父亲请宣南长椿寺德高望重的了然老和尚做道场时，在佛前用朱砂笔点化开光的星点，红光隐现，这样祖宗的木牌位就有了"灵气"，列祖列宗就能和我们一家人朝夕相处，我们也就能随时获得先人的福荫庇护了。

听亲人讲，大约在我两岁的时候，父亲有了事由儿，一家四口搬离湿井胡同的小屋，迁入稍宽敞的吊打胡同，搬家之前父亲到廊坊二条一家小器作，专门定做了这座祖宗牌位，并请同乡的董先生工整地写下先人的名讳，用黑面红里包袱皮包裹请到长椿寺，点朱后，才奉迎回家。父亲曾这样说，落户北京，第一件大事，就是把祖宗灵位请到家中正位，不能忘了根本。秧儿爬得再远，只要连着根，照样开花结果！因此，我一直觉得，条案上的祖宗牌位是全家最神圣的地方。尽管年深日久，它的颜色被香烟烛火熏成了棕色。

清明祭拜选在节前的一个单日子，妈妈摆上五碟贡品，还要摆上四个大"包袱"，里面装满了金银纸做的锞子、各种仿真冥币，鼓鼓囊囊。这些是我从前门大街大栅栏东口路南的公兴南纸店买的，方方的大"包袱"像个大信封，木板墨色手工印刷。包袱中间长条黑框填入一对先人的名讳，右边上联写收件人地址，左边下联是寄件人地址。每次写包袱都是我的差事。我从此记住了老祖宗在阴曹地府的住址和送达人："张千李万送山西省太谷县南门外东庄村。"我颇惊奇，怎么《水浒传》里押解宋江的两个解差，还管起了我们家的闲事？

爸爸点燃一对蜡烛，然后上香，跪拜，我们依次毕恭毕敬地磕四个头，应的是"神三鬼四"的礼儿。夜半过后，我端着一个铜盆，两个弟弟捧着包袱、黄白纸吊钱，随爸爸妈妈来到胡同口宽敞处，冲着老家的方向，让我们哥儿仨跪地磕四个头，口呼："老祖宗们，儿孙们给您送钱来啦！"礼毕起身，在铜盆里泼上祭祀的黄酒，一一焚化大包袱。只见微微清风扫地而起，逼近火盆，卷起烟灰，螺旋上升，带入半空，挥洒而走。祖宗有灵，当领会儿孙的一片孝心了吧。

寒食

1946年清明前后，在鹞儿胡同平介会馆，我听过一出山西梆子《重耳走国》，至今印象深刻。那时，抗日战争胜利，全民精神振奋，主演丁果仙、牛桂英、郭凤英等名角风华正茂，技艺纯熟，加之此次又值春光明媚，能赴京为乡亲演出，怎不尽心尽力。一出戏围绕晋文公重耳与孤臣介子推之间的恩义纠葛，演绎得动人心魄，催人泪下，同另一出晋剧名剧《八义图》（《赵氏孤儿》）一样，为民族传统美德树立了一个永不褪色的活标本。

故事发生在两千六百多年前的春秋时期。

晋献公的妃子骊姬为了让自己的儿子继位，设毒计逼得太子申生拔剑自刎。申生死后，他的弟弟晋公子重耳受尽屈辱，被逼逃亡。原来侍从重耳的家臣纷纷离去，只有介子推等几个耿介之士紧紧相随。流亡途中哪有温饱？一日，重耳饿昏，衰弱不堪的介子推背着众人割下自己的股肉，炙烤食君，救了重耳一命。重耳坚忍不拔，依靠群臣终于夺回王权，成为赫赫有名的春秋五霸之一的晋文公。功臣宴上，觥筹交错，重耳封赏众臣，独独忘了一向谦卑的介子推。经人提示，重耳如梦方醒。此时介子推已背着老母遁入绵山（今山西省介休市东南）。重耳派人搜山未得，急于求贤，乃举火焚绵山，留出一条山路，希冀把介子推母子逼出山林。不想介氏母子不为功名利禄所动，环抱一棵柳树而死。搜山的人们在介子推拥抱的树洞里，发现一角写在衣襟上的血书：

割肉奉君实臣心，祈盼主公霸业成；
功成之后常自省，勤政是否清且明。

重耳读罢泪如雨下，将血书深藏胸襟，当即下令厚葬介子推母子，建造祠堂永祭。并昭示天下，把火焚绵山这一天定为寒食节，禁忌烟火，三餐只可寒食。

第二年春天，晋文公重耳带领群臣登绵山祭拜介子推，发现被烧的枯柳复活，长出茂密的绿枝，依依垂地。晋文公大恸，折枝盘成绿环戴在头上，仿佛介子推就在身旁，提醒自己清正廉明，乃赐柳树名为"清明柳"。

寒食节正确的日子是在冬至后的105天，约在清明节前后，因而人们很容易把清明节与寒食节混为一谈。其实，这两个节的日子相近，内容也类似，他们似乎都在传达着一个慎终追远的信息，隐约地告诫人们，活在当下，不管是快乐着，还是痛苦着，都不能忘记当初艰难跋涉的岁月，同时也必须想到给日后的子孙们，留下一片芳草萋萋的绿地和一宇清洁明亮的天空。

习俗

清明节的头等大事当然是上坟插柳，祭奠先人。

先说坟。过去，京城的坟茔主要在外城和四郊，或单独，或群聚，规模大小不一，全依墓主的身份资财而定。其中最辉煌的当然是皇陵，其次是王爷坟，一般是公墓，最不济的是乱死冈子，无主的墓地，比如早先天坛东面的四块玉、菜市口南面的陶然亭……

北京是辽金元明清五朝的帝都，皇上坐龙廷，一个仗着君权神授，另一个就是靠着祖先的荫德。因此在兴建皇城时，就专门建造宫殿安厝列祖列宗的牌位，天安门东面有规模宏大的太庙，紫禁城里有蓝瓦盖顶的奉先殿。这两处建筑里供的都是皇朝列祖列宗的牌位，祭祀的规格和功能却有区别。

历朝历代的皇帝在精神世界里一方面祈求列祖列宗神灵的时刻庇护，另一方面把期望寄托在本朝皇陵（寿宫）的选址和建造上。每当一代君主继位，立即设立寿宫监，由亲王近臣领办，建造皇陵。皇陵选址由天师级的堪舆权威，率领众人踏看京城四郊，选择几处风水绝佳的地方，请示君王视察确定，而后大兴土木，建造寿宫，直至本朝君王晏驾才收工。北京有幸，眼下还留下京北昌平天寿山的明十三陵，以及东西各距京城不远的清东陵（河北遵化）和清西陵（河北易县）。此外，还有几座清代的王爷坟散落京西北郊，多以破败被掘，京西妙高峰较完整地保存了清代醇亲王奕譞建造的阴阳二宅，古木参天，庭院深深，可见一斑。

至于列朝的文武百官们的墓在京郊就较比少见了。这是因为官吏们都是顺着科举取士的路子，由乡考到县，再考到府，最后考到京城参加会试，一级级考上来的，祖坟都在老家，京官一场最终都要回到故乡，所以京城少见官吏大墓。同理，北京的居民来自全国各地，混好了的回乡重修祖坟，混砸了的衣食尚且无着，哪还顾得上后事如何。偏偏有些会馆念及同乡情谊，在南郊购买义地，或就地安葬亡故的穷乡亲，或暂厝一时，等待有人返乡领回故土。清明时节，移民聚集的北京城，弥漫着浓浓的离愁别绪，街头巷尾一簇簇明明灭灭的祭祀烟火，飘升着梦想，散落下颓唐，期待着来年的流转。然而，毕竟冬去春来，趁着大好春光去郊游踏青，游园赏花，放飞纸鸢，细细品味眼前的幸福，也未尝不是度过清明的好法子。

忽然想起唐代大诗人杜牧那首脍炙人口的绝句，把清明的韵味泅染得淋漓尽致：

  清明时节雨纷纷，路上行人欲断魂；
  借问酒家何处有，牧童遥指杏花村。

五、五月节，端午节，端阳节，女儿节

五月，夏日之中，阳光充足。街头小孩高兴地唱道：

> 杏儿红，麦儿黄，五月初五是端阳。
> 门插艾，香满堂，龙船比赛喜洋洋。
> 粽叶香，包五粮，剥开粽子裹上糖。
> 除五毒，饮雄黄，和美的日子长又长。

夏日来临，万木葱茏，江河汪洋，人们的活力与期望也正旺盛。

北京人挺讲究的五月节到了。除了吃粽子（古称角黍、黏黍），喝菖蒲酒、雄黄酒，老令还很多。比如挂香囊，做五色丝缠的"绣粽"，贴窗花驱五毒，挂钟馗像，门口挂菖蒲叶、艾蒿叶，等等。

要点是三个：祭先人、除五毒、吃粽子。

节日的背景是搞好夏季环境卫生（驱五毒），锻炼身体（赛龙舟），却病延年。

五月节何以叫"端午"呢？端，开端。一个月，有三个五，初五是第一个五，所以叫"端五"。又因为农历以地支纪月，五月为"午"，故名"端午"。五为阳数，又

五月节

叫"端阳"。

五月节的来源说法挺多。

小时候听得最多的是楚国三闾大夫屈原报国不成,自沉汨罗江。楚国百姓唯恐鱼虾伤着屈大夫,一是驾船抢救(演变成赛龙舟),一是投米饲鱼虾(包粽子)。

其实早在屈原以前,先民就有赛龙舟、吃粽子的习俗。有了屈原的故事,习俗就有了载体,好发挥,形象性也强了。

我记得20世纪50年代初期,北京上演了郭沫若的历史名剧《屈原》，轰动京城。看后，深为诗人写诗人的磅礴气势所染，整日朗读剧中屈原的大段独白"雷电颂"，感受至深。从此，那个忧国忧民的诗人，伴着郭老高昂的诗篇，走进了我的"五月节"。

五月节的来源，除了纪念屈原，还有纪念介子推、纪念伍子胥、纪念曹娥等说法。

著名学者闻一多经过考证，认为端午节源于古代的"龙子节"。中华民族的祖先像伏羲、女娲、颛顼、大禹等都是崇拜"龙"的部族领袖。飞龙在天，能治水解旱，法力无边。自古以来，先民就把五月初五作为"龙"的生日，隆重祭祀，祈求天力，战胜一切困难和敌人，赢得美好生活。

五月京城，榴花照眼，瓜果飘香。街巷飘出卖"五月鲜"的叫卖声。揭开蒙在篮筐上面微潮的蓝布，是一层碧绿的桑叶，桑叶底下盖着桑葚、樱桃、香白杏、小油桃等时鲜果品，鲜嫩艳丽，勾人馋虫。

这时的黄瓜、葫芦、茄子等青菜也陆续上市，京城处处清新，迎来了一年里最美好的季节。

明清以来，京城自五月初一日至初五日，饰小闺女，尽态极妍。出嫁女亦各归宁，因呼为"女儿节"。端午日，集五色线为索，系小儿胫。男子戴艾叶，妇女画蜈蚣、蛇、蝎虎、蟾、蝎为五毒符，插钗头。

> 端午日，士人相约携酒果游赏天坛松林、高粱桥柳林、德胜门内水关、安定门外满井，名踏青。妇女如之，比之南京雨花台更盛。
>
> （沈榜《宛署杂记》）

北京是古城。过去，城内外的房子老旧，绿树荒地又多，一到夏天，常为这五种"毒虫"所扰，就是紫禁城里也时有所见。

端午节时，把刻有五毒的剪纸，分别用针钉在屋子四周、犄角旮旯儿，意在提醒。还到糕点铺买刻有五毒图案的"五毒饼"自吃和送人。小孩穿绣有五毒图案的兜兜和五毒鞋，就连宫眷内臣这天也穿上绣有五毒艾虎图案的补子蟒衣。

驱五毒的活动，装饰、调剂了平淡的生活，创造了和谐自然的美。

女儿节，姑娘们还用绫罗绸缎的零布头，比着做小老虎、樱桃、桑葚、小辣椒、小黄瓜、小茄子，或者"五毒"等小玩意儿，显示才艺。

做好后，把小玩意儿用五色丝线穿成串儿，别在大襟上，或小孩的后身上，走起路来，飘飘摇摇，五彩缤纷，煞是好看。这还有个名堂，叫"长命缕""续命缕"，或曰"葫芦"。妇女过节，要头插红绒"福"字、"卍"

字、"五毒"。

到初五过午，把头上戴的"福"字，身上别的"长命缕"统统扔到街上，算是"扔灾"。

六、七夕节

七月天热，晚上睡不好觉，坐在胡同口大槐树底下，听同院的文瑞文大爷说故事。

他是黄带子，祖上"从龙入京"，有战功；后来没落了，铁杆庄稼一倒，没了饭辙，只好到前门大街摆烟摊。说是摊，其实就一个挎篮，斜立着一块板，上面浮摆着几盒烟，还有一半是空盒，装样子。穷到这个份上，文大爷不装样子，照旧挺着腰板儿走道儿，目不斜视。对小孩儿，他很和气，总是找个话茬儿，把他那一肚子的故事，"倒"给我们，尤其是我。

每到七月初七的晚上，他就说起"牛郎织女天河配"的故事。

说之前，他先指着天上一溜儿闪闪烁烁的星带："那就是天河。再看，河那边有颗贼亮贼亮的星，那是织女；她对面，一个大星星带着一边一个小星星，就是牛郎和他们的俩孩子。"接着，他慢条斯理地说开了。

老年间，天下太平。玉皇大帝的小闺女看见人间这么好,就私下天堂,来到人间,游遍青山绿水,大小城乡。

这天,她碰巧看见牛郎驾着大黄牛耕地。小伙子眉目清秀、身材魁梧,干起活来洒洒落落,这可迷住了织女;牛郎呢,哪见过这么美的天仙,扶着犁把出了神。老黄牛本是天上金牛星下凡,既知道织女,也熟悉牛郎,摇身一变现了真形,给二人做媒,配成夫妻。小两口男耕女织,恩恩爱爱,日子过得挺美。过了两年,得了一儿一女,日子过得更全活啦。

王母娘娘不高兴了,知道织女私自下凡气得要命,她命令二郎神把织女抢回天宫。

牛郎得着金牛星报的信儿,挑起一双儿女紧着追赶,眼看追上了,王母娘娘拔下头上的金簪,凌空一划,一条波涛滚滚的大河,把牛郎织女隔在河两边。

儿哭女号,夫妻悲泣,金牛星不忍,恳求王母,才允许每年七月七日夜,方可隔河一见。金牛星又恳求喜鹊大仙调来万只喜鹊,凌空架起一道鹊桥,让牛郎织女渡河相会。

这便是七月七,牛郎会织女的故事,中国有名的古老传说。

说完故事,文大爷让我们贴近古槐树根仔细谛听,说谁听见织女哭声了,谁就能得着个像织女那么美的好媳妇。

这一说,孩子们恨不得把脑袋扎进树根里。

故事真美，美在人的朴实，真正的美好生活，不靠神仙、不靠父母，要靠自己的一双手去打造。

这个故事的起源很早，据说早在三千多年前的周朝，就有"跂彼织女""睆彼牵牛"的民歌。

维天有汉，监亦有光。
跂彼织女，终日七襄。
虽则七襄，不成报章。
睆彼牵牛，不以服箱。

（《诗经·小雅·大东》）

一千多年前，《牛郎织女》的故事，渐趋完整。后梁的殷芸在《小说》中记述：

天河之东有织女，天帝之子也。年年机杼劳役，织成云锦天衣，容貌不暇整理。天帝怜其独处，许嫁河西牵牛郎。嫁后遂废织纴。天帝怒焉，责令归河东，但使一年一度相会。

天帝"怜"织女，但只是把她看作巧手织锦的奴隶，一旦她结婚怀孕干不了活了，就发怒，硬拆散了一对好夫妻。可见天帝至高，却没有人性，民众是不答应的。

随着故事的流传，人性的内容大大增加，就连老黄牛、喜鹊也来帮忙,让牛郎织女跨过"天河",终成眷属。

我很喜欢《古诗十九首》的缠缠诗意,词浅意深,直击心灵。记得一次在大教室听了季镇淮教授的《中国古典文学名著选读》课后,恰是初秋。不知怎的,忽然想起《迢迢牵牛星》这首诗,心有情愫,挥之不去。晚自习后,一个人坐在未名湖畔,对着一天繁星,仿佛听见身旁有人在轻轻地吟诵:

> 迢迢牵牛星,皎皎河汉女。
> 纤纤擢素手,札札弄机杼。
> 终日不成章,泣涕零如雨。
> 河汉清且浅,相去复几许?
> 盈盈一水间,脉脉不得语。

清人在竹枝词中也寄托了这样一份同情:

> 玉露金风又到秋,鹊桥织女会牵牛;
> 不知今夕是何夕,一度相逢一度愁。

人们喜爱织女的花容月貌,更喜爱她的心灵手巧,也希望自己的女儿像织女一样美好,所以,这天没出门子的小姑娘要向织女乞巧。

明人沈榜在《宛署杂记》中记载：

> 七月七日，民间有女家各以碗水暴日下，令女自投小针泛之水面，徐视水底：日影或散如花，动如云，细如线，粗如槌，因以卜女之巧。

只不过，这种看水影儿，从形状不同，判断拙巧各异的唯心方法，不知误了多少巧姑娘。

到了晚上，女家还要搭乞巧楼，摆香案，穿针引线，向织女乞求灵巧。还有接当晚的露水，擦眼擦手的。

除了"乞巧"，还有"乞婚""乞子""乞财"的，织女好说话，求什么给什么，真成了好心的"万应娘娘"了。

过去，这天京城各大戏园子争演《天河配》。请名老生串演净脸的牛郎，当家青衣演织女，名净演金牛星，名武生演喜鹊大仙，名丑演牛郎的哥嫂，名老旦演王母娘娘。一台戏别开生面，应时当令，很受欢迎。为了招徕看客，剧团还使出不少俏头，比如真牛上台、加演电影等。

我在庆乐园看过鸣春社的《天河配》，其中有一场牛郎看仙女洗澡、抢织女衣服的戏，就是在颐和园昆明湖拍的电影。唱着唱着戏，忽然灯一灭，演上了电影，很新鲜。无非是噱头，逗人兴趣。

七、中元节，鬼节

正月十五是一年开始的第一个月圆日，叫上元节；七月十五，是一年当中的月圆日，所以叫中元节，不过这个节日不是庆阳世的团圆，而是缅怀故去的先人，超度亡魂，充满了宗教色彩，是北京佛教、道教界都很重视的大节：盂兰盆盛会，民间俗称"鬼节"。故事来自《大藏经》。

目犍连（目莲）幼小聪慧，一心向佛。皈依佛门后，他修得神通能力可达地狱。在地狱，他看到亡故的母亲刘青提被一群饿鬼折磨，惨不忍睹。他将钵中饭菜奉与母亲，却被饿鬼哄抢。眼看母亲受罪，目莲痛不欲生，叩求佛祖搭救。佛祖为目莲孝心所感，赐九环禅杖和盂钵，并要他在七月十五日，准备百味饮食，供养十方僧众，在众罗汉的帮助下，目莲从地狱中救出母亲。

此后，佛教徒把这个故事演绎成"盂兰盆斋"，逐渐成为追念先祖、超度亡魂的社会活动。

很明显，这是一个劝人行善、信奉佛教的神话，编成戏曲后，影响很大，南北方许多剧种都有此剧目，有的叫

《目连僧救母》,有的叫《滑油山》。因为它特有的表演方式,独立成"目连戏"一个独有的门类。

值得注意的是,这个佛经神话,后来竟演变成中国民间广为传袭的习俗,而且流传到海外,至今不衰,内中一定具有合理合情的因素可供研究。

据《佛祖统纪》记载,中国自一千五百年前的梁武帝时,就设置了"盂兰盆斋"。

这天广施斋饭,供应四方游僧;举行诵经法会,水陆道场,大放焰口,放河灯,烧法船。届时京城上空烟云缭绕,一片诵经鼓乐声。

法船,都是由寺庙定制的,材质大多是纸糊的,高贵的法船也有拿绫罗绸缎扎制的。

船有两种,一种是楼船,船头装有鬼王像,层楼叠房,豪华气派;另一种是敞舱摆渡式,中间有桅杆,船上堆满"粮袋"。

过去北京街头巷尾常有"冥衣铺",专为死人出殡时扎糊纸人纸马、轿车楼房、各式法船、世间器物,无所不能,精美绝妙,几可乱真。

为什么要烧法船呢?有两层意思:

一是为故去的先人送衣送粮送钱财,补充在阴间的开销;

二是把漂泊阳间、无处可归的孤魂野鬼,送往阴曹地府,早早托生,这就是"中元普度"。

烧法船仪式隆重,很讲排场。透过它展示寺庙阵容,也显示信众的身份。从船的大小、装饰、超度法会的规模,就可以看出寺庙的档次和势力。

宣统二年(1910),为慈禧搭的五色绸彩船高一丈多、长六丈,船头装有巨型鬼王,中间还扎了个漂亮的牌楼,船上宫女穿金戴银,与真人一样大。规模之大,耗资之多,空前绝后。做完法事后,当晚焚化于景山东门外。

小时候,我常在放学后跑到天桥西面"四面钟"大空场(今友谊医院)看烧法船。再"趁火打劫",抢几个烧不坏的小鬼脑袋(泥塑)拿回家玩,自然少不了一顿扫帚疙瘩,再把"小鬼头"扔到阴山背后去。

这天,京城小孩可玩儿的玩意儿,是冥衣铺扎制的莲花灯。

染好的红粉纸,打皱,裁成莲花瓣,辅以绿荷叶,扎成美丽的莲花灯。内点蜡烛,用秫秸秆儿提着,走街串巷,灯光闪闪。

还有折下荷叶,叶中心粘上小蜡烛,名曰"荷叶灯"。

我们还爬过颓败的坛墙,去天坛空地,拔取一人高的蒿子,在大蒿叶上粘满香头,逐个点燃,是为"蒿子灯"。一树星光,明明暗暗,伴着蒿香,野情野味,生出许多遐想。

七月十五虽比不上正月十五的灯节,却也用别样的

"灯光"，回应天上的明月，以及九泉下的先人。

放河灯不似烧法船，充满了诗情画意。

《京都竹枝词》唱道：

> 御河桥畔看河灯，法鼓金铙施食能；
> 烧过法船无剩鬼，月明人静水澄澄。

放河灯，寺庙做，千家万户也做，是个民众的节日活动。

白天，家里的妇女先用油纸叠成很多小船，然后粘上油灯捻儿，或小洋蜡，摆在大笸箩里。

入夜，端到家附近的河流水塘，一一点燃，呼唤着亡故先人，逐个放入水中。微风阵阵，微波荡漾，河灯随着水流，渐渐远去，仿佛载着亲人的怀念，送达到先人无言的心中。

思念、泪水、一河闪烁的灯光……

> 莲花灯、莲花灯，
> 今儿个点了，明儿个扔。

中元才去，转月，人们又聚集月下，欢度秋高气爽的"中秋节"了。

莲花灯

八、八月节，中秋节，团圆节，月饼节，兔儿爷节

"年怕中秋月怕半，星期就怕礼拜三。"

这句俗话，提醒人们光阴似箭，日月如梭，上一半一过，下一半很快流逝。所以珍惜时光要及早抓住中间环节，弥补缺失。

仲秋恰是秋季之中，八月十五又是仲秋之中日，可谓中中之中。中国人最讲究持中为上，不偏不倚，怎么会放过"中秋"呢?

秋夜如水,十五的月亮,又圆又亮,里面的暗影如画,按文大爷的描述,那里面是看守广寒宫的兔儿爷大将军。他不闲着,正在娑罗树下捣药呢。什么药?长生不老药呗。

远远地眯起眼细看,还真有树,有个像兔子站立的黑影,一捣一捣的。

秋天是收获的季节,京城天高云淡,西山的红叶如晚霞映红了半边天,无风少雨,不冷不热,衣着随心,俏丽示人,真是北京最舒心、最如意的季节。八月节充满喜悦和希望。

早年有一段"岔曲"唱道:

> 荷花未全谢,又到了中秋节,家家户户把月饼切。
> 香蜡纸马兔儿爷,庆中秋,美酒多欢乐(音月)。
> 整杯盘,猜拳行令同赏月。

"月饼节"自然先说月饼。

月饼,即月圆之饼,也叫团圆饼。圆而且甜,正契合中秋过节、阖家团聚、共叙家常的需要。

过去北京的过节月饼,不是广东月饼,而是提浆、酥皮、自来红、自来白几种,统属京式糕点,其他样式的月饼都上不了台面。

提浆月饼造型细腻,色泽金黄,上刻月宫景象,细致生动。吃起来不掉渣不掉面,软硬适度,香甜可口,而且可以做直径60厘米甚至更大的大月饼,充任当夜上供的佳品。

1945年8月15日日寇无条件投降。经历了十四年抗日战争的中国人民,欣喜若狂。北京城沸腾了,苦尽甘来,人们沉浸在无比的欢乐中。欢乐的高潮涌到9月20日(星期四)的中秋节。战乱离散,生生死死,人们盼着这个梦里呼它千百遍的"团圆节"。

节前,北京山西同乡会在前门外鹞儿胡同的三晋会馆,研究怎么样过这个"团圆节",让京城各个阶层的山西老乡都笑逐颜开,过个舒心的八月节。

有的说请果子红(丁果仙)唱几场拿手戏,有的建议包个饭庄宴请贫苦同乡,意见不一。父亲和几个老伙伴合计,不如办个"月饼会",众人投股,大家分"红",多少不拘,人人有份。中秋那天下午,按股抽奖,提取月饼。哪怕投一分钱,也算一股,也能分得五块上好的提浆月饼。大家一听鼓掌通过,不过,又加了一条:十四、十五、十六唱三天义务大戏,招待同乡。

当即到会的各界老乡纷纷解囊投股,钱庄、票号、颜料店等大买卖投的股最多,此后几天又有不少闻讯赶来的乡亲认股,资金全无问题。大家公推父亲组织班子,就在三晋会馆的大罩棚下支铛烧火，打造月饼；技术活，全由我二大爷杨二蛮掌管。他人高清瘦，左脚微瘸，完全没有"大司务"腩胸叠肚的富态相，却是三晋著名的厨艺高手：置办整桌酒席，五味备至，上得了官宴；打造糕点面食，精美异常，比得上正明斋。

在父亲和二大爷的率领下，十几个人大干三天，超额完成了月饼预定的任务，赶在八月十五一早，按五块一封，精美香甜的提浆月饼包装完毕。

节日下午的三晋会馆、鹞儿胡同、乃至前门大街人拥车堵，自行车、洋车、三轮、小卧车、吉普车驮着不同阶层，操山西口音的老乡，打着招呼，问着好，走到一起。昔日军警凌人的威势没了，和和气气地问好；同一家商号的东伙也仿佛久别重逢，亲热得不行。

全变了，难道一场"月饼会"，就神奇地融化了阶级界限，成了荣辱与共的好兄弟？

晚上，丁果仙、乔国瑞（山西名净"狮子黑"）、牛桂英一场《鸡架山》把个武则天的霸气、狄仁杰的睿气和尉迟恭的憨气演得酣畅淋漓！台下山摇地动，好声震天，仿佛盛唐气象重回三晋乡亲面前，一张张赤红的脸上，挂满泪水。这是我平生最难忘的一个中秋节。

父亲办月饼出了名，乡亲们夸他为人实在、讲信用。山西学者李革痴（李泰棻，"五四"时著名史学家，曾任女师大国文系主任，与胡适、鲁迅、周作人等都有较好的过从，后助冯玉祥办学，著《国民军史》）教授说："他大名'守信'，名实相符，名字起得好，做得更好；我再送他个字，'实斋'，多为乡亲办实事，办好事。"自此，朋友乡亲平时都亲切地呼他"实斋"。

京城过中秋，最红、最受欢迎的是"兔儿爷"大将军，还有"兔奶奶"伉俪。

如今"兔儿爷"成了老北京的"形象大使"：顶盔束甲，着袍束带，背插四杆靠旗，胯下一匹猛虎，威风凛凛。谁的主意，把绵软胆小的兔子打扮成不可一世的大将军，让他守卫清冷的月宫？

家里供的"月亮祃"，是两长两短四根秫秸中间绷一张白纸，中间一轮明月，红线勾出广寒宫，金色的立兔不穿衣服，持杵捣臼，绘画精美。竖立的"月亮祃"前，横摆香案，上置月饼、瓜果梨桃及五供。夜半月圆时，男人回避，女人拜月。

过去有"男不拜月，女不祭灶"的说法。为什么呢？古人观天象、察地物，摸索自然规律，常用阴阳去解释。比如白天黑夜，日主阳，月主阴。男性为阳，女性为阴。男女合，乃有生育。

《礼记·礼器》说：太阳生于东，月生于西，此阴阳之分，夫妇之位也。天子之与后，犹日之与月。

古人认为"水气为精者为月"（《淮南子·天文

训》)。称女子的月经为月水。月的圆、缺,喻为怀孕、生子。解释兔子的兔,就是"吐",生育。我国第一部字书《尔雅·释兽》:"兔子曰娩。"有的书说"兔望月而孕",所以生育能力强,让它在月宫陪伴孤独寂寞的嫦娥。所以女子拜月,寓意着向太阴祈祷多子多福,兔儿爷正是生育强盛的象征。

中秋节吃月饼庆团圆的背后,还隐匿着民族兴旺的大道理呢。

过节吃月饼,文大爷说起了"八月十五杀鞑子"的故事。

八月节

元顺帝荒淫残暴,激起全国各族人民,特别是南人(南方人)和汉人(北方人)的激烈反抗。那时元统治者收缴了民间的菜刀,由一名"鞑子"(蒙古人)士兵管理,谁家用菜刀就得找他借。这个鞑子吃住民家,无恶不作,百姓恨得牙根痒痒,决定响应朱元璋起义军的号召,约定八月十五这天月圆时,一起动手杀鞑子。

可怎么通知呢?聪明人提出,把起义时间写成条,藏在月饼馅里,趁着往各家送月饼的时候,暗示馅里有话,瞒过鞑子兵。

是夜,京城百姓一起动手,与城外的徐达部队里应外合,攻破大都,元顺帝北逃,元帝国灭亡。为了纪念这个胜利,八月十五吃月饼又有了新的意义。

九、九九重阳节

北京的秋天最美,也最短。当人们还没有醒过闷儿来的时候,一夜风起,黄叶飘零,紧跟着跨进了萧索的初冬。所以,过了"中秋",人们就开始盘算着九九重阳该到哪里去"登高望远"了。

据《燕京岁时记》记载:

> 京师谓重阳为九月九。每届九月九日,则都人士提壶携榼,出郭登高。南则在天宁寺、陶然亭、龙爪

槐等处，北则蓟门烟树、清净化城等处，远则西山八刹等处。赋诗饮酒，烤肉分糕，洵一时之快事也。

《易经》："以阳爻为九。"日、月都赶上九，重了，所以叫"重阳"。在阳数中，九最大，两九相重，自然成了民间一个重要的节日，找个恰当的切入点，明确它的主题，充实内容。

重阳节的由来，可以追溯到两千五百年前的战国时代。

活动内容有：出游、登高、赏菊、插茱萸、饮菊花酒、分食重阳糕。

南朝的梁昊均在《续齐谐记》里，讲了这么一个故事。

汝南有个叫桓景的人，跟随道士费长房游学数年。有一天，长房告诉桓景，九月九日你们家有大难，必须外出避难。走之前你们家每个人赶紧做个布袋子，装满茱萸，系在胳膊上，然后找个高的地方去喝菊花酒，这样灾祸可免。桓景听了，立刻叫上全家人，带上茱萸，登高饮酒。晚上回到家里，看见家里的猪狗牛羊都死了。费长房说，它们替你们死了。全家大惊。

后来这个习俗就一代代地流传下来。只是不知道这个故事是先有的，还是后人依附瞎编的，反正重阳节深入人心。

唐代大诗人王维《九月九日忆山东兄弟》一诗脍炙人口。诗曰：

独在异乡为异客，每逢佳节倍思亲；
遥知兄弟登高处，遍插茱萸少一人。

说到老北京的登高诗，清代也有两首竹枝词，写得很真实。

一个是元大都土城：

土城关上去登高，载酒吟诗兴致豪；
遥望蓟门烟树外，几人惆怅尚题糕。

一个是天宁寺：

天宁寺里好楼台，每到深秋菊又开；
赢得倾城车马动，看花齐带玉人来。

秋日近冬，犹如人近暮年；步步登高，仿佛人之增寿。很早先民就把重阳定为敬老节。《周礼·月令》：

是月也,养衰老;授几杖,行糜粥饮食。

几杖,鸠鸟形杖首,又叫王杖,是王朝发给七十岁老人的,如同今天的"老年证",晓谕全民尊老关爱。说明我国自古就有敬老养老的传统,从饮食到行动都有具体的措施。

重阳过后,进入冬藏季节,收拾一年得失,喜也好,愁也好,日子总要过;人们只能把希望寄托给明天,寄托给全民族的盛大节日,下一个春节。这个追求美好生活的巡回,伴随着人生,延续着希望,吹不走也改不了。

第三章　飘然远去的老行业

说起老北京,人们总也忘不了那些无冬论夏、从早到晚,在胡同里转悠的"做小买卖的"。

他们靠"做小买卖"活着,本钱不多(或没本钱,身子骨就是本钱),利微薄(几乎养不了家,填不饱自己的肚子),但有股子犟劲,就像紫禁城里太和殿屋顶上的兔儿尾巴草,别看你琉璃瓦金光耀眼,找个瓦缝也要扎根、长叶、开花、结籽。

不信偌大的北京城,活不了个人!

过去,北京平头百姓的生活,还真离不开这些"做小买卖儿的"。

吃的、喝的、穿的、使的、用的、玩的、乐的、听的、看的,都给您送到门口,就连后半夜一个觉醒来,也能听见守夜打更的梆子声,听见那一声凄凉的"硬面——饽饽——"。

那个时候的人有那个时候的活法。你付出了,自然就有收获。生路就摆在那些肯吃苦、肯动脑动手、肯低三下

四、肯咬牙的人的面前。

一代代"做小买卖的",用耐力、智慧和意志,找到了北京的"户口",也为北京城添加了他们一份不容小视的力量。

今天,每当我们吃着涮羊肉、喝着茉莉双窨、坐着宽敞的"大公共"、走进王府井大街的时候,别忘了那些来自四面八方"做小买卖的"受苦人,别忘了当年老北京,曾经有过这么一些今天早已见不着的"行业"。

北京有紫禁城,里面住着皇上娘娘;有深宅大院,里面住着王公大臣、富豪士绅。这些人有人侍候,过着衣来伸手、饭来张口的日子。而住在胡同里、城墙根儿底下的黎民百姓,就必须胼手胝足地去干各种营生,只有"营",才能"生",才能活己、活人。

比如卖水的、卖冰的、卖黄土的、卖掸子的、卖夜壶的、卖折扇的、卖芝麻秸的、卖半空儿的、卖蛤蟆骨朵儿大咸螺丝的、拉车的、淘粪的、缝穷的、补袜子的、拉大锯的、放唱片的、打卦算命的、弹棉花的、扛窝脖儿的、哭丧撒纸钱的、唱什不闲的、说相声的、遛鸟的、摔跤的、打把式卖艺的……

今天,这些营生听起来有点儿不知其详、莫名其妙,可过去这些都算在"三百六十行"里,正儿八经、真真切切地反映了那时的生活,刻录下老北京社会生活的轨迹。

说到"行业",从前常常把社会上各种职业加在一

拉大锯

起,笼统地叫作"三百六十行"。够不够,三百六。真的有人一个一个地数过吗?

清代徐珂在《清稗类钞·农商类》里解释说:

> 三百六十行者,种种职业也。就其分工而约计之,曰三十六行;倍之,则为七十二行;十之,则为三百六十行,皆就成数而言。俗为之一一指定分配者,罔也。

可见三百六十行的说法是个成数、约数。随着社会的发展变化，行业的发展变化肯定也会越来越多，有新生，有淘汰，新陈代谢，适者生存，需者发展。不过，透过老北京老行业的新陈代谢，我们却可以获得许多有益的启示：

比如，从老行业的消失中，我们可以了解北京城市的发展变化；老行业显示了人在特定的环境下，具有极强的耐受力和无穷的创造力；老行业不仅可以满足人们的物质和精神的要求，而且能够锻造出杰出的民间艺术，培育出杰出的民间艺术家，它印证了"艺术源于生活"的至理；分析老行业的衰落，可以察觉社会事物发展的趋向，即所谓"见微知著""风起于青萍之末"。

老行业五花八门，门道很多，有卖苦力的，有卖吃食、玩具的，有耍手艺的，有粘圆子卖艺的，有卖笑街头的（妓女），也有走邪门歪道、靠坑蒙拐骗谋生的。

其中最多的是卖苦力、卖吃食、耍手艺和当众卖艺这四种。

一、下磨脚底上磨肩

说"水夫"

清末有首《竹枝词》，是描写当时北京"水夫"的：

水夫挑水真可怜，下磨脚底上磨肩；
脚底欲穿肩欲肿，只为要寻糊口钱。

水夫就是靠卖苦力谋生的，词写得真切明白，几乎说出了所有卖苦力的酸辛。

早先老北京当水夫的，山西人居多；后来换成了山东人。时人有诗为证：

草帽新鲜袖口宽，布衫上又着磨肩；
山东人若无生意，除是京师井尽干。

（得硕亭《草珠一串》）

北京的行业之所以有很强的地域性、同乡性质，就是因为破产的农民从老家投奔京城，两眼一抹黑，只有靠老乡领路、认门子才能找碗饭吃，到今天也仍然如此。

这仿佛是解析中国社会的一把钥匙。

北京虽然背山靠海，气候温和，却是个缺少生活用水的地方。

民间广泛流传着"高亮赶水"的故事。

话说朱元璋的大将徐达攻占元大都后，发现满城的水都被龙王爷、龙王奶奶运走了。原来战火烧了城里的龙王庙，龙王夫妇无处安身，只好化身老翁、老妪,把全城的水装进两个木桶,架在独轮车上,逃往西山了。军师刘伯温掐指一算,判明了老龙王的去路,立命大将高亮策马追赶,临行前叮嘱他切记三条:

追上不要伤着龙王夫妇;用枪刺破独轮车右侧木桶,放出甜水;赶快拨马回逃,听见什么也不要回头。

高亮遵命策马飞奔,才出西门不远就望见龙王夫妇。高亮大喝一声,举枪便刺,龙王一惊掉过车把来挡,不巧,亮银枪刺中左侧苦水木桶。只听半空中一声响亮,大水滔天。高亮拨马狂奔,赶到西直门城下,心中暗暗惊奇:为什么只听水声,不见水来?便忘了军师的叮嘱,只回头一望,瞬即没顶献身。

后人为了纪念这位赶水的大将军,把西直门外的"高梁桥"改名"高亮桥"。只是高亮误刺了龙王左侧木桶的苦水,从此京城地下多苦水。而龙王夫妇把右侧的甜水桶扔到了玉泉山,老夫妇躲到瓮山泊(颐和园昆明湖)过清闲日子去了。

过去城里百姓吃水、用水全靠遍布街巷胡同的水井。井有大小,水有苦甜,而京城内的水井,苦的居多,甜的很少。

我出生在前门外的湿井胡同,每天却要买水喝。不知道胡同里那座真武庙里的"湿井"怎么个"湿"法,有多大用?

一早,胡同远处传来很响的"吱吱扭扭"声,妈妈赶紧出门,叫住"卖水的"。几乎家家户户都出来人,站在门口,等着那位推水车的山东汉子。

他体格魁梧,却早早驼了背,老是乐呵呵的,从独轮木水车上摘下扁担、梢桶,拔开架在车右边长圆高桶下面的木楔子,水哗哗流出,灌进一个梢桶,这是甜水;然后再放车左边的水,苦水。

水夫

水夫很熟悉地进院，把甜水倒进屋里一口很小很小的水缸里，再把苦水倒进窗根底下的大水缸里。母亲递给他一个小竹牌——预先买的水牌。他抹着汗，笑呵呵地去了下一家。

甜水舍不得吃，来客人沏茶用；苦水做饭、洗脸、洗脚、洗衣服，用得够不够的成了稠粥了，再倒到胡同口的地沟里。

小时候最高兴的是夏天背着家人，偷着去窑台（今陶然亭）洗澡，难得到澡堂子"蜕皮"，走出澡堂子，一身清爽，从里到外，像换了个人！这话一点儿也不夸张。到现在"惜水如油"的"毛病"也改不了：真的心疼那些清清凉凉的自来水，哗哗地流走；心疼山西、山东的水夫们，为了京城百姓的活命水，早早驼了的背。

说"淘大粪的"

卖苦力的苦，一个是活儿苦，再一个就是要全力以赴，下苦力气。

比如拉洋车的、淘大粪的、扛窝脖儿的、扛大个儿的、赶脚的、木厂子拉大锯的、门头沟挖煤的，诸如此类，哪一样不凿实地卖力气也不行，反过来京城也离不开这些"苦力"。

北京建城三千多年，建都八百多年，可谓文明昌盛，建筑辉煌。奇怪的是京城人士重"上"轻"下"：对吃喝，食不厌精；对排泄，却凑凑合合，得过且过。宫里、府里、宅里、院里，房子再讲究，就是不讲究厕所，或根本不设厕所，把这腌臜之处排到三界以外。

再高贵、再文雅、再娇嫩的人士也得排泄，这就全靠走街串户的淘粪工，把各家各户马桶粪坑里的屎尿淘出，一桶一桶地倒进粪车，然后拉到粪厂，粪霸兑上杂土、滑秸，晒成粪饼，卖给农家。

过去京城内外有不少空地晒粪，臭气烘烘，苍蝇乱

淘粪工

飞。人们习以为常，并不腻味。它成了古都一个很有"乡土味儿"的行业。解放后，填了龙须沟，增加了公共厕所，淘粪业也一直未减，国家领导人还和淘粪工握手照相，以示平等。直到20世纪70年代，这个行业才被淘汰。

其实，卖苦力，也有"巧劲儿"，不是傻卖力气。

比如淘大粪背的那桶粪，小百十斤，稀里咣当，很不好背，抄把、上肩、迈步、出门、倒粪、拉车，这一系列动作都要用"巧劲儿"，不然洒在自己身上不要紧，脏了住户、街道，人家可不答应。

说"扛窝脖儿的"

老北京还有一项绝活：窝脖儿。

"窝脖儿"一词的本义是，北京人说话，说到半截儿，叫人拿话给顶回去了，叫吃了一个大"窝脖儿"。但这里的"窝脖儿"不是话茬儿，是搬运工中难度最大、技术最强的一个工种，要求高、责任大，要卖苦力，更要使巧劲儿。

过去搬家、过嫁妆，靠人抬车拉。其中怕磕怕碰的精细家具、器物就靠"扛窝脖儿的"成本大套地、原封不动地用双肩和脖子压成的平面、垫上一块长方形的木板，直接"扛"过去。

"扛窝脖儿的"低着头，脑顶朝前，一路走来，平平稳稳，方向不错，十里八里，不喘不嘘，准能按时守刻地到达目的地。而后,再把器物扛进屋,按指定地点卸肩复位,把器物原样儿摆好。比如,有的扛着大条案,上面座钟、帽筒、掸瓶等摆设,用绳子原样儿绷好,看着漂亮,走得平稳,这功夫如何了得!

有诗赞曰:

北地移家少用抬,扛街低首亦生财;
男儿炼得头颅好,强项胜他捷足开。

卖苦力,卖的是岁数,如同满街的洋车夫,年轻力壮,要哪有哪,有个小灾小病也能扛过去;人一老,就惨喽,只剩下满街要饭一条道儿,最后,成个"倒卧",陈尸街头。

感谢老舍先生写出了《骆驼祥子》里拉车的祥子,还有《我这一辈子》里的那个老警察等一系列小人物,叫我们今天依然能够体味到当年老北京卖苦力人的辛酸命运。

二、冲风唤卖一声声

老北京的小吃品种繁多、天下闻名:

例如豆汁儿、豆腐浆、豆腐脑、老豆腐、杏仁儿茶、茶汤、油炒面、面茶、粳米粥、大麦粥、腊八粥、莲子粥、轧饸饹、拨鱼儿、刀削面、豆面丸子炸豆泡儿、卤煮小肠、炒肝儿、包子、灌肠儿、爆肚儿、杂碎汤、羊霜肠、馄饨、馅饼、烧卖、褡裢火烧、烧饼果子、煎饼果子、门钉火烧、焖炉肉饼、焦圈儿、薄脆、糖耳朵、糖麻花、蜜麻花、桂花元宵、小枣切糕、年糕、扒糕、炸糕、炸三角、盆儿糕、蜂糕、豆渣糕、甑儿糕、糊涂糕、粽子、驴打滚、瞪眼食、凉粉、面鱼儿、豌豆黄儿、芸豆卷儿、江米藕、艾窝窝、果子干、玻璃粉、酸梅汤、雪花酪、冰碗、刨冰、冰激凌、奶酪、奶豆腐、奶点心、烤白薯、炸白薯干、糖葫芦，等等，那真是说不胜说，数不胜数。

北京人对北京的小吃情有独钟，几乎每天必吃，离不开、忘不了。

早点是油条豆浆、炒肝儿包子，晚上是硬面饽饽、肥卤鸡。隔三岔五还要来碗卤煮火烧，饶俩炸糕。逢年过节，更是应时的春饼、粽子、元宵一样不落。

阔别京城的海外老人，几十年的梦里，最惦记的是能喝上一口烫心的豆汁儿，尝尝天兴居的炒肝儿，还是不是早先那个味儿？

那么，何谓"小吃"呢？

《现代汉语词典》解释有三：饭馆中分量少而价钱低的菜；饮食业中出售的年糕、粽子、元宵、油茶等食品的统称；西餐中的冷盘。

这些解释虽兼顾几个方面，却未切中"小吃"的

卖卤煮火烧的

"要害"。

在我的意识中,小吃是相对于正餐讲的。对于有闲者,它是随意品尝的"零嘴儿""闲白儿",不管饿不饿,吃的是兴趣、爱好,尝的是一种心灵上的满足,俗称"口头福";而对于劳苦大众来说,它是花费不多、有滋有味,又能填饱肚子的"上品",可谓经济、实惠,解馋、管饱。

因此,北京的小吃养育了北京人,它是北京长久以来,多民族和谐共处、文化相融结出的果实。

"小吃"不小，大有文章！

老北京的小吃原本是走着卖的，挑着挑儿，走街串巷，边走边吆喝。后来渐渐分成了摆摊待客和走街串巷两种。也有二者兼顾的，平时推车挑担，到处叫卖；到时候赶庙会、到厂甸挤个地方摆摊。反正"小吃"这买卖夜夜不得安，终年不得闲。

那么，有没有一个地方，集小吃之大成、保四时之风采，终年不散呢？

有，那就是天桥，这块京城另样的吉祥宝地。

说起天桥的小吃，那是"群英会"，样多、味正，看着漂亮，吃着便宜、实惠，绝不坑人，也不敢坑人。

都说天桥的把式光说不练，天桥小吃摊可是又说又练。因为，吆喝得再好听，也得让人坐下吃，粘人靠的不是卖主的嘴，而是靠穷哥们儿吃得有滋有味儿，顺溜开心，还想再来。

说"豆汁儿"

在天桥众多的小吃摊中，以豆汁儿摊最多，总有十几个，遍布各个市场，说明豆汁儿招人喜欢。

豆汁儿色青、味酸，有一种奇特的味道。外地人喝不惯，甚至鼻闻之欲呕。而北京人嗜之如饴，而且上瘾。尤其在盛夏难耐的时候，到摊上喝一碗滚烫的豆汁儿，就着可口的咸菜，必然发出一身透汗，那叫痛快！据说它能保你一夏天不得病，你道奇也不奇？

当年京剧大佬谭鑫培、梅兰芳、马连良等名家吃遍了山珍海味、西洋大餐，演完了戏，偏喜欢到铺子里喝碗热豆汁儿，卸卸劲儿，缓缓神儿，觉得嗓子特别舒坦；就是没去铺子的工夫，也让店里的小伙计把热豆汁儿送到家里，说是喝豆汁儿对嗓子好，有保养的奇效。

豆汁儿成了北京小吃独一无二的代表作。

过去，豆汁儿本是粉坊磨豆子做粉时的下脚料，俗称"酸泔水"，天一热就发酵，气味难闻，随手倒掉。而北京人历来节俭成性，觉得倒掉可惜，就加热煮开，一尝，别有风味，又解渴，又解饿，无意中发现了北京的一宗"名吃"！

从前，北京城里街巷胡同有很多粉坊，专门制作淀粉和粉丝、粉条。粉丝、粉条晒干后晶莹透明，随时可用，以绿豆粉最好。具体做法是驴拉或人推石磨磨豆子，一边添豆子一边加水，石磨上就出现三样"产品"：

顶细的浆汁儿用来做粉，这是主产品；

较稀的水汤儿流到另一个桶里，就是豆汁儿；

剩下的青豆渣，用锅煮去青气味，就是京城的另一名吃——麻豆腐。

豆汁儿还分老浆、清浆两种。老浆稠，熬透了，就是摊上喝的豆汁儿；清浆稀，熬制时还要兑上捣碎的小米或白米或绿豆面，熬得稠糊糊、香喷喷，不似白粥，胜似白粥，名曰"豆汁儿粥"。

豆汁儿的口味，随着发酵的程度分微甜、甜酸、酸三种，发酵时间越长，口味越酸。

喝豆汁儿必配好咸菜，如老腌芥菜疙瘩、大腌萝卜、暴腌白菜帮子等大路菜。要求刀工细，颜色好，咸得适度，香得可口，桌上还配有清亮的炸辣椒油。照例，喝豆汁儿，咸菜装在大盘子里，任人白吃；精细的咸菜，如暴腌苤蓝、八宝酱菜等则要另交钱。摊商还配有焦圈、油炸鬼、烧饼等食品，供人选用。

当时北京著名的豆汁店有琉璃厂张家，东安市场徐家、何家，天桥的舒记四大家。这四家铺面、餐具、制作都很讲究，就餐的人也比较阔绰，是登临"大雅之堂"的豆汁儿。

我在灯市口育英上中学时，中午下课常到街北路边豆汁摊上喝一碗豆汁，两分钱；吃半斤烙饼，六分钱，就着不要钱的咸菜，吃得饱饱的、美美的，下午听课蛮有精神。

也有走街串巷的豆汁儿挑子，一头小火炉上坐着一锅开开儿的豆汁儿，一头是个小方桌，放着咸菜、焦圈、碗筷等，还挂着几个小板凳。到人多的地方，放下挑子，吆喝一声:"豆汁儿——开锅。"

除了豆汁,豆腐脑的浓香一直留在记忆中。

说"豆腐脑"

我记得天桥老电影院(我在那儿看过老电影《火烧红莲寺》)门前的豆腐脑最正宗。喝豆腐脑,讲究的是卤,自然豆腐也要嫩爽。

先把泡了的黄豆磨成浆,煮沸后点上适量的生石膏,就成了又白又嫩的豆腐,装进擦得锃亮的红铜锅里,如同脑状。

卤要用上好的羊肉、正宗的口蘑及黄花、木耳等辅料熬制而成,羊肉口蘑搭配的混合浓香,无与伦比。

吃时,摊主先问,要不要豆腐?怪了,吃的是豆腐脑,怎么不要豆腐?原来,很多人就是冲着卤的浓香去的。不过,我还是喜欢吃红白两间的豆腐脑。

只见,摊主用特制的红铜薄片勺,盛起豆腐,再浇上浓浓的羊肉卤,点上蒜泥、辣椒油,那口味令人垂涎、难忘。此处,非张家口的蘑菇不可,它特有的清新气味奇异地与羊肉匹配出一股迷人的浓香,迷得人走不动道,非吃这一口不可。这是任何一种蘑菇也替不了口蘑的。

小吃不衰,是小商小贩精心维护、不敢倒牌子的结果。那是他们养家糊口的命根子。

所以，也如同大买卖老字号的经营一样，选料必精、制作必细、造型必美、器皿必洁、定价必廉。东来顺不就是从摆摊卖熟杂面、荞麦面扒糕做起来的吗！

小有为，大，方有为；小文章，未必没有大道理。

话说到这儿，想起"炒肝儿"的发明，就有不少的学问，可以从中窥知"小吃"之一斑。

说"炒肝儿"

炒肝儿是北京小吃中经久不衰的名吃。顾名，不能思义，炒肝儿可不是过火过油炒出来的猪肝。它的产生、发展，凝聚着做者、卖者、吃者、宣传者四方面的智慧与合作。

前门外鲜鱼口中间路南，有个小酒馆叫"会仙居"，开业于清同治元年（1862），专卖黄酒和开花豆、花生米、咸鸭蛋、豆腐干一类佐酒的小菜。来的都是些没多大进项的贫苦人。

别看酒馆买卖不大，对待顾客却特别和气，体贴周到。比如，赶到午、晚两顿正餐时，掌柜的就把附近大饭馆的剩菜（俗称"折箩"）收集起来，回锅加工，卖给这些找饭辙的人。这种"回锅菜"花不了俩钱，满满吃上一大碗，荤腥足，解馋，兴许碰上海参、鱼翅，很受劳苦大众欢迎。

传说，一天，下了一夜的雪，早晨天冷得出奇。这时候，打外面走进来一位白胡子老头儿。老者哆哆嗦嗦要了杯黄酒，也不要菜，直呷摸到中午。老人就事儿要了两碗"折箩"，不大工夫就吃完了。

汇钱的时候，老者一摸兜，呀，钱不够！老掌柜早就看在眼里，装在心上，递上一碗热茶，扶老者坐下说："天儿这么冷，您这么大岁数，大老远地来我们小店，还不是看得起我们？今儿的账，我候了。"老者千恩万谢地走了。

可从此，早上锅里的"折箩"怎么卖也不见少，反而越盛越多，味道也越来越香。上门的顾客风闻而来，竟有好奇的王府的管家，都说鲜鱼口没字号的小酒馆遇上了仙人。住在东城的翰林也跑来吃了碗折箩，提笔写了块匾"会仙居"，挂在了酒馆的门上。小酒馆有了"大名儿"，买卖也就更好了。

可您别忘了，靠卖"折箩"挣钱的买卖，再好也是"拾人牙慧"，登不了大雅之堂。神仙的仙气管不了多少日子。

1900年八国联军毁了北京城，祸害了老百姓，日子再苦，也得咬着牙一天一天地过。

会仙居劫后余生。老掌柜刘喜贵撒手而去，买卖交给了他儿子刘宝忠哥儿仨。

买卖怎么做？他们看见隔壁"广来永"的白水羊汤铺的买卖挺好，就仿照买来猪下水，大水洗净，肠切段、肝切片、心切丁、肺切条，放上花椒、大料、咸盐，白汤清煮，名曰：白水杂碎。因其肉味纯正，一时还不错。可日子一长，老一个味，而且猪心、猪肺很难吃，食客每天都吐一地，眼看着买卖式微了，一天不如一天。

当时《北京新报》的记者杨曼青和"会仙居"的刘家挺熟，出主意说，去掉猪心、猪肺，在煮猪肠、猪肝时加酱色，勾芡，出锅叫"炒肝儿"，说肝儿是用油炒过的，千万别说是烩的，然后，我在报上一宣传，准成！

主意好，还要制作好，精工细做，一点儿不马虎。

炒肝儿的主料是猪肥肠，最要紧的第一步就是"串肠儿"，先把猪肠放在盐碱水中浸泡，反复用盐碱面揉搓，去腥洗净，而且要把挂在肥肠上的网油撕干净。然后再用清水加醋漂净，除去猪肠的腥臭味。这是最脏、最累的一道工序，也最要紧。

洗净的猪肠用大水煮，开锅后改文火炖，上面压个小一号的木锅盖，为的是熟烂、不走味，保其浓香。肠子烂熟后，取出切成五分长的"顶针段"，备用。坐锅炸大料，至金黄炸透；炸蒜片，至金黄；炸黄酱，熟透装盆儿待用。另熬上好的口蘑汤备用。

做炒肝儿时，先把切好的熟肠段投入沸汤中，再放炒好的蒜酱、葱花、姜末和口蘑汤，稍一开锅即放切好的嫩猪肝，开锅即勾芡，芡要上好、稀稠适度。最后撒上一层厚厚的蒜泥，香味扑鼻的"炒肝儿"，即此大功告成。跟着《北京新报》一段美妙的介绍，"会仙居喝炒肝儿去！"成了京城一时之盛。

刘宝忠哥儿仨，为保炒肝儿新鲜滑爽，卖一锅，做一锅，不怕费时费力。他们还在景德镇定制了一批直径二寸的小碗，专盛炒肝儿，讲究盛得匀实、冒尖，有肠有肝；喝时不用筷子不用勺，端着碗转着圈喝。喝炒肝儿不解饿，他们蒸的包子皮儿薄、馅儿大，味道鲜，正好与炒肝儿搭配。店里秉承一贯热情待客、周到服务的老传统，没有下班时间，什么时候来，什么时候喝，食客很满意。有心人编了不少歇后语，满城传诵，成了最动人的广告。如：

会仙居的炒肝儿——没早没晚。
会仙居的炒肝儿——没心没肺。
炒肝儿不勾芡——熬心熬肺。
猪八戒吃炒肝儿——自残骨肉。

说明人们喝炒肝儿，喝出了品味。
有人写诗赞道：

稠浓汁里煮肥肠，交易公平论块尝；

谚语流传猪八戒，一声过市炒肝香。

一味小吃，何以引得人们趋之若鹜，又说俏皮话，又写诗，赞不绝口呢？

原因有三：其一，事在人为。人们平时瞧不起的猪下水，也能巧用心计，精工细做，烹出美味。其二，干什么，说什么，有讲究。做小吃，就必须琢磨顾客的口味，挖掘市场的需求，吊住食客的胃口。其三，吃什么，怎么吃，有学问。小碗盛炒肝，别致创新，既省了成本，又赢得顾客的好评，点子就是钱。

但是，会仙居的成功，应了老子"福兮祸所倚"那句老话，而且祸不单行。

钱挣多了，哥儿仨的心却散了，眼都盯在钱上，闹起了纠纷，谁还管炒肝儿好不好？

这当儿，有人却一门心思盯上了炒肝儿。谁呀？"远香馆"饭馆掌灶的厨师洪瑞和天桥卖大饼的沙玉福。俩人都有一手好厨艺，又肯用心，更主要的是下定了与会仙居竞争必胜的决心。他们敢唱对台戏！

两人合资就在会仙居的斜对门开了一家同样专卖炒肝儿的小馆儿——"天兴居"。

你"会仙"靠神仙，我"天兴"靠天，看谁比得过谁！

天兴居的炒肝儿不是照搬照学、跟着会仙居的脚后跟儿走，而是有所改良。

比如，设专人串肠儿，洗之前剪掉大肠头尾，干干净净，没有一点儿杂物；猪肝选最嫩的肝尖儿部位，口感最好；作料不用酱，改用上好的酱油；调汤不用口蘑，改用新发明的日本"味之素"；勾芡更不能含糊，选用上好清亮的芡粉，不计较价钱高低；选最好的厨师掌灶。

再有，用肝肠的下脚料烹制种种菜肴，贱价出售；改进服务，设雅座、聘女招待、安装电话，方便顾客。总之，就是要不遗余力地精益求精，提升口味、观感，加强服务，创造"炒肝儿"的新品牌。

功夫不亏有心人。天兴居果然超过了会仙居。两"居"比着干，便宜了老百姓。1956年公私合营，二居合一，定名"天兴居"。

如今，炒肝儿遍布京城小吃店，却"各有千秋"：有稀汤寡水的，有没肝少肠的，店家却一脸正经地说："这是正宗的北京炒肝儿！"令人啼笑皆非。如今，炒肝儿早就没了原先会仙居、天兴居的那股子较真劲儿，炒肝儿味道自然非驴非马，令人望而却步，不敢问津了。

小吃不易，积年累月。遥想当年这些走街串巷的"先行者"，一年到头，不避寒暑，凭着一声声悠扬的吆喝，敲开了千家万户的门窗，送上美食，至今心存感激。而那一声声迥然不同的叫卖声、响器声，常常伴着往日的回

烟袋斜街

　　位于鼓楼大街路西,斜向西南,直抵银锭桥。街不长,却排满烟袋、古玩等名店,有"小大栅栏"之称。据说,慈禧的烟袋就常到此处的烟袋店里冲洗。

前门大街

　　明清以后，前门大街是京城最繁华、最丰富、最具代表性的闹市，老字号大多集中于此。更奇的是，以珠市口为节点，北段是雅俗共赏购物、游乐的大卖场，而南段却是贫苦民众奔命求生、自己找乐的杂吧地。这里潜藏着丰厚的文化理念和技艺，是揭示老北京独特文明的一把钥匙。

瑞蚨祥

　　在大栅栏路北。京城百年老字号,开业于光绪年间,主经营绸布皮货。顾客定位准,服务跟得上,生意火爆,位居"八大祥"之首。

大栅栏

　　前门大街路西的一条顶著名的闹市。街东西向,老店、名店一家挨一家,吃喝玩乐样样俱全。邻近街巷同样商市繁荣,共建了前门大街商贸、文娱一地两旺的景象。

东安市场

　　位于王府井大街的东侧。原来是清军的大操场,后荒芜。清末改建东安门至王府井一段道路,把沿路的摊贩迁入营业,起名"东安市场",渐而发展成如今的大商场。

同仁堂

位于大栅栏路南,开业于乾隆年间,是享誉中外的中药业巨擘。创业人乐尊育,精选药材,精心制药,取得为宫廷制作成药的特许。同仁堂秉承"同修仁德"的理念,制药严谨,所制丸散膏丹等深受信赖,成为中药界的典范。

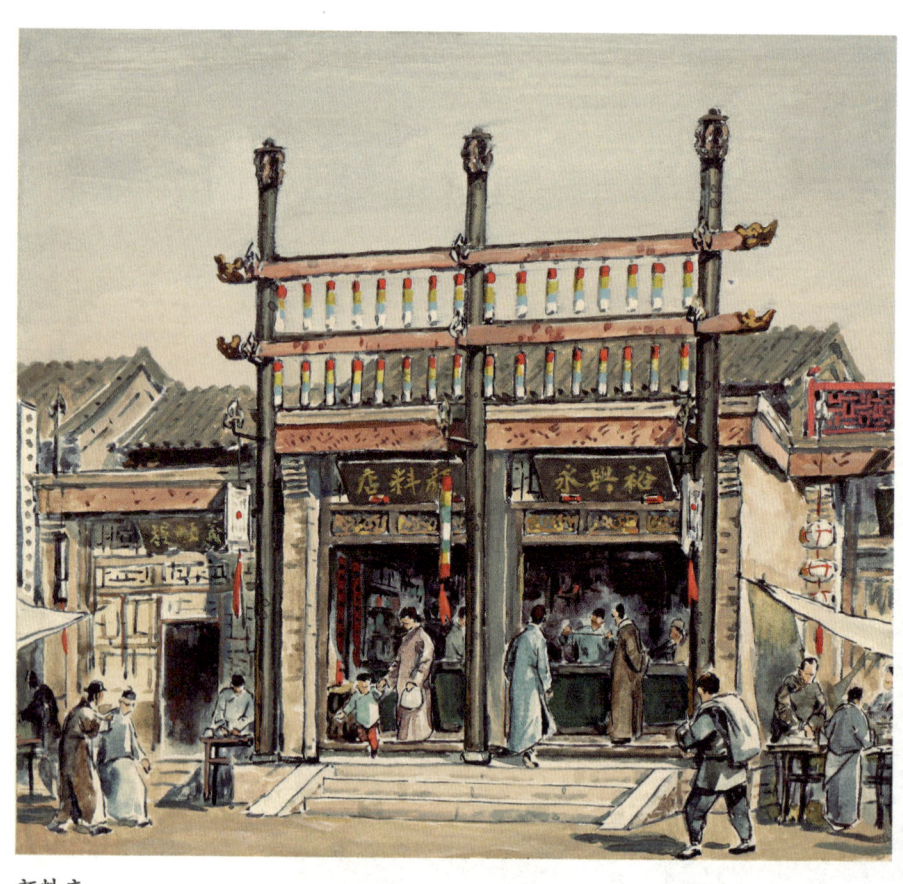

颜料店

　　卖的颜料一半是日常染布的颜料,一半是建材用的油漆、涂料。

王麻子

　　创建于清顺治年间,售卖的刀剪,钢口好,经久耐用,很受欢迎。掌柜的姓王,脸上有麻子,便得了"王麻子"的称号,作为标志,一时驰名京华。如今,恢复了王麻子刀剪厂的老字号,产品行销全国。

王致和

　　康熙八年（1669），安徽人王致和进京赶考落榜，便做起了卖豆腐的小生意。一次机缘巧合，他腌制出一种"闻着臭气熏天，吃起来却别样芳香"的豆腐小块，"王致和臭豆腐"遂成了京城名吃。如今，王致和南酱园老字号与时俱进，已成为集团型产业。

荣宝斋

　　位于西琉璃厂,是一家经营书画、碑帖、篆刻、文房四宝的老字号。原名松竹斋,创业于康熙十一年(1672),光绪年间,取"以文会友,荣名为宝"的意思,改名荣宝斋。其采用木版水印工艺复制的名画,精妙如真,名贵中外。

天福号

　　原址在西单牌楼东北角,创业于乾隆三年(1738)。山东人刘凤翔开了个小酱肘子铺,后来在旧货摊上捡了块"天福号"的金字牌匾。"上天赐福"含义好,字也潇洒,他又下功夫选料、配方、烹制,创出了口味浓郁的酱肘子、酱鸡、酱肉。据说还被送到慈禧的御膳桌上。

月盛斋

　　乾隆四十年（1775），回民马庆瑞在荷包巷卖羊肉，后搬到户部街，小铺起名"月盛斋"，寓意"生意像斋月一样旺盛"。他用秘方烧制的羊肉肥而不腻、瘦而不柴，味道香郁，"老汤"延续百年，被选入御膳供品。

当铺

  当铺廊柜高大,常人需跷着脚、仰着头、够着和收货的"先生"说话。再值钱的物件,也被说得一无是处。过去,这是趁人之危的买卖,也是销赃的去处。受困之人拿家财去当,当是走投无路之举。

想,激起旧情的涟漪,荡漾不已。

正是:

小吃不小辛苦成,手随心到制作精。
为求深巷回应客,冲风唤卖一声声。

三、巧手拾掇万家器

俗话说,"破家值万贯"。

居家过日子离不开吃、穿、用的家伙什儿,什么锅碗瓢盆、桌椅板凳、皮棉单夹,等等。翻腾翻腾,就是一大堆东西,更甭说有小孩的家里,哄小孩儿的零碎东西就更多。

这些东西未见得值几个大钱,可缺什么都不行,坏了舍不得扔,就得找工匠修。

比方,小孩把瓷碗摔两瓣儿了,胡同里来了"锔锅锔碗的",钉上锔子,用小锤敲打实了,再抹上油灰,两瓣儿合一,瓷碗照使。

蒸窝头的笼屉散了,有"拴笼屉的",打眼穿篾子,把笼屉"拴"紧,上锅不跑气,窝头、馒头照蒸。

做开水的铁壶漏了,没关系,找"焊洋铁壶的"打磨干净,点锡焊实,锉平如初。

雨伞(早先有油纸、桐油布两种,纸的居多)漏了个大窟窿,修伞的贴上油纸,还刷一层"血料",坚固耐用。

锔锅锔碗的

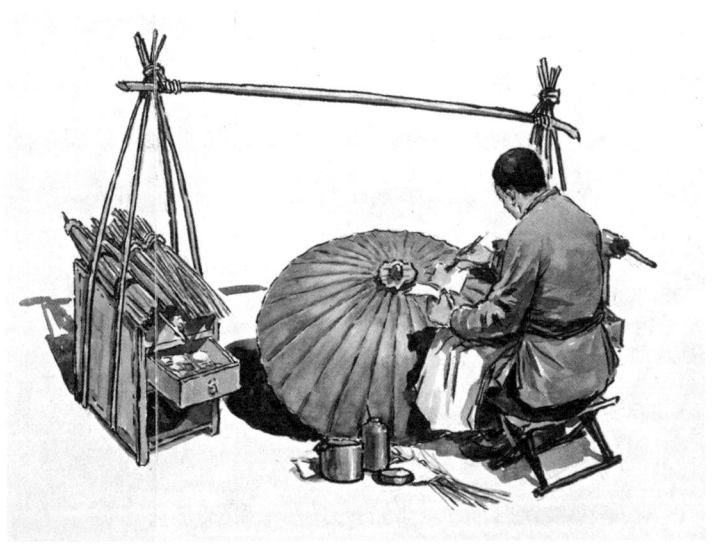

修伞的

这样心灵手巧的匠人还有许多，木匠、瓦匠、玻璃匠、钟表匠、修眼镜的、修扇子的、卖小孩玩具的、打小鼓的、收破烂儿的、换取灯儿的，干什么的都有，要修什么就有修什么的手艺人。

晨昏反复，来来往往，叫卖不绝。一年十二个月，胡同里闪动着五行八作的"皮影"，起伏着呼唤希望的歌声。

当年老北京物质不丰富，平民的生活很简朴，省吃俭用，算计着花钱，算计着使用东西，绝不轻易抛弃。

我有个中学同学，每年必把一年花的钱详细记录，连一根三分钱的冰棍儿也不落（他每年只在最热的那天吃一根最贱的冰棍，就此打住），然后加起来除以三百六十五天，求出每天的费用，再定明年的指标。他能告诉我一双布鞋从买到扔，一天合几分钱。他精明能干，功课也好，从来不出前三名。

正是老北京人的节俭精神，让心灵手巧的修理行业，尽其所能；而老北京人在简朴生活中也能自得其乐，日子过得丰富多彩。

比如，扇子。

从前，北京过夏天，一无空调，二少电扇，全凭一把扇子却暑。

民众笑谈：

> 扇子有风，拿在手中；
> 有人来借，等到立冬。

由此可见，过去京城百姓无扇不过夏的习俗。

然而，扇子五花八门，有最普及的大芭蕉叶扇、佳人掩面的团扇、羽毛编排的鹅翎扇和文雅精美的纸折扇。这里有严格的界限，什么人用什么扇子，品级自分。

芭蕉叶扇是用蒲葵的叶子做的，又叫葵扇、大蒲扇。

蒲葵种在农家。农闲时农民选八年以上的蒲葵，取完好的大蒲葵叶连长把儿割下，压平风干，再圈以细篾丝，白线锁上边儿，以求坚固耐牢，入夏挑到城里来卖。

因为便宜、招风、皮实，蒲扇很受劳动人民的欢迎。热天，扇风；雨天，挡雨；走路骑车插在后背，凉快沥汗。还能轰苍蝇、打蚊子，挥舞自如，一职多能，只是用着粗俗，不登大雅。君不见那位救苦救难的济癫僧，手挥的就是一把破芭蕉叶。他舞蹈街市，到处度人行善惩恶，芭蕉叶只有在他手上，才能神通广大，一般人怎能比得？

所以，清代有人写诗，借题发挥：

> 蒲葵扇，颇不恶，片月入手风在握；
> 为底世人用者稀？只因价贱遭奚落。
> 价贱便遭当世弃，物犹如此堪错愕。

无怪滑头个个吹牛皮，声价高抬善做作。

诗写得不怎么样，借着蒲扇发了顿牢骚，说的却是实话。

偏有好事者，不服这个气儿，非要变不雅为雅。怎么"雅"呢？

选周正的叶子，截去长把儿，换上象牙、玳瑁、名竹、文木的把儿，圈上锦边儿，装饰银花、翠蝶，精美异常，质朴里透出华贵，身价大增。原来：

蒲扇也有丽质身，巧加包装铁变金；
世间难分贵与贱，得人顺时即登云。

团扇，又叫纨扇、罗扇，以圆形为主，还有椭圆、方形、如意形的。多以绢、纨丝织品或纸做扇面。扇把讲究，材质取象牙、斑竹、漆木等，一柄通头，把扇面分为两半，正好题诗作画，寄情言志。

团扇的历史很长，公元前1世纪汉成帝刘骜为赵飞燕姐妹迷惑，疏远了许皇后和班婕妤，班婕妤借扇言忧，诗曰：

新制齐纨素，皎洁如霜雪；
裁为合欢扇，团团似明月；

出入君怀袖，动摇微风发。

诗以团扇为题，言物寄情，写得很含蓄。

正因为团扇是妙龄小姐、雍容贵妇、皇后妃嫔的随手之物，又具有优美的造型，所以留存下许多诗歌佳作。

奉帚平明金殿开，且将团扇共徘徊。

当然，最真切动人的是唐代大诗人杜牧的《秋夕》：

银烛秋光冷画屏，轻罗小扇扑流萤；
天阶夜色凉如水，卧看牵牛织女星。

秋夜如水，流萤曳光，无言地轻挥罗扇，依偎着望着星空，今夕何夕，夫复何言？诗人排遣了二十八个字，就构筑了一个冷的秋夜、热的爱情。妙哉，杜牧！

团扇虽美，终归带有浓重的香粉气，卿卿我我，缠绵悱恻，比不得羽扇大气磅礴。

苏东坡一首"大江东去，浪淘尽，千古风流人物"，撼人心魄，荡气回肠。词中说：

遥想公瑾当年，小乔出嫁了，雄姿英发。

羽扇纶巾，谈笑间，樯橹灰飞烟灭。

一柄羽扇，说说笑笑，就把曹操的八十三万人马烧得灰飞烟灭。赤壁一战，周公瑾了得！羽扇轻摇，又是何等潇洒！想象中，这该不是街面上和掸子一起叫卖的"鸡毛扇子"，当是"雕翎大扇"，起码也是仙鹤、雉鸡、雄鹅一类美丽翎羽做的扇。把握手中，大，且美。方显出伟丈夫的儒雅、帅气。

可是在京剧中，这把呼风唤雨的"羽扇"，并未属于插着两根雉尾的周瑜，而是让给了神机妙算的诸葛亮。

一出场打"引子"，他就言明：

羽扇纶巾，四轮车，快似风云。

从他初出茅庐火烧博望坡，到他鞠躬尽瘁、六出祁山、星灭归天，这柄羽扇从不离手，指指点点，奠定了蜀汉的基业。

羽扇的神威、机巧与儒雅，被京剧中的孔明发挥得淋漓尽致。那么人们要问了，是谁把雕翎大扇递给了诸葛亮呢？

这里边有个故事。

话说清廷李连英大总管为了讨慈禧老佛爷的喜

欢，在颐和园养了一只名贵的赭鹰。

赭鹰通人性，通身羽毛光亮整洁，名唤"一抹油"，李连英爱护备至，精心养护。也许是爱过了头，赭鹰偏偏早逝。这让大总管痛惜不已，就挑选上乘的翎羽制成雕翎大扇，象牙做柄，嵌以玉石、孔雀翎，令大扇威中带媚，器宇轩昂。李连英爱不释手，却不敢拿出示众。毕竟陪在太后身边，怎敢挥舞大扇？岂不太张扬了。

然而翎扇何用呢？

他想到了擅演诸葛亮的京剧名伶、老佛爷最喜欢的须生谭鑫培。

一次慈禧传谭鑫培到颐和园的德和园演出《失街亭·空城计·斩马谡》。李连英和谭鑫培的私交甚好。这天，谭鑫培早早赶到颐和园，先去看望李大总管。李连英把雕翎大扇交给了谭鑫培，让他用在诸葛亮的身上。

谭鑫培惊诧有顷，挥舞了几下大扇，顿觉得心应手，心有所悟。

诸葛亮出场一念"引子"，慈禧眼前一亮，忙问哪儿来的雕翎扇？李连英赶忙说明原委，慈禧点头称好。

这场戏老谭唱念俱佳，挥扇作戏，尤其卖力，出了不少彩儿。尤其《斩马谡》一场，挥扇、抖扇、掩扇,把个诸葛亮痛悔的心情,表演得淋漓尽致。慈禧看得十分动情,竟滴了几滴眼泪。

演罢,慈禧异常高兴,又赏银子,又赏黄马褂儿。转过头,直夸小李子会办事。从此,诸葛亮一出场就拿起了雕翎扇。

其实,羽扇的历史最长,当是中国扇子的老祖宗。

传说四千多年前,殷商时期就有人把雉羽扇献给殷王了。

不过,从字面上讲,"扇本指门扇,会意字,从户从羽。表示门户开合像鸟翅膀活动。由门扇转指扇子"。

过去,京城时有挑担卖羽扇的,圆形木柄,鸡鹅毛编制,兼卖鸡毛掸子一类用品。高档的羽扇由扇庄专售,自然讲究。

折扇又叫撒扇,古称聚头扇,由扇骨、扇面两部分组成。苏东坡赞颂高丽白松扇:"展之广尺余,合之只两指。"道出了折扇的实用功能。

它的审美功能,一个是扇骨的用材讲究,竹、木、棕、象牙、玳瑁、兽骨等均可入选,造型别致,制作精美。大骨两面,还可雕画刻字;就连扇轴的造型,也可一展匠心。

再一个就是,折扇的核心自然是扇面,绵纸、绫绢饰以洒金、泥金、雪金等底纹，正好激起书画名家挥毫泼墨的欲望，山水人物、花卉翎毛、诗词歌赋、名言警句，尽可挥洒。代代相传，存下了多少绝世名作。

小小折扇提供了无垠的艺术创作空间，既解暑，又显示主人儒雅身份，正是夏日不可或缺的一宗宝物。

折扇虽巧，却不是本土产，而是"东洋货"。一说是唐代日本遣唐僧带进来的；另一说是宋代从高丽传进来的，反正不管从哪儿来，一入中华，就被吸收，融进新意，更加华美。

京城夏天，还有一种背箱串胡同的小生意。

木箱似柜，箱上十字架装数串铜铃，走起路来，哗啷哗啷作响，俗称"换扇面的"。

他们的小箱里有几层抽屉，装着扇面、扇骨、剪刀、胶棒之类修折扇的用品，也有成品折扇供人挑选。

扇子年年用，夏日离不开，扇面破了，细骨子折了，扇轴散了，总要有人修。请听，胡同里传来阵阵铃声。"换扇面的"来了，笑呵呵地修好如新，还向您介绍今年的流行款。

正是胡同里川流不息的手艺人，为您解忧，为己谋生，结成相依共生的关系。平平生活，谁又离得开谁呢？有道是：

> 人生如戏并非戏，衣食住行身所系；
> 人劳物损平常理，巧手拾掇万家器。

四、饥饿逼出来的天才

都说北京是中外闻名的文化古都，北京人听了挺自豪。

可"文化"二字到底怎么讲？

历史悠久，古迹众多，人文荟萃，群贤毕至，这些是不是"文化"？

文明，有礼貌，有谨有让，客客气气，说话不温不火，显得有学问，这些算不算"文化"？

绘画、写书、唱戏、说相声、捏面人、耍骨丢丢（傀儡戏）、象牙雕刻、景泰蓝，这些属不属"文化"？

细究起来，北京的"文化"，无处不在，没边没沿的，几句话说不清楚。但有一点可以肯定，北京的文化是在漫长历史中形成的，是历代北京人代代相传、你一砖我一瓦共同建造的。

从紫禁城里的君臣役使，到市井街巷中的贩夫走卒，人人有份儿，都是北京文化的创造者。而挣扎于生活底层的劳苦大众，除了卖苦力、耍手艺，有些人选择了以文化为业，孜孜以求，同样取得了杰出的业绩。

比如，北京的"代表作"：相声。

且说"相声"的来由

相声是北京的"土特产",它产于此,发迹于此,是北京人平素生活中少不了的玩意儿。相声的实质,是北京人说话的艺术。那种幽默、机智、耿直、玩世不恭、好讥讽而又不敢招惹人的风格,很能表现出老北京人的脾气秉性。

相声成为"相声"也就是百十多年的历史,是时代的产物。有人做学问,推论相声起源于两千多年前先秦时代的"俳优";又有人说起源于一千多年前唐代的"参军戏"。年代久远,学问太深了,俗人难解。

说得通的,有相声模样又有真名实姓的,应该是在清末民初的天桥,创始人应该是清道光年间唱八角鼓的艺人张三禄。

八角鼓原本是满族牧居休闲演唱时的一种手鼓,用硬木框围成八个等边的角,一面蒙蟒皮,另一面空着。七个框中间,每边嵌两面小铜镲,一个框中间嵌柱,拴正黄、杏黄两股长穗。

鼓不大,演奏时,左手指钩鼓柱竖立持鼓,右手弹奏,手法有弹、摇、碰、搓、拍五种。这里有个故事。

  八角鼓兴起于乾隆时期的一次战争。
  大、小金川位于大渡河上游,居民主要是藏族。

这里高寒缺氧，常年积雪，交通阻隔，居民不过两三万，山地仅二百多平方公里。由于这里的土司内部纷争，惊动了北京紫禁城，乾隆帝不高兴，命云桂总督阿桂率军出征。没想到这次作战既漫长，又相当艰苦。官兵都是满人，哪儿受过这罪，吃过这苦？思乡心切，斗志衰落。

阿桂为了鼓舞士气，就以树叶为题，编成各种歌曲，名为"岔曲"，教官兵演唱。结果，这招还真起了作用，激战在歌声中取得最后的胜利。

这场料想不到的"费五年之功、十万之师、七千余万之帑"平叛的胜利，让乾隆十分兴奋，他亲自到卢沟桥迎接凯旋的官兵，还选取八旗子弟，用八角鼓练唱"树叶黄"。

上有所好，下必效之。一时京城响彻八角鼓，万众争唱"树叶黄"。

后来，八角鼓的词曲，经过内务府旗人司瑞轩（艺名"随缘乐"）的改进，并广泛吸收民间的牌子曲，丰富了音乐内容，增强了表现力，创立了单弦牌子曲的艺术形式。

张三禄演唱八角鼓技艺高超，胜人一筹，尤其擅长见景生情，当场抓哏；演唱时，他随机应变，不守老套，很受观众欢迎。

艺高的人，往往脾气也大，他不愿与人搭班，就跑到天桥、庙会撂地演出，一个人一台戏，自由自在。

不唱八角鼓了，他以说、学、逗、唱四大技能作艺，自称其艺为"相声"。相是表演，声是模仿，目的是让观众开怀大笑。

张三禄走出戏班，撂地单干，发挥了他当场抓哏的表演才能，开创了"相声"这一艺术形式。而真正接过他的衣钵、使"相声"成形、并被尊称相声开山祖的，是自号"穷不怕"的朱绍文。

朱绍文，道光年间生人，隶属汉军旗，世居地安门外毡子房，幼读诗书，是个没中举的秀才。

如同很多旗人一样，他喜好京戏，工丑行，唱做俱佳，尤擅插科打诨，临场发挥。据说，有一次他陪程长庚大老板唱《法门寺》，他饰贾桂。演出中，他现场抖机灵，说了些时兴的事，惹得程大老板很不高兴。此后他改唱架子花脸，人高瘦，气势不足，也没红。

他是个心高气盛的文化人，不甘沉寂，就辞了京剧这一行，撂地唱太平歌词。

这种演唱很简单，伴奏乐器就是两块长五寸、宽三寸的小竹板，名叫"玉子"。

手握着"玉子"，一开一合，响一下，用它打节奏。太平歌词是以说为主、句尾一拉腔儿的演唱形式，原来是乞丐要饭时演唱的。后来传到宫里，慈禧听了起名"太平歌词"，还御赐了两块竹板。演员没文化，不懂得"御赐"是什么意思，以为竹板叫"玉子"。后代以讹传讹，说相声的都把这两块板儿叫"玉子"了。

太平歌词很对朱绍文的路：慢条斯理，有板有韵，唱的交代得清楚，观众也听得明白，引人兴趣。他对汉字的形、音、义有研究，能把一个字讲得头头是道，首创了"白沙写字"。

把大理石磨成很细很细的白沙，装进一个小布袋里，左手打着两块竹板的"玉子"，右手从布袋里捏出点儿白沙，在地上先撒出一个大白圈儿，行话叫"画锅"，算是演出范围。过路的人好奇，围过来（行话叫"粘圆子"），朱绍文也不看大伙，只顾蹲在地上撒白沙写字。比如他写"容"字，一边"写"一边唱：

> 写上一撇不像个字，
> 饶上一笔念个人。
> 人字头上点两点念个火，
> 火到临头灾必临。
> 灾字底下添个口念个容，
> 劝诸位得容人处且容人。

字写完了，观众随之在欢笑中报以掌声。

这时，人围满了，净等着朱绍文入"活"了。他能写一丈二尺的双钩字，比如"一笔寿""一笔福""一笔虎"，气势大，字漂亮，观众点头赞叹。

而后，他边唱边在大字旁，写副对联："画上荷花和尚画，书临汉字翰林书。"对联工整有趣，还可以反过来念，意思一样。

他常写的对联还有："书童磨墨墨抹书童一脉墨，梅香添煤煤爆梅香两眉煤。"念起来拗口，像绕口令，却勾画出两个小用人的天真模样。观众又开心又长知识，大声喊好！

他满腹诗书，才思敏捷，又有丰富的人生经验，所以他演唱的节目谐而不厌，雅而不村，讥讽邪佞，劝人行善。比如他的"字头歌"：

三字同头芙蓉花，三字同旁姐妹妈。
三字同头常当当，三字同旁吃喝唱。

然后，他引申："皆因为吃喝唱，才落了个常当当。您看不学好，行吗？"

他有两副常使的"玉子"。一副上刻："满腹文章穷不怕，五车书史落地贫。"还有一副，上刻："日吃千家饭，夜宿古庙堂；不作犯法事，哪怕见君王！"

直白、磊落，可见他"贫贱不能移"的高尚情操。

他是单口相声的开山祖，一个人一台戏，"包袱"不断，拢得住人，功夫浅了不行；他还是对口相声和群口相声的发轫者，丰富了表演形式，加强了戏剧性，逗捧有序，高潮迭起。他学京城货声（小买卖吆喝声）惟妙惟肖。蒙古罗王很喜欢他的"玩意儿"，把他延至府中，不让他外出撂地了。"庚子"后，他已七十多岁，不久就辞世了。今天相声界的演员几乎都是他再传的弟子。他的作品，如单口的《老倭国斗法》《乾隆爷打江南围》，对口的《大保镖》《黄鹤楼》，四人说的《四字联音》等传承至今。他的学问、人品、艺德，深受同行和观众崇敬，人称"穷先生"。

清末杨曼卿在《天桥杂咏》中赞他：

信口诙谐一老翁，招财进宝写尤工。
频敲竹板蹲身唱，谁道斯人不怕穷？
日日街头撒白沙，不需笔墨也涂鸦。
文章扫地寻常事，求得钱来为养家。

诗，写出了朱绍文的形态，却没有说出他安贫乐道、出淤泥而不染的高贵品质。这在天桥艺人中是多么难能可贵呀！"穷不怕"继张三禄之后，开启了一个"平地抠饼"的新行业——说相声。一些极聪明的穷苦人找到了一条靠才智和自身条件,平地起家的谋生之路。

侯宝林,一个连自己是哪儿的人、父母姓字名谁都不知道的苦孩子,流落到北京,寄居他人檐下。

没爹妈的孩子谁疼?侯宝林打小要过饭,捡过煤核儿,粥厂打过粥,卖过冰核(读胡)、豌豆、报纸,只要能糊住一张挨饿的小嘴,他什么罪都能受,什么苦都能吃。他常挨饿,知道饿得前心贴后心的滋味有多难受;他也有高兴的时候,那就是在鼓楼、天桥的空场里,看见说相声的人口吐莲花,比比画画有多可乐。晚上做梦,老是梦见吃了一只烧鸡,肚子里撑得难受;要不就是一圈人围着他,听他说相声,包袱一抖,"哗"观众们都咧了瓢儿(大笑)了,大把的"铜子儿"拽在他身上,生疼!他疼醒了,肚子里照旧咕咕叫。

十二岁,他跑到天桥,跟拉京胡的颜泽甫学京戏,后来师徒一起搭了三角市场"云里飞"白宝山的戏班,拉场子、串妓院卖唱。

"云里飞"正经学过京戏,他在天桥这个摊儿演出,叫"滑稽二黄"。怎么"滑稽"呢?破面袋染染当行头,大纸烟盒子糊巴糊巴当盔头,不分行当,想怎么唱就怎么唱,只要招笑,人家给钱就行。

时人写诗说道:

> 小戏争看云里飞，褴衫破帽纸盒盔；
> 诙谐百出眉开眼，惹得游人啼笑非。

侯宝林如愿以偿，跟着"云里飞"，边学边唱，一举学了京戏、相声两门功课，更主要的是他能在演出中觉察出，观众爱看爱听什么玩意儿，这对他以后的攒活（创作）至关重要。"云里飞"的玩意儿，虽号称是"滑稽二黄"，大耍活宝，却总归是"滑稽"有余，"二黄"不足。侯宝林虽然喜欢京戏，还是一门心思盯上了表演自如、内容丰富的相声。

他在天桥、鼓楼、西单的场子里看李德钖（艺名"万人迷"）、焦德海、高德明、常宝臣、朱阔泉等老艺人的表演。趁下完雨晾板凳晒场子的时候，他央告人家，说好话，让他下地练上一小段儿。可干一行有一行的规矩，没门子不行。经人说合，他先被朱阔泉（艺名"大面包"）收养，后拜为师，开始正式学艺。朱阔泉是焦德海（张三禄后相声的第四代传人）的徒弟，与张寿臣、常连安、汤金城是师兄弟。侯宝林成了相声的第五代传人，与常宝堃（艺名"小蘑菇"）、刘宝瑞同辈。这时正是相声的鼎盛时期，京津地区好角儿云集、风格各异，没有点儿绝活拢不住人。侯宝林思路清晰，他遍观京津同行的取胜之处，掂量自己的长短，做了三件事：

第一，选择了同在天桥作艺的郭启儒做搭档。郭演出

风格朴实厚道,正与他华丽多彩的风格形成反差:高问低答,一唱一和,听着看着都很舒服;

第二,清理段子中庸俗低级、骂人损人、搂便宜的"包袱",净化演出内容,挖掘段子里的艺术精华;

第三,发挥自己唱做俱佳、模仿能力强的优势,或改或创,丰富演出节目,别具特色。

他们来到曲艺竞争最激烈的天津,而且走进剧场,从平地升到舞台。这样,既拉开了与观众的距离,便于表演;又为观众提供一个全景观摩的空间。

说相声

自然,被人瞧不起的撂地玩意儿,也因此升格成了舞台艺术,相声演员也能和京剧演员一样成角儿!无论是京剧,还是"杂耍儿"(曲艺),天津观众眼里可不揉沙子。他们发现侯宝林的玩意儿地道、不脏、有真功夫,不同凡响。

很快,他在剧场的排序也由压轴,提升到大轴。几个电台也约请他们去说。侯宝林、郭启儒在天津一炮而红,他们与常宝堃、赵佩如,马三立、张庆森,郭荣启、朱相臣等相声艺人一起,共同努力,给传统相声开创了一个承前启后的新生面。

后人景慕侯宝林艺术的博大纯正,当面请教他成功的秘诀。侯宝林脱口而出:"这个秘诀就是一个字:'饿'!为了不挨饿,你就得长本事,比别人强。这才有饭吃!"

天桥的艺人都是经常挨饿的苦出身,说数来宝的高凤山是三河贫苦农民的孩子,随父亲流落到北京,要饭、捡煤核儿,什么都干。后来跟曹麻子学快板,情如父子,练就了清脆流利、响遏行云的快板功夫。他的《诸葛亮押宝》《黑姑娘》等曲目,诙谐有趣,百听不厌。

唱连珠快书的曹宝禄,从小到天桥学梅花调,后跟随金晓珊学习单弦、连珠快书,艺技大进,他借与鼓界大王刘宝全同台的机会,用心揣摩,化他为我,终成名家。他的单弦《五圣朝天》说的是龙王爷、土地爷、门神爷、灶王爷和兔儿爷五位主管尘世的大圣，不适应人世的变革，跑到天廷玉皇大帝面前申诉个人愁苦的尴尬窘状。听着可笑可乐，完全扫荡了五圣的神威，极具讽喻情趣，是艺人自创的杰作。

想起我在天桥学相声

小时候，我特爱听相声。一放学，扔下书包就往天桥跑，扎进相声场子不出来。高德明、绪德贵（师从三代焦德海）的对口，大狗熊孙宝才的双簧，高凤山的快板、数来宝……听个没完没了。日子久了，说的听的都成了半熟脸。有一回高凤山虎着黑脸对我说，别老往这堆里扎，回去好好念书，比什么不强？老听这个没出息！

一次下暴雨，人散了，市场里空荡荡。高德明坐在桌旁吃包子，看见我淋了一身雨水，招招手，递给我一条毛巾，"快擦擦，吃包子。"我怯生生走过去，接过毛巾擦脸，没敢动包子。

他笑了，把荷叶上的仨包子一推："都是你的！"接着问："见天儿听我的相声，会了几段？"

我边吃包子边说："差不离儿吧。"

他一拍桌子："你小子真敢说'差不离儿'？那我可要盘盘你！"

包子吃完了，天也放晴了。这时，有人见高德明同一个小孩子搭话，好奇地围了过来，粘成圆子（围成圈儿），高德明脑筋灵活，就势使"活"。

问："那咱爷儿俩说上一段？"

吃了包子，浑身是劲；雨后，周围水坑有蛙鸣。就着耳旁的蛙鸣，我想起老相声《蛤蟆鼓》，连忙站起身形朝四周的观众作了个"罗圈揖"，又给高二大爷深施一礼，接着入"活"：

"高二大爷，我猜，您姓高？"（装傻充愣）

"废话！我姓高，那还假得了吗？"（众大笑，有鼓掌者）

"您德高望重，无事不明，无物不晓。"（欲擒故纵）

"那是，要不怎么我叫高、德、明呢。"（众又笑）

"小子有一事不明，要在二大爷台前领教。"（挖坑儿）

"你说说，我听听。"（老谋深算）

"二大爷，您看见过蛤蟆吗？"（众鼓着嘴要笑没笑）

"你小子让包子撑住了？谁没见过蛤蟆呀。"（有笑声）

"可那么小的蛤蟆，怎么叫唤出来的声音那么大

呀?"(众讶然)

"那不是因为它……嘴大、肚子大、脖子粗吗。"(有人呼应"答得好!")

"可我们家那字纸篓子,也嘴大、肚子大、脖子粗,怎么从没听它叫唤过?"(众鼓掌大笑)

"那是因为字纸篓子,是用竹子编的,所以它不响。"(没理找理)

"老和尚吹的笙,也是竹子编的,怎么一吹就响啊。"(还手一击,众又笑)

"那不是,因为它有眼儿吗。"(有人点头称是)

"我们家筛面的筛子,净是眼儿,怎么一声儿不响呀。"(得寸进尺)

"筛子不是……又圆又扁吗,所以不响。"(有人叫好)

"京剧场面上的大锣,又圆又扁,怎么一打就响,声音还那么大呢?"(众哄然大笑,鼓掌)

……

那年高德明四十岁,我十二岁,这段现攒的老少对口,童音清脆,配上老音低回,十分好听,观众看着新鲜,听着开怀大笑,说完,场子打了不少钱。

散场后,高德明说:"给我当徒弟吧。"

我想了想,说:"不介,家里不让。"

他微微一笑,说:"好,那就当个业余的爱好吧,别放下。记住,艺不压身。"

后来,他参加了北京曲艺团,和王长友、福保仁、王世臣搭档,在鲜鱼口迎秋茶社演出,我常去听。1960年高德明去世了。他自幼跟父亲高闻元(师从二代沈春和)学艺,算是门里出身,但未入师门不被行里认可,后来跪在卢德俊(师从二代沈竹善)坟前磕头拜师,才算有了第四代传人的合法身份,进了相声圈子。

侯宝林说,相声是语言的艺术。这话对!我理解这里有两重意思。一个是相声把北京话的简练、生动、幽默、清脆表现得淋漓尽致;再一个是相声演员拿话"活"人,每个段子都表现一个或几个就在"我们身边"的活生生的人物。相声演员,尤其是逗哏的,跳出跳进,有褒有贬,嬉笑怒骂揭示人物的行为举止,制造笑料,寓笑于理,十分高明。高德明就特别能表现旧社会北平平民,尤其是那些无赖、二流子的丑态,使观众在大笑中,蔑视身旁的丑陋现象。北京人特别喜欢相声,把它当成是自己个儿的艺术;它也使我受益匪浅。

1949年新中国成立,相声演员心里打鼓,老相声还能说吗,往后还有饭辙吗?老舍、赵树理等市文联领导出头成立了大众文艺创作研究会,团结新老作家、艺人和文艺爱好者，创作新文艺，歌颂新生活，不时地还在前门箭楼上免费为北京市民演出；孙玉奎、侯宝林等人组成相声改进小组，带头创演《婚姻与迷信》《请佛龛》等节目，老相声演员创新改旧，局面焕然一新。

上育英中学（二十五中、六十五中）时，我很喜欢侯宝林、郭启儒的新编相声，它不低俗、不随意挖苦人，从不拿捧哏开涮，更不用扇子打人，知识性、表演性都强，听着看着觉着新鲜幽默，侯宝林把旧相声从地摊儿领上了登台露脸的文雅之路。

我喜欢，就跟着学。那时，他们说一段，我就和同班的王学智学一段，得个机会就站在讲台前表演一番，受到老师和同学们的欢迎。学校也鼓励同学们兴趣广泛，比我大一班的马铁汉不仅功课好，相声、京剧、书法都很专长，后来成了名家；比我晚的姜昆、赵炎更不用说，都成了专业相声演员，为相声的继承和发展做出贡献。

1956年我考上北大后，赶上1959年的十年大庆，高校在苏联展览馆剧场举行文艺会演，校学生会抽调我与生物系、法律系的同学一起，排演群口快板《人民公社锁蛟龙》，反映在"大跃进"中人民公社的社员（农民）修水库抗旱保粮的事迹。词写得很有劲儿，但用竹板"呱唧呱唧"地打不出气势。我建议扔掉竹板，改用大鼓大锣大钹，锣鼓齐鸣，吼声震天，一下子有了"锁蛟龙"的英雄气概，演员也被锣鼓震动得激情满怀。一个节目不够，我想起了相声。那时候三面红旗迎风飘,七亿人民斗志高。对口相声不过瘾,就和中文系四位志同道合的同学,采用群口相声的老套路,"攒"了一段《赛诗会》。节目得了奖,我却挨了批,说是净找笑料,没有突出政治。值得纪念的是四位合作相声的同学,后来都成绩斐然:刘锦云师弟写出了《狗儿爷涅槃》《阮玲玉》等名剧;孙幼军师哥创作了儿童文学名著《小布头奇遇记》;师哥孟琮是赴美的语言学家;小师弟王毅毕业分到黑龙江,以东北二人转为依托,去芜杂存精华,创建"龙江剧",卓有成绩。当年的五人相声遂成记忆,可惜没有留下影像,但我记着高德明跟我说的那句话:"艺不压身。"

大学毕业我被分到部队做文化教员,紧跟形势,奉命创演了不少小节目,还斗胆创演了京剧现代戏,获得军队领导和观众好评;后来被淘汰出局,复员为民,成了公交公司的员工。虽然再也没动相声,但我依旧痴心不改,创演曲艺、歌舞小节目,活跃职工生活。我的创作素材来源于我置身的公交生活。

1980年2月17日有个叫曹振贤的售票员,下班后,又主动代值夜班。因劝阻四名乘车寻衅的歹徒,被一歹徒刀刺右胸。他负伤忍痛,紧追凶犯,因流血过多,壮烈牺牲。同年,共青团北京市委授予他模范共青团员称号,北京市人民政府批准其为革命烈士,并于1984年在北京市会城门公园为他立碑塑像。

获讯后，我赶往车路采访，很受感动，连夜写了报道，激情不已，又创作了快板书《青年英雄曹振贤》，参加了全国职工文艺会演，获得全国总工会与国家文化部颁发的创作奖，全文刊发在《北京日报》文艺栏一满版上。

这也算是我在天桥偷学高凤山快板书的一份作业，却成了我告别相声、曲艺的尾声。

说说天桥的"马连良"

有"天桥马连良"之称的京剧演员梁益鸣出身北京通州的一家贫苦农民，原名梁大龙。名字叫龙，可他呼不来风，也唤不来雨。

这年，天旱无雨，颗粒无收，一家四口生活无着。父亲只身跑到唐山去挖煤，不料想钱没挣来，偏偏遭遇冒顶事故，右臂被砸断，人废了，矿方不留，被辞退回家。

日子更难了，母亲只得忍痛抛下一双儿女，来到京城给人家当"老妈子"（保姆），熬更守夜，拼死拼活也挣不来半袋杂和面。无奈，母亲只好把八岁的大龙托付给在天桥办"群益社"戏班的亲戚，让不知京剧为何物的梁大龙，改名梁益鸣，走上京剧舞台。

早先进戏班学戏叫"打戏"，进戏班如同蹲大狱，棍棒之下才能出人才。在戏班里，住得挤，吃得差，顶着星星喊嗓子、踢腿、下腰、跑圆场，累得迈不开步。这都不算什么，就怕一人出错，打"通堂"。皮开肉绽自己疼，同班的伙伴受牵连,更叫人心惊肉跳、寝食不安。

梁益鸣学老生,《四郎探母》是打底子的"基础课"。在"过关"一场中,杨延辉(四郎)在紧密的"急急风"锣鼓点中,有四句流水板:

> 把头的儿郎要令箭,翻身下了马雕鞍,
> 背后取出金鈚箭,把关的儿郎仔细观。

这四句要边唱边做,协调一致,速度快,动作利落,演员讲究个"唰利"劲儿,做对了,准能要下好来。十一岁的梁益鸣这回可过不了关了。不是唱错了,就是"身段"没跟上。师傅喊:"停!再打头儿来一遍!"一连三遍,越唱越糟。师傅左右开弓,打了梁益鸣俩大嘴巴,血,顺着小梁的嘴角流下来,"不许擦!接着唱!"戏里的杨四郎利利落落地过了关,探了母,小益鸣却怎么也过不了这四句"流水板"。为这,全班被打了两次"通堂",他也被打得背过气去两回。

他,想过寻死;又一想家里的亲人,心软了。老人说过,"要想人前显贵,必须背后受罪",他只有横下心把戏唱好这一条活路。平时看不出有多少"绝顶天分"的梁益鸣,铆足了劲,把世间的所有苦当糖球吃,靠着他坚忍不拔的毅力和志存高远的决心,终于成了"群益社"的台柱子,成了天桥的第一须生。

是"第一"吗?他不承认。

有一次他在西长安街新新大戏院看了马连良的《串龙珠》以后,他折服了。这才叫第一。

从此他决心学习马连良。每演必看,找人记录。请陪马先生唱戏的老演员、演奏员给"说说"。那时候没有录音、录像设备,全凭眼观、手记、口传、心授,功到自然成。天桥的观众不用到珠市口以北的大戏园子去看"马连良"了,也不用买昂贵的戏票,照样能听上《借东风》《苏武牧羊》《四进士》《淮河营》等马派名剧,就连马连良多年不演的《南天门》《骂王朗》《四郎探母》等剧,梁益鸣也想方设法恢复上演。

在过去,天桥被城里的"上等人"视为"下九流"的沉瀣之地。梁益鸣学马连良学得再好,也得不到"行内"的承认。而四九城的"下九流"却欣喜若狂,直奔天桥看自己的"马连良"。

直到1959年6月,在北京市文化局张梦庚副局长的说合下,五十九岁的马连良才收下苦学自己多年、四十五岁的梁益鸣。

拜师这天,梅兰芳、萧长华等名家亲临前门饭店,祝贺讲话。此后一年多,马连良对梁益鸣的马派戏一一指点,悉心传授。梁益鸣如醍醐灌顶,演艺愈加精进。

这期间有某个国家剧院邀请梁益鸣担任主演,月薪千元,他婉言谢绝,甘愿拿着月薪一百五十元,与剧团的伙伴们，同甘共苦，相濡以沫，守着"有饭大家吃"的集体所有制，不离开天桥，不离开喜欢马派的劳苦大众。

1962年春天，梁益鸣学习并演出了由吴晗编剧、马连良老师主演的新编历史剧《海瑞罢官》，观众反映强烈。他的马派艺术更加趋于臻美。

孰料此举竟为这一对珍爱艺术的师徒，惹下塌天大祸！

1966年12月16日，一代名伶马连良含冤辞世。1970年10月18日，被轰出京剧团、成了无业游民的"天桥马连良"、杰出的马派传人梁益鸣，遽然长逝。

从此，广陵曲散，人世间再难寻觅"马派"的潇洒飘逸。

梁益鸣，一个农家的苦孩子，印证了不登大雅的天桥，照样可以再造高雅的艺术奇葩。

在天桥，靠演艺谋生的行当五花八门。

唱戏、唱大鼓书、唱莲花落、说评书、说相声、说数来宝、演双簧、演口技、拉洋片等，这算一路，俗称是"吃开口饭的"。

还有一路是演出杂技的，例如，变戏法（不是魔术）、车技（自行车）、巧耍花坛、抖空竹、踢毽子、钻罗圈、盘杠子、练武术、耍狗熊的，等等，这些艺人在生存艰难的状况下,继承了传统杂技,保存了这份文化遗产,难能可贵。

1950年春,正是在这些艺人的基础上,组建了中国杂技团,代表新中国首先出访苏联和东欧各国,他们的精彩演出轰动国外,反响良好。

人们这才醒悟,原来旧日天桥撂地摊的"玩意儿",竟是国宝!

过去有句歇后语:"天桥的把式——光说不练。"这话情有可原,却不一定对。您想啊,打把式卖艺,靠的是真功夫,要是演员一天到晚什么也不说,一个劲儿傻练,练得气都喘不过来,观众既看不出门道,也凑不起热闹,谁还往场子里扔钱哪?说相声讲究"三翻四抖",只有交代足了,再抖"包袱",那才"响",才"脆",更何况打把式卖艺的了。

比方说,摔跤吧。

话说天桥的摔跤

天桥的跤场有几处,名人可不少,像沈三、张狗子、宝三、徐俊清、满宝珍等人,都是身怀绝技的好手。

在天桥,摔跤是别具一格的竞技运动。它既不是吃开口饭的说唱艺术,也不属当众表演的杂技。从根儿上说,它本不是生意场上的行当。只因为大清王朝的垮台,"善扑营"解散,这些吃皇粮的"扑户"才为生活所迫,来到天桥下场子表演"掼跤"。说到这儿，有必要简单勾勒一下人类摔跤的历史。

早在原始社会，人类为了生存，就要猎取食物和捍卫自己的人身安全。摔跤是凭借体力、智力和技巧，也就是赤手空拳，去战胜对手的最基本的手段。可以说，摔跤是人类最古老的竞技运动。早在公元前776年举行的古代奥运会，欧洲人就把摔跤列入比赛项目。我国流行的"蚩尤戏"也揭示了远古靠体力搏斗，以摔跤为战的蛛丝马迹。

传说，蚩尤鬓角的毛发，像剑戟一样硬挺锋利；头上有坚硬锐利的双角。他和轩辕氏打仗的时候，"以角抵人，人不能向"。

后世的人，就模仿当年战斗情景，演出"蚩尤戏"，演员头戴一对牛角，两两三三，互相顶撞，无力还击者，败！这种"角抵"，就是摔跤的前身。

秦汉时期，宫廷民间都盛行这种叫"相扑"（今日本仍用此名）的竞技运动。

宋代叫"角力"，看来力的成分大于技。传说岳飞帐下猛将牛皋力大身沉，勇猛无比，就是学不来拳棒。岳飞因材施教，从拳术中提炼出一套叼拿锁扣、挨傍挤靠、勾挂连环、闪展腾挪的技巧，传给牛皋，其实就是掼跤。牛皋学得津津有味。传说后来牛皋大战金兀术，二人从马上滚落马下，角力摔跤，牛皋凭着技高力大，骑在金兀术身上，兀术挣扎不开，气闷而死；牛皋意外取胜，大笑而亡。民间留下了"气死金兀术，乐死老牛皋"的说法。

有清一代，是马上得的天下，自然重视骑射，但对马下的"掼跤"也十分重视。

皇家把它定为八旗子弟必训科目，并从八旗子弟中选拔优秀的跤手，充任"善扑营"的"布库"，俗称"扑户"。善扑营是皇家直属部队，有三百多人，分左右两翼，左翼（官跤场）设在东城大佛寺；右翼（官跤场）设在西城护国寺，都统、副都统、左右翼印务等职，都由亲王、郡王、贝勒、贝子担任。

善扑营，实际是皇家的近卫营、贴身保镖，不仅跤要掼得好，擒拿、拳脚、弓箭也要精通。善扑营最露脸的一件事，就是少年康熙带着小布库一举擒获权臣鳌拜，震惊朝野，青史留名。

善扑营的布库按资格和水平分头、二、三、四等。平日练跤，每个人找自己的功夫，年底比试。每年的考核定在正月初九的演礼，名曰"垫差"，又叫"拿等"，优胜者既升等级，又有封赏。布库们都很下心。正月十九，皇上要在紫光阁检阅善扑营的成绩，由善扑营的布库和蒙古高手在毡子上过跤，比出胜负，一方面检查善扑营的水平，另一方面也是向蒙古显示威武。腊月二十三，糖瓜祭灶这天，皇上也亲自下场子，在毡子上与善扑营顶级高手过跤,以身垂范,彰显武功。由此可见历代清帝对善扑营的重视及与其的密切关系。

清帝逊位,善扑营的扑户们没了钱粮,只能自寻活路。头等扑户宛永顺,人称宛八爷,功夫好、威望高,在家设馆教学生,日子也还过得去。

同是善扑营扑户的杨双恩就不成了,只好到天桥拉个场子练练拳脚,求点儿糊口的钱。岁数大,又张不开嘴,没等练完,人就散了,找谁要钱?杨双恩伤心落泪,唉声叹气,没了主意。可巧让推车卖牛杂碎的沈三看见了,他赶忙放下车,问个究竟。

沈三大名沈友三,以推车串巷、卖牛杂碎为生。他最好练跤,体质好,悟性高,是宛八爷的得意门生。杨双恩的处境让他心酸。他让杨双恩看着车子,转身找来几个年轻的哥儿们,穿上褡裢,蹬上螳螂肚靴子,就在场子里支巴起来,喊着、叫着、舞着、跳着,个个都像下山的小老虎。人们很快围拢了。沈三笑眯眯,先向周围看客作了个罗圈揖,说道:

> 今天,我们小哥儿几个来到杨大叔的场子,给大伙儿摔两场跤。我们卖卖力气,叫您瞧瞧当年康熙爷的小布库们,是怎么制伏老鳌拜的。这可是看家的绝活,轻易不露。今儿个,您来着了!赶上杨大叔高兴,叫我们亮亮看家的本事。摔完了,没别的,有钱

的，您扔个俩仨，帮个钱场。那位说了，今儿我没带钱。没关系，有您在这儿站脚助威，也算帮了人场。刚才我看了，今天来的各位，都有福星罩着，财神随着，寿星领着。您可别挪地儿，看完了，帮完了我们小哥几个，您再走，回家准有好事等着您哪。闲话少说，我再给各位作个揖，说摔就摔，插手就练。

这一番江湖诀稳住了观众，沈三和杨双恩打头阵，只见这一老一少，稍作盘桓，就纠在一起，什么"别子""坡脚""得合乐""挑桩""握腿""三倒腰"，招招见巧，步步斗狠，只看得观众忽而目瞪口呆，忽而连声喊好！看完了，自然大把的铜子儿扔到圈儿里。老杨感动，沈三高兴。

渐渐地，沈三也不卖牛杂碎了，与老杨合伙，开了天桥的第一个摔跤场子。善扑营的功夫落户天桥，练跤的门户大开，吸引了更多的青年人踏进跤场。

沈三的跤摔得机灵、摔得瓷实。两人一交手，很快，沈三就能判断出对手的长短处，他随之避其所长、克其所短，使出独家的"绊子"，干净利落脆地把对手扔在胯下。

除了撂跤，他的硬气功也十分了得，他有两手绝活："双风贯耳"和"当胸开石"。

20世纪30年代，上海明星电影公司来北京拍摄根据张恨水长篇小说改编的故事片《啼笑因缘》，专程到天桥拍摄了沈三的这两个绝活，珍存了这一宝贵的实况。

表演"双风贯耳"时，沈三倒地，太阳穴下枕一块新砖，与之对应的头上太阳穴，再摞三块新砖。另一人手持重磅大铁锤，高高抡起，狠力砸向沈三头上的三块砖，只听一声响亮，头上三块和枕下一块砖粉粉碎，沈三一个鲤鱼打挺跳起，毫发无损。

表演"当胸开石"时，预备两条板凳，中间相距三四尺。沈三头枕一凳，脚置一凳，平躺，身子悬空。此时，助手抬一磨盘平放在沈三胸腹上，沈三运气悬空顶住沉重的石磨盘。另一人挥动重锤，猛砸沈三当胸石磨盘，一声惊天怒吼："开！"只见石磨盘，在沈三气顶和锤砸的合击下碎裂，沈三挺身起立，观众掌声如雷！

宝三，大号宝善林，十六岁成为宛八爷的关门弟子。少年立志，勤学苦练，师父爱惜，师兄弟都很得意他这个小师弟。

宝三为人正派，品行端正，洁身自好，一心练功，跤行的人都很敬重他。他和魏老、李永福等硬里子搭配，跤摔得默契、火爆、干脆、好看，深得人缘。

宝三的跤场，有哥儿几个帮衬，抱着团儿，不散摊儿，在天桥维持得最久，成了天桥跤场的品牌。在京城，只要一提摔跤，就没有不知道宝三的。

宝三还有一绝，就是每逢年节，他不摔跤，亮出天桥独一无二的耍中幡的绝活，留下"天桥的中幡三丈三"的美誉。

幡，是一种用竹竿挑起来的长条形旗帜，上有伞盖，缀流苏，配金铃、小旗，旗面绣金龙，围镶火焰，五彩缤纷、金声悦耳。幡本是皇家仪仗队的一种"执事"，有硕、中、小三种。硕幡十二米以上，中幡九米左右，小幡三四米，常以"中幡"概括之。

皇家仪仗队的成员，自然选的都是八旗子弟中的骁勇之士，臂力、腿功、个头、模样都得够份儿。皇上出巡、回宫，仪仗队在鼓乐声中浩浩荡荡出动，威风凛凛、阵势堂堂。每遇闲暇时，有好事者仗着体力好、功夫深，信手舞动中幡，上下翻飞，金铃阵阵，如九天彩云飘来清远的仙乐，好看又好听，渐渐形成套路，集成一宗漂亮的专门技艺。

清晚期，王小辫的哥哥在宫里当差，干的就是仪仗队里打执事的活儿，他善耍中幡，能耍出许多花样。王小辫钟爱此事，从他哥哥那儿把这套本事学了过来，又潜心研究、埋头苦练，归纳出"挑、端、云、开、垂"的手法和"踢、抽、盘、跪、过"的腿法，把这件宫里的绝技带到了民间，首先在天桥亮出了"三丈三"的中幡，一举撼动京城！

宝三动了心，每天有空儿就去看王小辫的表演。他发现，中幡顶天立地，旗铃漂亮，耍动起来"幡不离身，杆不落地"，人随着中幡的舞动，不断变换闪、展、腾、挪的动作，这就要求表演者不但要有胆量、有力量，而且要有超人的平衡技巧和配合动作。这几样本事，按说掼跤的能手都该有。宝三胸有成竹，跃跃欲试。

机会来了。一次，王小辫正托举中幡过顶，猛然刮起一阵旋风，眼看中幡斜倒，砸向一位公子爷。宝三手疾眼快，跳进场中，一把接住即将倾倒的中幡，一个"霸王抖枪"把幡扳了回来，跟着一个"苏秦背剑"，把中幡稳稳地把住、掂起，托给了王小辫，全场炸雷般地喊了一个"好！"

王小辫高高兴兴地收下了宝三这个徒弟，把全套的中幡技艺一件不剩地传给了宝三。宝三不仅接过了师傅的传授，还结合掼跤、拳术、气功，发展了中幡的表演形式和技艺难度，由单练，到二人对练、众人合练，表演性更强了。宝三的中幡，驰名京津，不断有人约请表演。

有一次宝三到北海去表演中幡，路上要过两座牌楼，按规矩中幡不准倒着过。人们把目光投向宝三。只见他托着幡，大步流星走到牌楼前，一运气，一个爆发力，把中幡直溜溜地扔向高空，越过牌楼，他垫步拧腰，一个箭步跨过牌楼，稳稳地接住从天而降的中幡。这一招，轰动了京城，民众盛赞"宝三的中幡能过牌楼"！

梅花香自苦寒来，宝剑锋从磨砺出。贫困饥饿的生活，不仅激励了人们求生的欲望、拼搏的勇气和战胜困难的智慧，也极大地挖掘出了人们隐藏的潜力，成就事业，锻造人才。

由梦堆积起来的老北京，为寻梦、找梦、求生、祈福的人们，提供了无数可遇可求的机会和英雄用武的广阔天地，并且述说了许多饶有情趣的故事。

第四章 城以街通,街以市兴

小时候爱玩儿,整天"疯长"在马路上,从早到晚不着家。家在珠市口,马路叫前门大街,学校就在路西十字路把口的基督教堂。

那是当时北京城顶热闹的地方:吃喝玩乐,声色犬马,要嘛有嘛,怎么不吸引人?细一想,城市里的人,平时除了在家吃住,大部分时间都是在外面奔波劳碌,街市生涯是万万不能少的。街市,为都城充填了活力和色彩,一方面满足了社会各阶层的物质、文化需求;另一方面也塑造了城市和居民的品格。因此,在老北京丰厚的历史文化中,"城以街通,街以市兴"。街市文化是沉甸甸的一块。

朝代更迭,时尚流移,街市的兴衰也在或急或缓地转变更迭。街有大小,市有兴衰,每个朝代有每个朝代的闹市金街,以及它特有的街市文化。然而,铸就金街离不开天时、地利、人和。

一、想当初，鼓楼大街热闹非凡

元代，大都城按照"前朝后市"的原则，把市场建在大内延春阁（今景山）的后面，鼓楼的前面。这一带有广场，有宽街，有接连通惠河的万宁桥，还有一条烟袋斜街通抵烟波浩渺的海子积水潭，真个是一身兼具风光绮丽、水陆杂陈的山水市场。

这一带的市面很繁盛，商品按品种、分地区，相对集中。有米市、面市、鹅鸭市、缎子市、皮帽市、珠子市、沙剌市（珊瑚、贝类市场）、铁器市、穷汉市（人力市场）……

鼓楼与钟楼之间的广场，常有曲艺杂技撂地演出，整日车马不断，游人如织，成了大都城"乐以销忧，流而忘返"的逍遥地。推算起来，它早于外城的天桥，该是中国曲艺、杂技萌生较早的发祥地。有趣的是，北京历史上的平民乐园从一开始就沾了"皇气"，一前一后，位居中轴线北南两端。元人黄文仲《大都赋》称赞这一带是："华区锦市，聚四海之珍异；歌棚舞榭，选九州之秾芬。"

直到今天，北京还流传着"东四、西单、鼓楼前"的说法。

明以后，通惠河河道中阻，积水潭上游水源减少，这里虽然失去了往日的繁华，却因什刹海的湖水风光，成了一处寺庙林立、名园密集的"都下第一胜区"（明蒋一葵《长安客话》）。北京干旱缺水，唯独这里，到了夏天，红荷接天，绿柳委地，是京城难得的避暑胜地。当时的诗人赞道：

柳塘莲蒲路迢迢，小憩浑然溽暑消；
十里藕花香不断，晚风吹过步粮桥。

那感觉，真是一身清爽，四野生凉，惬意极了。

水多，桥也多。西望，是一脉婀娜多姿的山影：春青、夏绿、秋红、冬白，怎不撩拨文人诗兴大发？遂有"燕京八景"中的"银锭观山"问世。

清末民初，什刹海演变成集纳消夏、休闲、购物和游逛于一体的"荷花市场"，盛极一时。传说，这件事还惊动了在北海静心斋吃饭的慈禧皇太后。

光绪十一年（1885），蒙太后老佛爷恩准，李鸿章在西苑三海修建紫光阁铁路，还花巨款从德国购进特制的小火车头。1888年12月铁路建成通车。这条小铁路南起中海瀛秀园（怀仁堂宝光门外），沿中海、北海沿岸，行至"西天梵境"拐弯向东，最后到达路北的静清斋（静心斋）。慈禧由大内移居中海仪銮殿（怀仁堂）后，每天中午都要坐小火车到静清斋吃饭、吃芙蓉膏（吸鸦片）。玩够了，歇够了，再原车返回。慈禧喜欢洋玩意儿，又害怕这里面有鬼。小火车稳当舒服，可火车头像个大炸弹，在她前面引路，她绝不放心。所以，她坐车不用火车头，让车厢拴上绒绳，由太监们拉着走。这乃是中国的一大发明。

　　一天，慈禧在静心斋西北新盖的叠翠楼吃饭，突然，一股浓香从北面的荷花市场飘来。她连忙叫小太监去市场打听打听，什么吃食这么香？小太监挺机灵，到了荷花市场，挑着拣着，买了几样好吃又好看的小点心，拿荷叶一包，端到了慈禧面前。老佛爷一尝，这个香啊！大不同于宫里"中看不中吃"的御膳，立刻传旨叫御膳房里管事的，到荷花市场把这几样吃食的手艺都学来。从此，御膳里就添了肉末烧饼、小窝头、豌豆黄、芸豆卷……

　　如今，荷花市场更红火了。各色各样的餐饮、酒吧遍布海子四周。灯红酒绿，轻歌曼曲，映衬在什刹海波光潋滟的秀色中，招引得海内外游客纷至沓来。人们坐着三轮车游完胡同、四合院后，再到水边一坐，喝着咖啡、品着花茶，细细地去咂摸老北京的悠悠长韵，美啊！

二、到后来，前门大街包罗万象

　　老话说，"十年河东，十年河西"，或者改个词儿，

"百年朝后,百年朝前"。这话怎么讲呢?

明清以来,位于朝后的鼓楼大街虽然风韵犹存,却因没了海子和通惠河,失去了早年的繁盛,气数大降。而位于朝前的前门大街,却由芳草萋萋走出了荒寂,陡然"蹿红",成了京城鼎盛的闹市。

一条中轴线,由原来的"北热南冷",风水一转,掉过头来,成了"北冷南热",甚至有人来了个"事后诸葛亮",说"东四、西单、鼓楼、前"的那个"前",不是前后的意思,而是特指前门大街。这虽有点儿曲解,却是铁定的事实。

前门大街的"蹿红",得利于天时、地利,还有人和。三者相较,地利尤其重要。

永乐皇帝修北京,把天坛、先农坛建在中轴线南头的两边。一条黄土垫道、净水泼街的宽平大马路,从国门正阳门向南笔直地延伸,经过高耸的白玉石罗锅天桥,稳稳地送达东西两坛。

清初,以写《桃花扇》而名动朝野的孔尚任描写这条路是"前门辇路黄沙平",后人也说到过路旁的"绿柳树,马缨花"。可见,专门为皇上祭坛、出巡预备的这条"天街",是何等的宽敞洁净,悦目赏心!但是,庄严的背后也隐藏着巨大的忧患。有明一代,因为不时地受到漠北蒙古和满洲后金的袭扰,城外的战事不断,所以,民不聊生，正阳门外一度清冷寥落。

然而，天街的寂静也还存着另一番美意：那就是出前门，过护城河，就能目睹早年辽金时代莲花池水系的遗存水道，呈现出一派绿柳红荷、桨声吱呀的江南景色。再者，由此向西便可以抵达原金中都残存的古寺园林，如法源寺、天宁寺、白云观等处。因而，自元以来，前门大街就吸引着城里的文人墨客、官宦士绅到这里探春访柳，吟诗寄畅，成了北京郊游的胜地。

明以后，通惠河中断，客货运集结点转到城南，加上卢沟桥每日南来北往的旅客，前门外渐渐由冷而热，人聚市兴，天街的神秘色彩淡薄蜕化了，代之而起的是一条商贸兴隆的买卖街。朝廷因势利导，在街西空地修建了安置店铺的廊房，招商引资。廊房共建了一条至四条，唯有廊房四条最红火，后以"大栅栏"名噪天下。一些经营有方的商店开始在大街两旁建店，因其物美价廉，诚信无欺，深得顾客青睐，渐成品牌，名列"老字号"。为保外城百姓安全，嘉靖年间加修了外城墙和城门，中轴线南端造起了永定门，至此，完善了北京7.8公里的中轴线。前门大街愈加光彩熠熠。

前门大街的走红，至关重要的一笔是，北京不光通了火车，而且把东西两个火车站硬安在皇太后的鼻子底下，搅得紫禁城里的男女老少，天天听着火车长长的汽笛声过日子，烦心且无奈！

光绪二十七年（1901）和光绪三十二年（1906），前门瓮城东西两侧先后建成了京汉、京奉两个火车站，废弃了原来设在卢沟桥、马家堡两个城外的火车站。这一来，正阳门不再是皇帝老子一个人的专利了，前门真的成了北京迎来送往的前大门。南来的，北往的，东进的，西出的，都打前门楼子底下经过。这一下子把前门大街及其连带的街巷胡同，如大栅栏、鲜鱼口、西河沿、打磨厂、珠市口、天桥，都搅动得热闹非常，无街能比。

细解前门大街的兴衰，有益也有趣。

首先，聚拢人气的地利和便捷的交通，是构建闹市金街的主因，古今中外，概莫能外。

前门大街位于北京中轴线的南半段，皇上出巡和回銮都要由此经过。全国各地进京的官员和应试的举子，为了解决住宿问题，纷纷投奔同乡士绅建在大街附近的会馆，带动了街市的繁荣。清初，朝廷实行满汉分住内外城，把戏园、茶园、青楼等娱乐行业迁到外城，促使前门大街成了全北京的戏园子中心，活跃了全城各阶层居民的文娱生活。1924年，北京第一条有轨电车通车，起点首选天桥，经前门大街，北行司法部街、西单牌楼、西四牌楼、新街口，西抵西直门。街由人兴，市遂人愿。这些，应是前门大街持续几百年聚拢人气的地利。

20世纪初叶,铁道交通的应用,极大地改变了人们的物质和文化生活。前门的两个火车站便利了海内外人士自由地进入古都,他们带来了国内外的各种信息、先进的科学技术和丰富多彩的文化,强烈地冲击了妄自尊大的帝都文明,为京都子民吹来现代文明的清风,前门大街首先受惠。比如临近西站的西河沿开办了几家银行、钱庄、旅馆、货栈,还创建了新式国货商场——劝业场。街边商店的门脸和店堂也一改"老例儿",开了洋荤,换了模样。西药店、番菜馆、西服店、照相馆等卖洋货的买卖,相继在街里街外开张。

开在大栅栏的大观楼等几家电影院循环上映好莱坞大片,几乎与美国的头轮电影院同步。大栅栏、观音寺西头有个石头胡同,1905年有个叫任庆泰的掌柜的,喜好洋玩意儿,去过东洋日本国,会摄影,就率先开了家"照小人儿"的丰泰照相馆,招惹得一街两巷的人,整天围在橱窗前看京剧名角儿和胡同里大姑娘的照片。任掌柜思想新,脑子快,除了照相,又托人买来外国新发明的拍电影的机器和胶片,礼请京剧老生泰斗谭鑫培演出《定军山》,选拍了"请缨""舞刀""交锋"三折,第一个吃了"电影"这个螃蟹,开创了中国第一部电影。他还在大栅栏西口开了京城第一个电影院:大观楼。这个人、这个事,新鲜得出奇!可这"奇",离不开前门大街。

入夜,前门大街灯火通明。大街上空,霓虹灯闪烁变幻,大喇叭里流行歌曲飞扬。传统的"老字号"与时髦的百货公司和谐地迎来送往,兼容并蓄,相得益彰。

说起前门大街的夜市,我的印象很深。

白天大街两侧的便道供人行走,到了晚上便道的外侧,很快支起一列长龙般相连的货摊,上吊明灯,下摆货品,吃的、穿的、使的、用的、听的、看的,花花绿绿,应有尽有,而且物美价廉,看着爽眼,买着舒心,很受一般市民欢迎。长街夜市每晚都有,一直开到午夜。这一举措既繁荣了市民的夜生活,又解决了一部分贫苦人的就业,补充了市场的供应,真可谓一举两得。

前门大街也带活了附近的街巷胡同,形成主次分明、分工明细、各具特色又相互补充的大片商业区,它的浸润力之强、信誉之高,在京城无街可比,独此一家。

比如,街西的大栅栏,是条东西长270米、宽9米的步行商业街,街口铁栅栏高耸,京城名店、老字号鳞次栉比,像同仁堂药店、瑞蚨祥绸缎庄、六必居酱园、天蕙斋鼻烟铺、张一元茶叶店、祥聚公糕点铺、二妙堂西餐馆、内联陞鞋店等,挤满南北街面。大栅栏街的西头,穿过南北的煤市街,连通观音寺短街,接近红粉卖笑的"八大胡同"之一的石头胡同。再向西走,就是宣外的文玩古街琉璃厂了。

大栅栏还是个京城独有的梨园世界。

京剧二百年的源头,从这里潺潺流出。在这条270米的街上,就有庆乐、三庆、庆和、广德、同乐轩五个戏园子,邻近还有中和、广和、华乐、文明茶园、开明、第一舞台六家戏园。如此密集相邻,锣鼓相闻,大唱对台戏,自然使演员、戏码的竞争十分激烈。"成不成?台上见!"白热化的竞争,砸不砸饭碗的交手,造就了一批名角好佬和剧场的优秀经营者。

京剧二百年,离得开前门大街吗?

与大栅栏毗邻的珠宝市以及廊房头条、二条、三条,街面整齐干净,店铺门脸齐整,或古雅,或华贵,与众不同。往来者高马靓车,不是权贵要人就是名门闺秀,常有外国游客光顾。这里没有大栅栏的熙熙攘攘,清静中带着一分城南少有的矜持和高贵。因为街中的金店、珠宝店、古玩店、首饰楼一直是引领京城高层消费的"旗舰"。所以,平时止步前门外的政要巨富,却时常光顾此处,撷取珍宝。

前门大街的街东,大栅栏的对过儿,是同样热闹的鲜鱼口。顾名思义,它本是一条为排泄护城河洪水而流向东南的一条小河。绿柳依依,小桥微微,时有渔夫打鱼,岸边叫卖鲜鱼的场景,俗人雅号,故名"鲜鱼口"。其实它的开发比大栅栏还早。民间流传有"先有鲜鱼口,后有大栅栏"的说法。

前门大街的繁荣,使这条干涸了的河道和附近的一片空地,建起了长巷民居、剧场饭馆、浴池商店。街不长,却名店比肩而立。如:天成斋鞋店、马聚源帽店、田老泉帽店(俗名"黑猴儿")、焖炉烤鸭老店便宜坊、天兴居炒肝店、会仙居炒肝店、华乐戏院、兴华园浴池等,穿鞋、戴帽、小吃、大餐、洗澡、听大戏,闹了个从头到脚的舒坦。问君消闲何处?巷口点缀鲜鱼。

前门大街中段,与东西珠市口相交,成十字街。无形中街北、街南划出了一条区分高低档次的线:街北属富贵及家道殷实的中层以上的人士游逛;街南则是贫贱人的领地。街南顶头的沸点,当然是天桥,那是北京城除了紫禁城以外的另一块风水宝地。过去,街北的艺人就不能到街南的戏园子演出,反之亦然。妓院也是以此区分高低档次,就连大街两边的店铺也灰头土脸丢了身份,既无名店、老字号可言,也无高档货物可卖,及至到了天桥,那则是另一类人群的另一个世界。

一条皇上眼皮子底下的"天街",演绎出如此这般的花花世界、五彩人间,这种前门大街现象,包含了多么丰富的人情事理,商海鏖战的精髓!

解读前门大街的百年兴衰,不乏回应今日"全球一体化"的锦囊妙计。

要知道老北京的文化内涵吗？前门大街是把开门的钥匙。

三、看现在，王府井金光闪亮

今天，有人好（读去声，音号）事，把王府井冠以"金街"的美誉，却获得世人的称许。王府井果然流光溢彩，气度非凡，百年来成了来京旅游购物必到之地。

街自有名，何必冠以"金"字呢？

目前，在京城纵横交错的街道中，王府井大街以鳞次栉比的名店、质高货全的商品、比比皆是的商机、俯拾可得的财源，在京城所有的街市中独占鳌头，确实是条金不换的名街。岂不知，除了财源滚滚，商机无限，王府井早年的出身还很高贵。这高贵，缘自它西临万岁爷指点江山、一统天下、独坐龙廷的紫禁城。

辽金时代，这里是中都城的东北郊，比较荒寂。1285年，元大都城全部建成，王府井地区位于城内的东南角，名为丁字街，中央王朝的三大衙署，就有两个建在王府井地区。一个是"掌天下兵甲机密之务"的枢密院；另一个是"掌纠察百官善恶、政治得失"的御史台。足见当年此地近卫皇城，参知军政要务，是朝廷外围办事机关的机要重地，平民百姓哪敢靠近半步。

明建北京，虽然摒弃了元代的宫城，但原址基本没变，建起了紫禁城，把皇太子生活、读书的宫室安排在宫城东南面，而在东安门外则建起了十王邸。十王邸就是十王府，它是给已封王而未就藩地的亲王建造的一个共居大宅院。以十为众，并不是十座王府的意思。后来"十王府""十王府街"就替代了"丁字街"的街名。到了明末清初，干脆就叫"王府街"了。

光绪三十一年（1905）京师推行警政，整理地面，正式厘定街段，改王府大街为王府井大街。这是一条傍临紫禁城东墙的南北长街，北起灯市口西口，南抵东长安街，全长780米。过去，这条街也曾北起东四西大街，南至台基厂，长多了。不过大家认可的还是中间这一段。民国初年，英国《泰晤士报》的驻京记者、袁世凯的政治顾问、澳大利亚人乔治·莫里逊曾住在王府井大街中段路西（今亨得利表行附近），洋人习惯把这条街叫莫里逊大街。此人联系广泛，知名度很高，海外来人一下火车就向赶马车的打听"找莫里逊怎么走"，马夫尽知，于是王府井一度就成了莫里逊大街了。

北京缺水，虽然民以食为天，但水是活命的根本，须臾不可少，所以北京叫"井"的胡同特别多。而改"王府大街"为"王府井大街"的重点是突出了那口井,说明民众头脑里最鲜明的识别记号,是密切相关的、每天离不开的井水,并非气势宏大的王府。根据历史记载和《乾隆京城全图》中标明的位置,这口井位于王府井大街中段路西、一组突出的街心建筑物的旁边。

奇怪的是,这口井为什么非要建在官街大道的中心呢?

原来,这口井在明人笔记中就有"甘洌可用"的记载,当时很出名。过去,人们出行,或骑马,或驾车,都离不开大牲畜,如马、骡、驴、骆驼。因此在大道要冲有条件的地方,常设有"井窝子",供行旅客商打尖歇脚,让大牲口饮饮水、喘喘气。"井窝子"是指井口周围有一窝空间,供人畜回旋休息。它类似今天加油站的服务区,是道路交通的中继站。

这口井,西临东安门大街,是进出东华门的必经正路;井的东面,是金鱼胡同西口,穿过这条短街,就是繁华的东四牌楼南大街。井的北端,路不长,名曰"八面槽"。八面槽者,供四方八面牲畜食草、饮水之石槽也。可见此井社会效用之大,人们印象之深。

老辈人还记得,在民国初年,这口官井有两个井口,井台是用青四丁砖砌的,井台上竖着一丈多高的井架。架子上的横木悬挂着一个滑车,滑车上缠绕着又粗又长的大麻绳,麻绳两头各系着一个大柳罐。两个打水的工人站在井台上，用手拉着大麻绳，一上一下交替着从井里往上打水。打上来的水，专门用来泼洒王府井、东华门、八面槽和金鱼胡同的路面，清洁降尘。当然，位居闹市通衢的水井，更少不了消防救火的功能。

王府井的这口"井"，可谓劳苦功高、一身多职了。今天，这口井被封住了，金属井盖儿，围以链柱，算是金街的一个纪念物。人们排着队在这儿照相留影，见证到此一游。

昔日的王府井大街，成为今天的商业金街，不是偶然的，它有机遇，有过程，曲曲折折，内中不乏王府井人应天时、用地利、求人和的拼搏精神和超人智慧，积淀下的宝贵的营市经商的经验教训。这是一笔用之不竭的无形资产！

立地生金。王府井的老本，还是离皇上近的地利。

想当年，大臣们待漏五更寒，起早贪黑，每天上朝都要经过东安门大街，进东华门。这样，街边有了地摊，有了饭馆、古玩店、衣帽绸缎店等，专门迎候下了朝歇一阵、聊一阵、喝一阵、吃一阵、逛一阵的达官贵人们。

最热闹的时候要数每年正月十五的上元灯节。宫里在午门前广场大摆花灯，君臣同乐；宫门外灯市辉煌，万民同欢。明代极盛的灯市就设在十王府北面的灯市口。从正月初八开市，到十七日结束，每天从早到晚，来自四面八方的商贩赶到这里，支摊搭棚，销售各式各样的商品。高档的有古玩珍宝、绫罗绸缎、西洋的自鸣钟，低档的有锅碗瓢勺、粗布衣靴、日常用品，可谓百货俱全，各取所需。入夜，商市转为通宵达旦地观灯、放烟火，同时百戏、杂技开锣登台，星辉月明，火树银花，鼎沸京城。

当时有首诗既写出了灯市的盛况，又描绘了游人的心理：

东掖门东灯市开，千官万姓拥尘灰；
悔不多钱买身贵，鞍笼喝道下驴来。

封建特权不光在官场，逛灯市也是"官老爷"优先！

灯市过后，余韵未了，官宦士绅认准了这个地近皇城、纸醉金迷的如意场所，饮宴宾朋、权钱交易，极为方便。因此，这里的饭庄酒楼争相开业，装饰一新，高档商铺顾客盈门。金街金市，就连紫禁城里的皇帝也动了"下海"的心。

据明代刘若愚著《酌中志》记载，明嘉靖、万历年间，皇帝搭帮太监在十王府北的戎政府街边，合伙开办了专门采购宫内用品的宝和、和远、顺宁、福德、福吉、宝延六家店铺，自采、自供、自赚、自搂，每家年利白银数万两！然后当然是皇上、太监按股分钱。

清军入关进京，顺治皇帝整肃内城，强令汉人迁到外城，皇城周围清理尤其严厉，商市立挫。

但红火的灯市仍按旧例在东安门外举行。节后，受利益驱动，摊商赖着不走，街市依然繁荣。康熙朝后期，灯市虽然迁到了前门外的天桥、琉璃厂、花市，而在王府大街的南段，做买做卖的生意却鬼使神差地渐渐兴盛起来，出现了古玩玉器、京广杂货、米面油盐、医药酒饭等店铺。比如开在菜厂胡同路北的聚丰堂，因其"中厅极敞，院落尤宽，演戏最相宜"，很多官宦阔佬常到此举办喜庆堂会，被誉为"内城第一饭庄"。

可见，王府井大街的商机萌发于明代，发展的契合点依次是灯市口、东安门大街、丁字街、王府井南大街。而催动王府井大街兴旺、点石成金的关键点，是后来离那口井不远的东安市场。

清初，有人说东安市场这块地方是平西王吴三桂的王府，把叛明降将一家安排在皇上眼皮底下，是亲近还是监视，只有皇上知道。康熙扫平三藩后，王府化作捍卫皇城的八旗军神机营的练兵场，整日操练不辍。清代中期以后，政局昏暗，军队耽于享乐，谁还肯吃苦操练？练兵场荒废不用，成了一片无人管理的空地。

光绪二十八年（1902）清政府在国内外改良思潮的重压下，不得不做点儿"新政"。做什么呢？第一档的面子工程,就是由肃王领导的内城工巡局,以改良交通的名义,整修东安门至王府井一带的马路。这就要铲平东西向的几百米御道,清除街边的鱼摊菜贩。

这一来,可引起了很大的混乱。原来早自明代,这些路边摊贩就在这里搭棚营业,并按租占地块大小,向提督衙门每月交付租金。每遇皇帝从东华门"出跸"时,一律停市,拆除棚障,挪走鱼桶,暂避一时。等"大差"过后,即蜂拥复来。租地搭棚父子相传、师徒相继,历经多年,已经形成产业,一旦拆除,生计无着,自然抗命不从。

再一层,大街附近的饭馆及贵戚宫庙,失去了每日就近采购鱼肉蛋菜的方便条件,也大呼不满。掌管京师地面治安的步兵统领那桐,就住在丁字街东的金鱼胡同西口,他深知其情,乃以照顾摊商的生计为名,奏请慈禧老佛爷恩准,把摊贩迁入近在咫尺的练兵场空地,划出范围,集中经营。慈禧也怕再惹麻烦,只好点头应准了。

这一招果然好,既得民心,又合事理。摊贩有了新的落脚点,生意照常火爆;马路顺利开工,官面脸上也有光彩;练兵场有门有围墙,又有空旷的大操场,军改民,废改用,一举三得,岂不是皆大欢喜?看来治民有术,设身处地给民众出路,是很重要的一条。

练兵场因地近东安门,所以取名"东安市场"。过去北京人买东西、找乐子习惯"赶庙会"。东安市场由于地点适中、货品齐全、天天营业,大大方便了四九城的百姓。由于场地宽阔,许多民间艺人也赶来搭场子:打拳的,摔跤的,耍狗熊的,耍猴栗子(傀儡戏)的,唱大鼓的,说相声的,变戏法的,算命看相的……很快,东安市场就成了内城的游乐中心,吸引了大批中外游客。当时有一首竹枝词唱得好:

> 新开各处市场宽,买物随心不费难;
> 若论繁华首一指,请君城内赴东安。
> （兰陵忧患生《京华百二竹枝词》）

东安市场的兴起,引起京城各界的关注,纷纷筹资打主意,谋求立足创业,就连当初"内城逼近宫阙,例禁喧嚣",不许开戏园、会馆的老例儿也破了。

为了满足内城戏迷在家门口看戏的渴求,内廷大公主府(宽街,今中医医院)总管事刘燮之出资,在东安市场北靠近金鱼胡同盖了吉祥戏院。刘大总管交游广泛,他能够约来当时名家余叔岩、杨小楼、梅兰芳等好角来此演出。20世纪20年代,一次余叔岩在此演出《搜孤救孤》,晚间大雨倾盆,观众携伞而来,剧场依然客满,一时"吉祥"名重京城。"吉祥"突破了东安市场"庙会"的低档次,带进来大批高层次顾客,相应地古玩店、绸缎庄、西服店、皮鞋店、台球社、乒乓球社、舞厅、西餐馆、南味食品店、中西旧书店等相继开业成街。一个"万宝全"式的、讲究质量品牌和周到服务，又兼顾各个层次的综合商场出现了。它带动了王府井大街、东四南大街和东华门大街，与东四北大街的隆福寺街相呼应，形成一个高于"东四西单鼓楼前"，集购物、餐饮、游逛、娱乐于一身的新商业区。

新区聚集了京城名店，而许多街店又靠优质的产品和周到的服务赢得顾客的信任，成为名扬中外的"老字号"一条街。如，东来顺、森隆餐馆、稻香春南味店，以及街面的国货售品所、利生体育用品店、中原公司、王府百货公司、陈振锟西服店、盛锡福帽店、同陞和鞋帽店、亨得利钟表行、大明眼镜店、永仁堂国药店、东兴楼饭庄、萃华楼饭庄等。街抬店，店抬街，原来金街之金在于高悬金字招牌、比比皆是的名店。1912年、1920年两次人为的大火，使东安市场损失惨重。然而，火烧旺铺，劫后重建的市场，反而更加规整兴隆。因为市场成熟了，它拥有丰厚的再生资源。

我和王府井大街有过一段不浅的因缘。

小时候时常与几个小伙伴相约，去前门里的东交民巷游逛使馆街，和站岗的洋大兵搭搭讪，而后再游逛王府井街和东安市场。使馆区的洋气、王府井的繁华、东安市场的丰富，叫我这个前门外的孩子，目不暇接，倍感新奇,颇有"出国"之感。1950年,我考入灯市口的育英中学后,此路更是晨昏两个来回,积年累月,一路所见、所想,常有物是人非、启人聪明之处。

事务总是关联的,常有一触即发的连锁反应。事实上,王府井的兴盛、定型,与街南东交民巷的变迁,休戚与共,息息相通。

1900年,东交民巷毁于战火。1901年,《辛丑条约》生效,一条王府官衙林立的老街,炮轰火焚,竟成了列强堵在紫禁城大门口的一个变相的租界地。洋人当家,慈禧也得听使唤。洋人占领中国地还不是为了榨取中国人的血汗钱。这样,长安街北面的王府井就成了洋人赚钱花钱、维持他们优裕生活的买卖街。标志就是1903年从东单乔迁到王府井南口路西的"北京饭店"。这座百年老店为金街的兴盛扬名出力,贡献非常,也是金街百年、京城百年的见证。

今天的王府井流光溢彩、老字号云集,新建的东方广场气派大、布局新、设施先进,远远超过了当年的东安市场,堪与现代国际大都市的大商场媲美。而类似的现代化大商场,在京城内外都可寻见。这回,国人司空见惯的事,轮到洋人惊奇了。八百年的古都北京闹市,早已跳过了"东四西单鼓楼前"的局限,遍地开花了。新街亮丽现代,旧街风韵依然,就连街头逝去的牌楼,也比着赛地还阳了。其实，与国际接轨的最好办法是，既吻合国际通行规则，又不失掉自我，珍存丰厚的历史文化底蕴和民族的自尊、自信。

第五章　老字号不老的奥秘

皇皇京城，居大不易。可它却像一块魔力无穷的大磁石，强烈地吸引着一代代来自四面八方、海内海外的人们。他们或单人独骑，或搭帮结伙，到这里拼搏苦斗，寻求生存发展的机会，去实现梦想。

来到京城，没有哪个"移民"自外于人、踟蹰不前，以为自己"身在异乡总是客"；更没有谁不打算在京城一显身手、建功立业。野心大的，称王称帝；野心小的，成官成商；没野心的，力图做个顺民，就是当了乞丐也舍不得离开京城。虽是天子脚下，却生机处处，处处活人。只要用心、用智、用力，人总能靠着自己或大或小的本事，在乡亲、朋友的帮衬下，捧得一碗活命的稀粥。

细数滚滚人流，进京赶考，做升官发财梦的是一大溜；进店学买卖，做发家致富梦的是另一大溜。这两大主流涌出"仕"和"商"两个台面。英才咸集，各显神通，拿才智和生命织出了层层锦绣，为京城蓄积下厚厚的文明财富。

就商道而言，买卖家中练就的"老字号"是一份丰富厚重的历史文化遗产，是一笔亟待发掘、整理、利用的资源。

宽泛地说，北京是个移民城市。老字号的创业者都是外地人，也都是双手空空来到北京城追寻"美梦成真"的。别看他们带不来多少资金，却一定带来了本土的风俗习惯、文化理念、性格特征、特长技艺。这无形中丰富了京城的经济和文化生活，为北京注入了多元文化，铸就了北京的城市品格。

老字号是从商业角度，显现北京多元文化的一个硕果。它关联着千家万户的本地居民和川流不息的来京民众；它真实、具体，叫人感得到、看得见、记得住北京多元文化的富有、珍奇与绚丽。所以，在关注老北京历史文化的时候，打开老字号这个"宝葫芦"，揭示百年老店威风不倒的经营秘密，不仅可以从中悟出不少为人处世、涉世经商的道理，而且能见识北京人的平实、爽快、客气、幽默还有精明、狡黠、坚忍不拔的复杂品格。

归纳老字号、或者说是老字号创始人成功的"奥秘"，有这么几条。

一、六必居坚守"六必"

人有人名，店有店号。这既是标榜自我、区别其他的符号，也是寄托希望、昭示主张的宣传。所以，做买卖的很重视给自己的商店取个响亮、吉祥、能带来好运的"字号"。

过去在京城谋生的商家，特别珍惜买卖的字号，因为它是脸面，是信誉，是商家立足社会、吸引顾客的招牌。"字号"高悬：出，以示买者；入，以警自身。追求字号的诚信传世，账房的日进斗金。

北京的"老字号"不是今天才有的。它同北京城一样历史久远，是伴随着政治稳定、经济发展、市场繁荣、老百姓丰衣足食而产生的。除了客观环境的允许，还要靠自身坚持不懈的努力。五味调和，缺一不可。有道是：天遂人愿，宏愿方成；人违天意，无力回天。

考察今天北京的老字号，元明两代的，几乎很难寻到。有人说了，那前门外粮食店的六必居酱园，不就是明朝的老买卖吗？它那块有名的黑底金字大匾还是明嘉靖首辅严嵩写的呢！

已故民俗专家叶祖孚老人曾著文《揭开六必居之谜》。

他说，1965年的一天下午，人民日报社原社长、北京市委书记邓拓曾到六必居支店六珍号，通过原六必居酱园经理山西人贺永昌，借走了六必居陈年老账和大量房契，进行考证。史料证明，六必居不是创业于明嘉靖九年（1530），而是约在清康熙十九年（1680）到五十九年（1720）这四十年间。雍正六年（1728）账上记载这家最早的店名是源升号。直到乾隆六年（1741），账本上才第一次出现六必居的字号。既然它创业于清初，就不可能请明代首辅严嵩题字了。

但是关于权相严嵩给六必居写匾的传说，却由来已久。或许，这是早年店家的一种攀古借名、自我哄抬的炒作。传说不止一种，把这些罗列起来，一一拆析，也颇有意思。

说法一：严嵩进京未做官时，常到前门外粮食店的一家小酒店喝酒，店主知他文章好、书法好，就请他给小店取个名字，并题写匾额。严嵩知道小店只有东伙六人，就敛神挥毫写下了"六心居"三个大字。东家眼明，赶忙提出："六个人六个心眼，岂能把买卖做好？"严嵩一笑，随即大笔一挥，把"心"字改成了"必"字，"六心居"成了"六必居"。因为那时严嵩还没有身份，也就没有题名落款。

说法二：严嵩当朝，气焰万丈。他的字好，只给嘉靖皇帝写青词。朝臣都求不来，更何况小买卖铺了。六必居掌柜的有主意。严府的管家常到六必居喝酒，日子长了也就熟了。掌柜的托管家求严嵩给小店题字，高帽戴了一大摞，严府管家扬扬得意，借着酒劲儿允了。回到府里，管家只好央求女仆恳求严夫人。夫人脸热，应也不是，回也不是，就装着练字，只写"六必居"三个字。晚饭后，严嵩看夫人写字很高兴，边纠正，边示范，也照写了"六必居"三个字，自然没有题名落款。第二天，管家把字送到六必居，掌柜的如获至宝，重金答谢，又请匠人刻了一块墨底金匾，高悬店内，到处宣扬，惹得门庭若市。可来的人若不是专门求见的，概不外示。这么一来，反倒激起了人们争看金匾的好奇。

1944年我在珠市口上小学，老师讲了这个故事。出于好奇，我跑到六必居看金匾。掌柜的挺和气，叫我进到柜台后面，抬头往上看，他顺手拉开房顶上的电灯。只见在微明的灯光中，一块硕大的黑漆大匾上嵌着金里透红的"六必居"三个大字，雄劲刚正，气势磅礴。不管此匾是不是严嵩写的，它都是京城古匾的珍品。据说民国初年六必居的邻居失火，殃及本店，东家伙计人人抢搬财物，唯有一个店伙舍命抢出金匾，他因此受到店主的表彰，并被聘为"终身伙友"。此匾也因此愈加珍贵。

说法三：据说六必居开业时，本来是个酒馆，酿酒香醇可口，远近闻名。一问，才知道老板酿酒有规矩："黍稻必齐，曲蘖必实，湛之必洁，陶瓷必良，火候必得，水泉必香。"这"六必"从用料、配方、洗涤、器皿、火候、取水六个方面，明确了在酿造过程中每个环节的质量要求，这样酿出的酒自然好。于是起名"六必居"，向社会公示本店的酒货真价实，赢得顾客的信任。

说法四：原来，六必居是山西临汾西杜村赵存仁、赵存义、赵存礼三兄弟合开的小油盐店。"开门七件事，柴米油盐酱醋茶"，这七宗物品是每天过日子离不开的东西。六必居除了不卖茶叶，其他六样都有，所以起名"六必居"。起初六必居也卖酒，卖青菜。不过店里不做酒，卖的酒是从崇文门外花市以南的酒馆趸进来的，六必居又进行了再加工。他们先把趸来的酒放在老缸里封藏，经过三伏天，存过半年再卖，酒味去掉了暴气，自然醇厚清香，大不同于入缸前的酒味，此名"伏酒"。另外还有一种"蒸酒"，味道也很醇香，很受顾客欢迎。这两种酒高达69度，比一般市面卖的酒精含量高，劲头足，很多住在内城的顾客纷纷提着酒壶到六必居去打酒。

有的人看六必居的酒卖得好，就作假，欺骗顾客。为防假冒，六必居有主意，给买酒的顾客准备一张小票，注明何时售出，维护了店家声誉。后来，六必居开始做酱菜，照旧地精采细做，讲究酱菜的色、香、味、形。每样小菜都做得色泽鲜亮，酱味浓郁，脆嫩清香，咸甜适度，解腻助食。确保产品的质量，当然离不开严密有序的经营管理。值得一提的是，六必居选用精明强干的山西人、河北人，而不用"三爷"（少爷、姑爷和舅爷）。因为这类人，成事不足败事有余，往往成为企业破败的内患。六必居以精美可口的各色酱菜和它宝贵的经验，名满京城、蜚声海外。

对于六必居到底开于何年,是明还是清,另有一说。

中国国家博物馆研究员宋兆麟先生,搜集了大量文书、契约等物证,提出六必居确实是创建于明朝中叶,三易其主而未改其名。

第一段:明朝中叶的郭姓六必居。庚子(1900)之变,店铺及文书档案尽被火焚。民国十一年(1922)六必居申请补照。由当时京师油酒醋盐行商会发的补契,留存至今。补契上写明:"商号原于前明嘉靖九年(1530)倒得前门外粮食店街路西六必居郭姓营业一座。"

第二段:明末清初,现存一份卖房契约说明,当时郭姓独家经营六必居力不从心,吸收了赵、原两姓人家入股。

第三段:1832年以后,赵姓出资四千两白银,将郭、原两姓的股份买断。从此至1954年公私合营的一百二十二年间,六必居一直由赵姓一家经营。

六必居长存至今,就是因为它做的酱菜好吃。这与精选原料产地、制作精良、严格管理分不开。

先说精选原料产地。

腌菜的主料是酱。做酱,必用黄豆。六必居只用河北唐山马驹桥和通州永乐店的黄豆。那里的黄豆,色黄、皮薄、含油率高,做出来的黄酱味道醇香。做甜面酱的白面,必用京西涞水的一等小麦,磨成面,用重箩筛成细面。涞水的小麦黏性大,做出的甜面酱细腻不散。

传统的甜酱萝卜、甜酱黄瓜、甜酱甘露儿、甜酱黑菜、甜酱包瓜、甜姜牙、甜酱八宝菜、甜酱什香菜、甜酱瓜和白糖蒜等,所用原料都讲究固定的产地,甚至是由固定的人家常年提供。比如白糖蒜,蒜头选用长辛店范祥家种的"白皮六瓣",每一头的重量在一两左右。要求夏至前三天起蒜,带泥,保持新鲜脆嫩。腌制时,一斤大蒜半斤白糖,不能有差。再如甜酱瓜,老圆瓜选自小红门一带,六七成熟就摘,这时候瓜子刚长出来,嫩得几乎看不见。摘早了,五成熟的瓜肉皮薄;摘晚了,八成熟时瓜皮就厚了,腌制出来都不好吃。必须六七成熟、清晨摘下,赶在中午以前送到。货到后立即用清水洗净,按一斤瓜一斤盐的比例放入盐水中,浸泡三十六小时后投入酱料。腌制两天两夜后把酱瓜捞出来,放在太阳底下晾。好天气晾一天,中间翻动一次;不好的天气要晾两天,翻两次。再入甜面酱缸继续腌制。

再说制作精良。

无论什么酱,从开始发酵到制作完成,全是手工操作,一丝不苟。比如踩坯,要根据气温的变化,不能少于十天,也不能多于十五天;入缸以后,要按指定的时间打耙,保证一定的耙数,务必把浊气放尽。根据发酵时间和温度的高低,每星期打一次,每次打八耙;入伏后,每天要打七次,每次打十耙;出了伏,逐渐递减打耙的次数;

待到酱快好的时候，每天只打三次，每次十耙。这样的工艺制作出来的酱，色泽鲜亮，口味醇鲜，有点儿发甜，是当年老北京最著名的"伏酱"。

最讲究的铺淋酱油，是将制好的黄酱，放在锡镴铺上晒，收取酱中淌出的油液，再放入适量甘草、桂皮和冰糖等调味料加工提炼，纯天然配料制作，与现在的"化学配方"酱油有本质的区别。当年东来顺涮羊肉的小料风味独特，铺淋酱油起到了至关重要的作用。铺淋酱油味道鲜美异常，可是制作耗时费力，产量低，难以适应市场量大快供的需要，现在这种制作工艺已经不怎么做了。

北京四季分明，一年中能吃到时新鲜菜的时候不多，品种也很少，平时居家待客离不开咸菜、酱菜、粉条、豆腐一类的易保存食品。脆嫩清香、酱味浓郁、咸甜适度的酱菜是餐桌的上等菜，广受民众欢迎。铺淋酱油等多种费时费力的优等酱菜自然也被朝廷选用，被定为御用品。据说，为方便六必居送货，清朝宫廷还赐了一顶红缨帽和一件马褂。这两件衣帽一直保存到1966年，也毁于这一年。

二、瑞蚨祥志存高远

山东省章丘县旧军镇的孟家，是孟子的后人，早在清嘉庆年间就在具有"山东第一村"的周村开了"万蚨祥"商号，经营铁锅、棉布、绸缎，还开了金店、钱庄，买卖越做越大。到了光绪年间，继承人孟雒川在北京开了"鸿记布店"，主要经营一种叫"寨子布"的土布，他不问时势，墨守成规，买卖没多大起色。

副经理孟觐侯是他的本家兄弟，精明强干，有眼光，有志气。他看到变法维新带来的崇尚洋务之风，强势持久，波及各行各业。开工厂、修铁路、办商店，一时风起云涌，民族工商业获得了前所未有的发展时机。他感到有机可乘，机不可失，时不再来。孟觐侯看准了这个时机，说服了孟雒川，放弃老一套的"寨子布"的经营，改营绸缎、洋货、皮货。并投资八万两银子，买下了大栅栏路北的风水宝地，请人精细设计，建造既美观又实用的店房，于光绪十九年（1893）挂出了"瑞蚨祥绸布洋货店"字号。

1903年至1918年间，孟家在大栅栏一条街上又开设了"鸿记洋货店""鸿记皮货店""东鸿记茶叶店""西鸿记皮货店"四大商号。孟家还在大栅栏买了一处带花园的房子，当作总经理的办公室，一方面借此坐镇指挥五大商号；另一方面作为接待贵客、商谈机密的社交场地。

他们按当时京城顾客的需求，详加分析，把客户定位在皇亲国戚、达官贵人、富商大贾和来华洋人等高层次的顾客。一时冠盖如云，贵客不断，年纯利由1912年的不足二十万两白银，蹿升到1925年的六十万两白银！

孟雒川、孟觐侯看准了时机变化，选准了风水宝地，加上经营有方，管理到位，十几年的工夫，瑞蚨祥就位居京城"八大祥"之首，几乎垄断了北京的绸布业。

1902年正月十二日，袁世凯接任大总统，他畏惧南迁，就怂恿曹锟部下哗变，让散兵游勇烧抢京城的闹市名店，王府井、大栅栏自然在劫难逃。前门的瑞林祥遭哄抢，瑞蚨祥的邻居义兴厚钱庄也被砸破铁门，抢劫一空。唯独瑞蚨祥墙高门厚，幸免于难。事变平息后，立即开业。原来1900年"庚子事变"时，瑞蚨祥曾被烧毁，但他们不气馁，总结教训，一面坚持摆摊售货，一面花巨资，请能工巧匠打造一个富丽堂皇的营业大楼，用精美厚重的铁栅栏密封大楼，如同钢铸的堡垒一般，因此扛住了曹锟的兵变。

瑞蚨祥掌柜们的志存高远，有眼光，有抱负，有韬略，心到意到，孜孜不倦，这才有了瑞蚨祥的今天。

生意人做的是今天，心里不能不想着明天、后天……

三、亨得利智慧取胜

老话说："千里之行，始于足下。"老字号百年不衰、延续至今，自有宝贵的经验可谈；但它当年的"足下"是怎么迈出的？他的创始人又是怎么在纷繁的市场竞争中，选定行当、开创基业的呢？这一点至关重要。所谓

"良好的开端,等于成功的一半"。遍读老字号的创业史,不能不钦佩当年这些名店创业人白手起家时敏锐的眼力、超群的智慧和坚忍不拔的毅力。

说一段"亨得利钟表店"的故事吧。

王光祖原本是个裁缝,在老家镇江开了个小裁缝铺,一年到头裁裁剪剪,拼拼凑凑,辛辛苦苦,也挣不了多少钱。他不甘心,就利用镇江四通八达的优势,夹着剪子、皮尺、粉饼包儿,顺着长江、大运河到处跑码头,做裁缝。跑码头不稳定,钱没挣多少,可开了眼界,活络了脑筋。

有一回,他在上海给一家洋行做衣裳。洋行让他给进口的瑞士表做广告,有笔报酬。他接了。可广告怎么做呢?干什么说什么,他找来两块白布,画上瑞士"大罗马"表的图形,缝在上衣的前后心上,十分抢眼。走在路上不少人好奇打量,问价钱,问买处。王光祖心里一动:与其给别人做广告,何不自己也试一把呢?

开业要资金,钱不够朋友凑。恰巧王光祖的朋友应美康和庄涵皋也想找个地方做买卖。三个人一拍即合,1915年在镇江创办了"亨得利钟表商店",王光祖任经理。镇江位居苏南宁沪黄金线上,又是长江、大运河两大水系交汇的通商口岸、大码头,地势优越,中外、南北客商云集。亨得利卖的洋货很时兴,对接了市场的需求。因此,买卖一开,生意兴隆,年年赢利。

王光祖明白,镇江再繁华也比不过"十里洋场"的上海滩。做洋货,就要扎根沪上,以上海为大本营,向全国发展。1919年王光祖在上海广东路开办了上海亨得利,根据时尚需求,又增添了眼镜业务,生意照旧好。王光祖不满足"好"的现象,他仔细分析了亨得利态势良好的原因。废除帝制,外强入侵,改变了中国封建锁国、故步自封的政治格局,民众的生活宽松自在了,对涌入市场的洋货既感新奇,又有需求,钟表、眼镜最合心意。王光祖决定采用西方洋行招商入股的办法,扩充资本,扩大营业,更名"亨得利钟表眼镜股份有限公司"。从1923年到1948年的二十五年间,先后在天津、重庆、北京、南京、广州、杭州等几十个大中城市开设了六十多个亨得利分店,统一由上海总店进货。王光祖担任总经理。

亨得利在全国迅速走红,让一向以经营洋货自居的洋人急"红"了眼。这位法国人叫霍普。1864年他在上海延安东路开办了霍普兄弟公司,专门经营欧美侨民所需日用品。后来迁到南京路,改名"亨达利",改营钟表眼镜。亨得利的生意兴隆,使这个法国人很嫉妒,他以侵犯"亨达利"店名权为由,把亨得利告到上海民国法院。经过几次公堂对簿,最后由于王光祖辩护律师的据理力争,和不畏洋人、主持正义法官的公正判决,宣布亨得利的王光祖胜诉!不久,亨得利在国家农商部正式注册,亨得利的字号获得政府的承认。一场官司反而扩大了亨得利的声誉，等于做了一次大广告。

回过头，再说说"亨得利"的字号是怎么起的。

当初买卖开张的时候，起名字是件大事。王光祖想，卖的是洋货，名字用中国传统的意思，发音靠近洋文最好，这叫两全其美。"亨"是顺利、通畅的意思。《易经·坤卦》有"品物咸亨"的吉祥话。货款两畅，自然财源茂盛。所以"亨得利"起得有根有据，颇有些哲理。然而，这个字号不似老旧的说法，因此，至今许多人都以为亨得利是洋文，是洋人开的洋买卖。王光祖别出心裁，起了个叫外国人和中国人都莫名其妙、又都能接受的好字号。

1927年王光祖在北京前门外观音寺路北开办了北京的第一家分店，由他的三子王惠椿任经理。后来又在王府井、西单两处繁华闹市开设了分店。业务除钟表、眼镜外，又增加了当时很时髦的留声机。

亨得利经营的是时尚产品，品种样式时时更新。因此，他们很注重新潮流行，及时引进。以货物全、档次高、品种新、技术好，在京城独占鳌头，良好的信誉延传至今。王光祖的智慧，来自他不苟安，眼睛向外看的开放思想和拿来主义。他仿学洋行的管理和经营谋略，看准市场需求，把握扩张时机，更严格地确保进货、选款、展销、服务、维修和拓展业务全过程的质量检验，讲究国外名表的高档次和新款式，始终把一般消费提升到豪华时尚的追求上，迎合了部分高消费的需求，保证了商店的持续营销成功。王光祖把企业的"得利"，定位在"亨"字上，应了通顺的意思。中国人在"开市大吉"的后面，爱讲"万事亨通"。然而，要通顺必须讲谋略、讲秩序、讲拓展，讲市场占位和形象的推出。

走进亨得利，窗明几净，富丽堂皇，晶莹的橱柜里陈放着一枚枚新款手表，木楼座钟叮咚鸣响，店员西服革履，彬彬有礼。后台的精修钟表手艺超群，往往使难修的手表起死回生。货全而新，技高而精，业熟而勤，是亨得利成为全国钟表业魁首的三大法宝。

王光祖是个不知足的有心人。他聪明地放弃裁缝，改营全不熟悉的进口钟表贸易，并采用股份有限公司的方式吸纳资金，扩大业务，一度成为遍及全国经营此业的龙头。以王光祖的一人之力，创建如此庞大新潮的企业，他的智慧和魄力着实令人钦佩。

一个人的智慧，焕发了众人，照亮了一个品牌。

四、同仁堂货真价实

老字号凭什么赢得顾客信赖？四个字：货真价实。其他什么售后服务呀，态度和蔼呀，文明用语呀，等等，都不过是锦上添花。

老字号出名,是因为它有独到的名牌产品,俗称"招牌货"。比如,全聚德的烤鸭、东来顺的涮羊肉、月盛斋的烧羊肉、内联陞的千层底布鞋、盛锡福的帽子、同仁堂的丸散膏丹、鹤年堂的汤剂饮片……同样的商品,做法、卖法各有千秋。只要它货真价实,童叟无欺,博得顾客长久的信赖,它才叫"老字号"。

都知道北京有个同仁堂,都看见大堂里挂着的一副对子:

炮制虽繁必不敢省人工
品味虽贵必不敢减物力

黑地金字,明明白白。细一想又不明白:这是柜上,对后厂选料做药的要求,为什么掌柜的非要把它挂在前庭,亮给顾客观看呢?

为什么?为了货真,为了让员工牢记,为了请顾客放心。

康熙八年(1669)浙江宁波人乐尊育,在北京前门外大栅栏路南创办了同仁堂,俗称"乐家老铺",后来正名"同仁堂":同修仁德,济世活人。

原来,乐家祖籍宁波,移居到北京后,几代人都是以走街串巷行医售药为生。别以为这个串胡同的行当简单，它要求行医不仅能当即准确断病，而且要熟悉药理，辨证施治，药到病除。当然，骗人的游医除外。真正的祖传行医，送医上门，很受一般民众欢迎。到了乐尊育这一代，靠医道有了些积蓄，就在繁华的崇文门外开了一家药店"万金堂"。乐尊育本人又在太医院谋了个吏目的差使，从此接通了与皇宫大内的关系，有机会从太医院收集了大量验证过的古方和民间验方。开设同仁堂后，按方制药，皆有奇效。

乐尊育懂药性，知药理。他知道虽为药材，内里却庞杂难辨，唯真材实料，配伍对症才能除疾治病。同时，他更懂得世理，深知世道浇薄多变，唯顺应时势，趋利远祸，方能家业两全。商道、世道并行不悖，相辅相成。果然，他的后世攀上了皇差，雍正元年（1723）钦定同仁堂为御药房供奉御用药，并独办官药。这等于说，宫里用的生熟药材和配制的丸散膏丹中成药，统统由同仁堂一家包办，它成了天字第一号的大药铺，而且，这一办就历经八代清帝，一百八十余年！

为皇上办药虽是一件美差，却关乎皇家一族老老少少、男男女女的生老病死，稍有差池，不是砍头，就是灭门。这养成了同仁堂用药处方不敢懈怠的严细作风，凝结出"炮制虽繁必不敢省人工；品味虽贵必不敢减物力"这两句话。而高处不胜寒的处境，又迫使同仁堂不得不高悬"同修仁德"的宗旨，赢利之外，多做些扶危济贫的善事，回报社会，赚取社会的好评和支持。

同仁堂得天独厚，获得了我国中药宝库的丰厚资源和无人能比的崇高声誉。同时它也获得了精通药理药性、精于配伍制药的人才和经验。卖药，是性命攸关的"买卖"，老字号同仁堂的"货真价实"，更凸现了仁道大于商道的至理。在商业利益与公众道德发生冲突时，同仁堂坚守了医德仁术，从长远看，实际也保护了自己的商业利益，增添了老字号的光辉。

五、新记西服行诚而有信

现在的商家，很喜欢打出"诚信"的旗号，高声呐喊，一片"忠诚"，用以招徕顾客上门；而民众却因屡屡受骗，难得碰见"货真价实"，总是小心谨慎，无所适从，闹得买卖双方无诚无信，愁苦难当，很少见到市场应有的公平交易，和悦成交。

我读小学时，因家室狭小，弟妹较多，住在父亲代理经营的裕隆布庄，日夜与店伙厮守，目睹一笔笔买卖的成交。

布庄在前门外路东的北布巷子，南边隔一条大蒋家胡同是果子市，一年四季都有京郊的果农把山乡自产的干鲜果品拉来批发，然后到布巷子、大栅栏、鲜鱼口买些布匹等日常用品，返回山乡。布庄很珍重这批"一身土，两脚泥"的山里人。大车甫停，就有瞭望的伙计迎出店门，让进让座，斟茶送水递烟，而后低声询问："用点儿什么？"接着把成匹的布一件一件搬到顾客面前，介绍质量、产地、销售情况和价格，还提过算盘帮助顾客算计用途、数量……直到顾客满意，把购买的布匹用牛皮纸打好包，送上大车为止。每年秋季，山货丰收，来店买布的"山里人"一拨接一拨，店伙们忙中有序，不敢慢怠任何人。中秋节前果子大宗上市时，不到晚上10点以后，柜上不上板打烊，为的是等候最后一位顾客登门。

旧社会，世间流行以衣帽取人，商店亦不能免俗。父亲的裕隆布庄何以对这些一身泥土的"山里人"如此客气呢？我问账房的乔先生。他反问我什么叫顾客？我说，就是买东西的人吧。他点头说，对了一小半，一大半没说出来。顾，是光顾；客，是客人。如果不诚心诚意地把每一位进店的人当作照顾布庄生意的客人，怎么能留住人家的脚步，又怎么做成送上门的买卖，养活这一店的人呢？商人，首先应该是能商量做事的人，不是一言堂，瞪着眼睛唬人。商家，不应以衣帽取人，谁进来都欢迎，都要以诚相待，童叟无欺。我明白了，这或许就是"和气生财"的道理吧。买卖是双方的行为，卖者和和气气，才能换来买者的信任和乐于交谈。交易起于诚,而终于和,买卖做成了,自然财源茂盛。

穿,是衣食住行之首,看得见,摸得着,最打眼。"衣帽取人"也有它的一定道理。我有个中学同学,家里是开西服店的。那可是当时最时髦的侍候上等人的买卖。他给我讲了一桩怎么以诚待客、把诚心贯彻到每一个环节里,满足顾客需求的故事。

民国初年,上海迁京的新记西服行,在北京饭店后身的霞公府开业了。据说,当时这是京城第一家西服店。父亲手艺高超,出活快且好,不输于国外名牌;儿子李秉德会一口流利的英语,交谈便利,服务周到。那时候,穿西服的不是洋人,就是和洋人、洋务有关系的"上等人",比如,各国的使馆人员、传教士、教授、外国教会医院的医生以及官吏富商、阔少小姐们。西服店楼上还设有豪华舒适的接待厅,职工也都穿着整洁、站立侍客、礼貌服务,与顾客的身份相称。

西服的取材用料、量身定做、裁剪制作每个环节都十分讲究细致。他们从国外订阅服装杂志,关注行情,掌握信息,十分注意服装的质量和款式。缝制中实行每个环节的流程检验,一丝不苟,确保质量。有一次,一位外国牧师定做了三件亚麻布西服上衣,要求三天交活儿。工期太紧,承做师傅提出"面料不下水直接做成衣,验收组长同意,并跟牧师做了说明,他也点头认可。交货时,虽然这位牧师试穿后很满意,要当时取走,但还是被经理发现少了这一道工序。经理一再向他道歉,说明今后会影响上衣质量,恳请牧师再宽限两天,重做三件。当日,经理亲自到车间,将衣料下水、烫干、熨平,连夜赶制,次日又亲自把三件上衣送到顾客住地。后来,这位牧师从美国寄来致谢信,表扬"新记"对顾客完全负责的精神。

一次,燕京大学司徒雷登校长要来店里定做两套西服,约好下午3点钟到。经理提前一小时在店堂恭候,员工不解。经理说,做生意必须讲信用,只准顾客到时不来,不许我们不按时等候。3点整,司徒雷登准时进门。

京城的老字号能够威风百年,对顾客诚而有信的精神是不可少的。往往商界诚信程度的大小,反映社会道德风尚的高低。因此,老字号还担负着扶正社会风气的崇高使命。

搜寻老字号的创业、继承和发展史,虽然店店不同,行业各异,但成功的奥秘大体相近。中国文化讲究天时、地利、人和,又有"天时不如地利,地利不如人和"的经验之谈,最后还是归结到"人和"上。

这是中庸思想,求协调不走极端,为的是创造安稳平和的发展局面。"合盛永颜料铺"的故事,令人十分感动。

六、合盛永颜料铺以和为贵

山西省,地少人多,离北京又近,再加上经商的传统,总把"学买卖"当成谋生发迹的正路。困苦之人把上京投亲靠友学买卖,当作一条求生之路、圆梦之路。因此,在北京,山西人经商的多,做什么生意的都有,其中有不少做得很成功,成了名声远播的"老字号"。

有个姓孟的太谷人,十四五岁时家里荒旱,无以为生,徒步走到北京,到老乡开的颜料店学买卖。他勤快聪明,为人随和,眼里又有活儿,很招人喜欢。出师后,他先站柜台售货,后"跑外"联系业务,干什么什么行。没几年他就内外通熟,结识了很多朋友,成了店里难得的业务能手。

可是他的老板却十分苛刻,不单抠工钱,就连一日三餐都抠得见盘见底,伙计们敢怒而不敢言。太谷孟辞职了。开始那阵儿,他靠着熟稔的人际关系和忠厚的性格,赢得颜料商们的信任,让他赊销商品,赚点儿辛苦钱。恰巧这时前门大街北段路西有一家三间门脸的店铺关张,经人说合,他盘了过来,凭着他这些年精打细算、省吃俭用积攒下的本钱,开起了合盛永颜料铺。字号是他早就起好了的,"合则盛,合盛则永"。来北京这些年的苦打苦拼，眼见一街大小买卖店铺的兴兴衰衰，他悟出了不少道理。掂来掂去，终于掂出来"合"字的分量。他想，做买卖自然靠本钱，可最大的本钱是什么呢？不是白花花的银子，而是人，是全店上下的"一团和气"，是众人一心的"相互配合"。"合盛永"这个字号，说出了孟掌柜人生历练的感悟，也道出了他经营买卖的不断追求。这一招很快就经受了一次极其严酷的考验。

1900年6月16日夜，被慈禧恩准闯进京城的义和团，在大栅栏设坛，一把火烧了卖洋药的老德记大药房。夜黑风高，火势暴烈蔓延，转瞬间，大栅栏、珠宝市、廊房头二三条、前门大街全都卷入一片火海，就连前门箭楼也被烧成一片瓦砾堆。据不完全统计，这场大火共烧毁店铺两千余家，无辜百姓死伤无数。而令人惊诧的是，位于火海中心的合盛永颜料铺却得以保存，逃过毁灭大劫！原来火起之时，人们纷纷逃命，而合盛永的伙计、学徒们，一个没逃，全在孟掌柜的带领下奋力救火，终于保住了这份产业。合盛永火中不灭，奋然新生的故事令人赞叹，且发人深省！

古语说："学如积薪，后来居上。"现代一位哲人也说过，把别人的本事拿过来，你的本事就大了。"老字号"曾经弄潮商海，凭着超人的勇力和智慧，在前人开拓的道路上创造了业绩，弘扬了民族精神。

今人打出"老字号"的招牌,首先要把老字号的招牌产品做好,接续下老一辈人的功德,让民众去评定够不够"老字号"的资格。我们有责任继承好、发扬好这笔丰厚的遗产,后来居上!

第六章　三餐佳馔有味道

老北京人讲究吃,也在意吃。

比如说,俩人一见面,一方拱手必问:"您吃了吗?"对方拱手作答:"偏过了。"意思是先吃了,很不好意思。其实,这是客套话,并非实打实地问尊驾吃过饭没有。如果遇到实心眼的人,偏巧没吃饭,正找饭辙呢,忙说:"我还没吃呢。"问者必然尴尬。熟人好说,"那您到家里去。"要是半生不熟的,拘着面子,就只有"王顾左右而言他"地瞎搭话了。

我常想,为什么老北京人见面不说别的,偏把"吃"放在嘴边呢?

是"民以食为天",断炊绝粮饿怕了?还是没话找话说"吃",随意顺口、话题多?是北京菜系丰饶多样吃不过来?还是大菜辉煌、小吃难忘,有说不尽的美意?

反正一个"吃"字,俯仰皆是话题,让老北京齿颊生香,传了千百年,融入举国之盛,足以酿成炫耀于世的独特文化。

一、食不厌精的"谭家菜"

俗话说,天下没有不散的筵席。

这句俗话寓意了世间好事不永,好景不长。既然有欢声笑语热热乎乎的开场,那就逃不脱人走茶凉杯盘狼藉的散席。然而,竟有执拗地钟情饮食的"一根筋",不计聚散,不计功名,不吝家财,一头扎进珍馐美味之中,苦苦追寻孔老夫子"食不厌精,脍不厌细"的无穷境界,摒弃笔墨,偏要用五味五色调理出一篇"吃"的传世文章。

他真的"写"成功了,食客称之为"谭家菜",美名远扬,流芳至今。

这个谭家菜的首创人叫谭宗浚,字叔裕,1848年生于广东南海县,出身书香门第。他与晚他十年出生在南海的康有为,不仅是同乡,而且在同一个梦想的招引下,公车北上,同样在京城高科得中,步入仕途,一个同治进士,一个光绪进士,而后他们为了实现各自的梦想,孜孜以求,都成为京城名士,垂青史册。所不同的是,康有为立志变法维新,图的是振兴大清王朝;而谭宗浚却雅好美味,耽于厨艺,图的是结友于饕餮之间。一个梦想治大国,一个痴心烹小鲜。虽同用一理,却目标迥异,各行其是,各结其果。

谭宗浚家学深厚,生活富裕。他的父亲谭莹是位饱学大儒,同时留意口福。父亲循循善诱,儿子聪慧好学,终于在同治十三年(1874),谭宗浚以优异的成绩考中一甲二名进士,荣膺榜眼,官居翰林。然而,他虽学富五车,却不介意经世济民的学问,时常问道于摆上桌的宴席,穷究一盘盘燕菜翅席的烹制火候。小时候他常陪伴父亲品尝家乡的广州菜、潮州菜、东江菜,不俗的是,他口有所尝,必心有所思,从品味、比较和灶前观察中,寻思出点儿道理,常窃喜不已。后来朝廷外放他四川督学,有幸一脚踏进百味食府,他欢喜非常,川菜百菜百味和浓烈鲜明的品格,令他记忆尤深。后来谭宗浚又奉旨调任江南副主考,有幸遍尝江南名菜,淮扬风味别开生面,使他获益匪浅。有个考生知他"好吃",献给他一本乾隆年间江南大才子袁枚的《随园食单》,他如获至宝,披读再三,对"吃"的领悟越加渗透。

谭宗浚自江南回京,早把个做官的烦心事抛在脑后,与儿子谭瑑青一门心思地在京城里寻名馆,品名菜,访名厨,觅菜料,琢磨着怎么样汲取南方菜(广东菜、淮扬菜)和北方菜(山东菜)的优长之处,融合为一,做到甜咸适度,有口皆宜,自创众口能调的"谭家菜"。

有道是一门心思领悟深,拨开青天万里云。比如,《随园食单》上说:"味要浓厚,不可油腻;味要清鲜,不可淡薄。此疑似之间,差之毫厘,失以千里。"

这"浓而不腻,鲜而不淡"是袁枚的经验。话虽简单,可这个"疑似之间"的度,却难以拿捏。他与儿子谭瑑青反复琢磨、试验,又出重金,遍请京城名厨高手探索观摩。名厨是随请随辞,不为沿用,只为取其手艺的精绝之处。有所领悟后,就下帖子宴请同好亲友前来品尝,亲自下厨烹调细做,诚恳征求意见。从此,西四羊肉胡同谭府的家宴名声噪起,朝野呼之"榜眼菜"。

谭宗浚精于食之道,却疏忽了世之道,加之他为人耿介,得罪了上司。《清史稿》里说他"以忼直为掌院所恶,出为云南粮储道。宗浚不乐外任,辞,不允。再权按察使,引疾归,郁郁道卒"。喜爱的事做不成,反而奔波劳碌受人主使,心情郁闷成疾,谭宗浚这位榜眼公就病死在中途路上了。所幸他有一个继承遗志、比他还痴爱烹调的好儿子谭瑑青,不仅谭家菜没有半途而废,反而日趋成熟,人称"谭馔精"。进入民国后,谭瑑青先后在交通部、平绥铁路局、教育总署、内务总署、实业总署、监察院等处担任秘书,奉公之余依旧是设宴家门,日日与清朝的遗老和民国的新贵欢宴如昨,怎奈此时谭府已非彼时谭府,多出少入,坐吃山空,家境日趋窘迫。朋友不忍,主人有意,为了维持菜品和规格的高贵,家宴变相为预收订钱,用于购买昂贵的食材,早早准备,但礼仪不变,只限一桌十一人。

文物专家朱家溍老先生回忆说：

在我二十岁左右的时候，瑑青老伯家住在宣武门外南海会馆（此时谭家已卖掉西四羊肉胡同住宅搬到米市胡同19号）。这个时期出现了一个新办法，瑑青老伯有些朋友为了要吃那种比各大饭店更高品位的鱼翅、鲍鱼以及一些精致的家常菜，就纠合十一人，再加上瑑青老伯也算一份，共十二人组成一个"吃会"。最初每人二元（银圆），每月一次。为了"吃会"巩固长久，定下规矩：如果因故缺席，也必须照章缴费，可以派人代替，譬如派子侄或其他亲属去参。我有时能够参加就是代替父亲前去。这个"吃会"最初只有一个，渐渐发展到四五个，每人增加至四元。除这种固定长期的"吃会"以外，后来又有经谭老的朋友介绍临时组织的局面，每人五元，谭老作为客人出席。

十二个人的圆桌虚一主位，摆一副碗筷，开宴后，谭瑑青过来支应一下，饮口酒，尝口菜即离席到厨房主厨。这样，既圆了做东道主的面子，又凑够了客人的份子，摆出一桌京城独有的燕翅席，落个主客欢畅，两全其美。

这种由志趣相同的十一人组成的"转转会"在民国

初年很盛行,他们每逢周日轮流做东,选个高档饭馆欢宴一次,参会的成员都是清末民初的社会名流,如溥心畬、张大千、于非闇、傅增湘、陈宝琛等。"转转会"不光吃"谭家菜",也吃京城著名的"八大楼""八大居"。谭瑑青也参与其间,开阔了眼界,增进了见闻,有助于"谭家菜"的品味的提升。于是,京城在街面上流传开"伶界无腔不学谭(鑫培),食界无口不夸谭(家菜)"的谚语。口碑胜于广告,美食者为了一睹庐山真面目,蜂拥而至,打破了谭府原来每晚只订一桌的成规,加至两三桌,最后只设晚宴的规矩也打破了,开始预订午宴白天,如此仍满足不了订宴宾客的需求。

《四十年来之北京》书里说:谭家菜"声名越做越大,耳食之徒,震于其代价之高贵,觉得能以谭家菜请客是一种光宠,弄到后来,简直不但无'虚夕',并且无'虚昼',订座往往要排到一个月以后,还不嫌太迟"。吃谭家菜,又多了一个挣面子、摆阔气的功能。

谭家菜如此之精美华贵,受人追捧,它是怎么个吃法呢?

据当时厨房帮工、今之谭家菜的掌门人彭长海讲,20世纪30年代,谭家菜最有代表性的燕翅席的程序是这样的:

十一位客人到齐,纷纷落座,茶罢各盏。

开桌先上"叉烧肉""红烧鹅肝""芙蓉干贝"等六个酒菜：斟酌指点，初开味觉；

酒至二成，上头道大菜"黄焖鱼翅"：厚味醒人，滑爽尤宜；

温水漱口毕，上二道大菜"清汤燕窝"：浓而不腻，鲜而不淡；

接着上第三道菜"蚝油鲍片"，或"红烧熊掌"：再试厚重，越嚼越香；

第四道菜是三斤重、一尺多长的"扒大乌参"：扒出滋味，吃出滋补；

第五道菜上"草菇蒸鸡"：鸡香菇爽，巧妙搭档；

第六道菜上"素烩银耳"，或"三鲜猴头"：菌类极品，进补有方；

第七道菜上"清蒸鳜鱼"：鲜嫩爽口，非比寻常；

第八道菜上"柴把鸭子"：肥而不油，汤清肉香；

第九道菜上"清汤蛤士蟆"：稀罕之物，原汁原味；

第十道是甜品，如核桃酪、杏仁茶，随上"麻草包""酥盒子"两样甜咸点心。

宴毕，客人向主人道乏，互道珍重，散席。

食罢谭家菜，即便是饮宴无数、食遍中华的美食家，也不得不赞叹，谭家菜把传承几千年的中国烹饪推向了一个极致的高峰。何谓"食不厌精"？谭家菜回应了一个具体的答案。它的背后是谭氏两代人一丝不苟的孜孜以求和成功的实践。

俗话说，工欲善其事，必先利其器。这里，器自然是要利的，更重要的是食材的纯正。没有地道正宗的原料，即便手艺再好，也做不出色正味香的菜肴。因此谭家做菜首先从原材料的正宗抓起。早先，谭家菜筹办宴席的用料都是谭家主人亲自到市场按照菜谱，选购最上乘的原料，一点儿不将就。比如，熊掌必选左前掌，据说，老熊经常用舌头舔这只掌，因而营养丰富，较为肥厚。鱼翅必选"吕宋黄"，鲍鱼当选"紫鲍"，吊汤的整鸡也非三黄鸡、龙门鸡、清源鸡不可。选料严格，从根本上保证了菜肴的质量。

谭家菜讲究原汁原味，不用花椒大料炝锅，出锅不撒胡椒面，焖菜时不续水兑汤，保持原菜原汁。菜肴软烂全靠慢火细煨，忌用急火快炖，很少用猛火掂勺、翻炒的爆炒。因而谭家菜的烹饪手法主要采用烧、煨、焖、蒸、扒、煎、烤，以及煲汤等。谭家菜忌用味精之类的调味品，调味全靠精心吊制的汤料来提鲜，尤其是烹制燕窝、鱼翅、熊掌一类山珍海味，更是离不开好汤煨焖。谭家菜的清汤是用整鸡、整鸭、猪肘子、干贝、金华火腿等上好原料熬制的。汤清味浓，调制出的菜肴自然鲜美可口。

谭家菜经营近二百种菜肴，名菜以燕窝、鱼翅、鲍鱼、海参等名贵滋补品为主，素菜、甜菜、冷盘和各色点心也很拿手。比如，它的拿手菜"清汤燕窝"，不用碱水涨发燕窝，而是反复用温水浸泡三小时，再用清水反复冲漂，非常仔细地择除燕毛及杂物，而后将泡发好的燕窝放进大汤碗，注入半斤吊好的浓鸡汤，上笼屉蒸三十分钟，取出分装入每位客人的小汤碗，再兑入烧开鼎沸的清汤，每碗再撒上切得很细的火腿丝，香郁扑鼻的"清汤燕窝"即可上桌。这道汤菜用的是智慧，靠的是功夫，凸显了谭氏对食材的洞悉、烹制的精熟和口味的调剂。

高贵的燕翅鲍鱼自然精心制作，一般的饭菜也有精细可口的做法。荷叶饭，是用香稻米加入香菇丁、火腿丁、鸡丁拌匀，再用鲜荷叶包起来蒸，清香爽嫩，菜饭一家。焖面，是用剩余的鱼翅汁与面条一起焖，把握火候，焦嫩适口。谭瑑青创造的"三片一起吃"简单而绝妙，取一片去骨的鸭肉，上覆一片金华火腿，下垫一片去茎的福建香菇，上屉清蒸，三香融合，入口滑嫩。谭家菜自制的饭后甜品也令人难忘。如杏仁茶，是将甜杏仁加几粒苦杏仁用小石磨磨浆，兑入细腻的枣泥，烧开后饮用，杏仁香裹带着微微的枣甜，回味无穷。

谭瑑青的三姨太赵荔凤年纪轻，悟性高，早早下厨烹调,延续了谭家菜的治理。此后帮工的彭长海接过了谭家的手艺,使谭家菜在乱世中艰难经营并未凋零。新中国成立后,遵照周总理的建议,谭家菜进驻北京饭店,保存了中国烹饪这一扛鼎杰作,持续高位迎客。

如今走进米市胡同,人们驻步路西的南海会馆,或许还能想起康有为,至于胡同里的谭家菜和胡同把口的便宜坊,知道的人就不一定多了。1927年3月21日,康有为在青岛寿终正寝,从此,他变法维新一生保皇就留下话把儿,让学者们争论不休;谭家菜和便宜坊虽然旧址不存,却留下美味美食,令今人大享口福,至于内里还是不是当年的"原汁原味",那就另当别论了。

二、两种烤鸭一般香

焖炉烤鸭便宜坊

不久前,我们在一片大铲车的轰鸣声中,走进米市胡同北口路西一条东西的短巷,去追寻北京烤鸭的老根儿——便宜坊旧址,侥幸旧址犹存。那是一座被拆改得乱七八糟的两层砖砌木楼。楼面凌乱,骨架却挺结实,上下住着十几家人,大多是才来北京谋生的外来人,很少北京的原住户。好容易在二楼南屋找到一位五十多岁的东北人,他也是听人说,这儿原来是清朝卖烤鸭子的地方,还说,毛主席年轻时也来过这里。从墙头的砖花和剥落的油漆彩画中,依旧可以猜度出此楼昔日的繁华。

吃烤鸭,一直是北京人宴请亲友的常选,因为它口味香嫩,主副食并举,既不贵又实惠,很受欢迎。解放后,随着外事活动的频繁和旅游业的兴起,"爬长城,逛故宫,吃烤鸭"成了来北京旅游必不可少的三个项目。1986年在布拉格举办的第五届国际烹饪大赛中,北京烤鸭获得金牌,被誉为"世界第一美味"。烤鸭成了北京餐饮的代表作,索性以"北京烤鸭"冠名,一时跟风而动,各种名目的"北京烤鸭店"遍及国内外。

烤鸭的口味和吃法新鲜别致,厨房砖炉烤制,片切薄片,配上作料,端上餐桌,顾客可以根据自己的口味要求,自己动手调作料卷包入口。这样,外国人自然喜欢吃,没吃过的中国人也争着品尝,几乎成为"国际通吃"。在北京,每逢旅游旺季,烤鸭名店的门前往往排起长队,游人饥肠辘辘仍然耐心地等候吃上一卷香酥的烤鸭。结果饿虎扑食,哪还顾得上品咂滋味。游者说,来北京一趟,怎么能不吃烤鸭呢,等一两个小时不算啥,吃不着那才遗憾呢!

烤鸭如此为北京增光,创牌子,倒要给记一大功。当然功之大者,莫过于便宜坊和全聚德这两家著名的老字号,是他们延续几百年开发、传承、光大了这一菜肴,仔细想来,内中颇多意味,值得思考。

烤鸭为北京增光,得利于北京的天时、地利、人和,舍此,烤鸭无今日之盛名。

中国人吃烤鸭,历史久远,早在西周时期就有"有兔斯首,燔之炙之"(《诗经·小雅·瓠叶》)的歌咏。可见,用火烤肉可能是人类最早吃熟食(肉类)的主要手段,燔之毛皮,炙之肉熟,这样入口才香,才好消化。猜度三千多年前的周代或有了很原始的"烤鸭"。此后,南北朝时的《食珍录》就有了"炙鸭"的记载,而且列为食之珍品,可见味道不错。到了元朝,"烧鸭"一词就直截了当地闯进了大都人的生活,成为日常佳肴。这可以从元杂剧《看钱奴买冤家债主》和《金瓶梅》中见到。

在我的记忆中,很长一段时间老北京人不习惯叫"烤鸭",而直呼:"到全聚德吃烧鸭子去!"烤者,用火燎烧也。比如,京城过去有一种用火烤熟、外焦里嫩的发面小饼,就直名"火烧",而沾上芝麻、和入芝麻酱的叫"烧饼",吃来焦香可口,如果再夹上酱肉或焦圈,那味道就更诱人了,远比面包抹黄油好吃。

烤鸭在京城的成名,要从便宜坊说起,有两种说法。

一是明初说。1402年驻守北平的燕王朱棣以"靖难"

之名攻入南京，夺取了侄子建文帝朱允炆的皇位，做了皇帝，改元永乐，并移都北京。1406年开始建造北京城，迁徙南京、山西、河北等地的民众充实帝都。就在北京城建造功成的前四年（1416），一家名之为"金陵便宜坊"南炉鸭店在宣武门外的米市胡同开业迎客，店主是金陵人，制作的南炉鸭用的是金陵焖炉手法，很受北迁的南方人欢迎，渐而吸引了各地迁京的顾客，生意兴隆。据说，嘉靖年间，住在宣外砟子桥（今达智桥）的兵部员外郎杨继盛，时常到这儿吃烤鸭，还给饭馆题写了"便宜坊"牌匾。后来名将戚继光也经常光顾便宜坊，留下过墨宝。如此说来，米市胡同的便宜坊延续至今已有六百余年的历史了。

二是康熙说。清朝康熙盛世，京城繁华。有家南方人怀揣发财的梦想，来到北京谋生。一家落户在宣武门外米市胡同北口，开了个宰杀鸡鸭的小作坊。那时候，歌舞升平，京城内外的饭馆买卖分外兴旺，开一家火一家，满街飘荡着酒肉香。饭馆多，催生了每日供应饭馆鸡鸭鱼肉、瓜果蔬菜等食材原料的专业户。这家人以宰杀鸡鸭为业，天不亮就要赶到邻近的菜市口去挑选上好的活鸡活鸭，买回来屠宰，拔毛放血清理内脏，收拾洗净控干码放齐整，而后赶早送到各大饭庄酒楼，保证人家使用。因为他们宰杀的鸡鸭干净漂亮，送货及时，很多大饭庄点着名地让这家南方人送。可小作坊只顾干活，并无名号。有家大饭庄的账房先生说,你们这个小作坊给我们送的鸡鸭,既方便又适宜,干脆就叫便宜坊吧!说句题外话,早先北京人把方便随意叫"便宜"(便读去声),不是表示价钱很低的"便宜",因此,"便宜坊"正解应是方便随意的饭馆,而不是价格低廉的小酒铺。当然,今日便宜坊金匾高堂,标有星级,那价格早已远超昔日,"便宜坊"是真心不"便宜"了。

话说回来,便宜坊的买卖越做越大,掌柜的又想起老家的焖炉烤鸭和用高帮深锅焖煮的小鸡,于是制成了香嫩的烤鸭和桶子鸡,连同收拾干净的生鸡鸭一并送到酒楼饭庄,烤鸭和桶子鸡(又名童子鸡)反而更受客户的欢迎。便宜坊生熟两做,业务大增,眼看着财源滚滚,却人手短缺,供不上货,生意有断档的危险。掌柜的万分着急,赶忙招收帮工。怎奈宰杀鸡鸭的活儿又脏又臭,挑担送货的差事又苦又累,挣不了俩大,还闹得腰酸腿疼,一身腥臭,许多人望而却步,没人应声。

老话,天无绝人之路。可巧,便宜坊隔壁住着个山东荣成人,靠每天蒸几屉馒头走街串巷叫卖为生,日子也还过得去。前两月来了个小老乡,十二三岁,叫孙子久,投奔他找口饭吃,正没辙呢。两家一说合,孙子久就高高兴兴地把小铺盖卷儿搬过来了。山东人能吃苦,别看岁数不大,却聪明伶俐,朴朴实实,不多说不少道。每天起早贪黑烧火做饭，哄孩子喂鸡鸭，挑担送货，不论是家务事还是作坊活儿，样样干得干净利落，掌柜的身上轻省了一大半，打心眼里喜欢这孩子。

三年零一节学徒期满，孙子久不光精通了鸡鸭店的样样手艺，而且在经营上还帮着老掌柜出了不少好主意，比方说，坚持高质、低价、服务周到的营销方针，既扩大了销路，也赢得了便宜坊良好的声誉，就连城里的大饭庄也跑来订货，一些大宅门的厨房也不时地订几只烤鸭、童子鸡摆上家宴。仗着孙子久年轻力强，买卖还能支应。不想老掌柜家运不顺，宝贝儿子得了鼠疮脖子病，脓血不止，有人说是屠宰鸡鸭的报应。老掌柜心里害怕，哪还顾及买卖上的事，就把便宜坊倒给了孙子久，一家人回南方老家了。这一下孙子久可以放开手脚大干了。他从老家荣成找来十几个身强力壮肯吃苦的乡亲，量才而用，有的学宰杀，有的炉前烤制，有的上街送货。荣成人在家里苦惯了，来到京城，再累的活儿也不在话下，高高兴兴，越干越欢，便宜坊的烤鸭"飞"遍京城。

便宜坊的烤鸭红了，有些眼热的人便打起"便宜坊"的主意，改头换面挂出"六和坊""天德居鸡鸭店"等牌子在花市、东单等地争着卖起了焖炉烤鸭。咸丰五年（1855）有个姓王的出资人，用高薪从便宜坊挖出刘伙计等人，在前门外鲜鱼口西口路北开了间"便意坊盒子铺"

叫卖正宗焖炉烤鸭。牌匾同音不同字,叫着一样,"盒子铺"却比"手工作坊"升了一格,兼卖各种熟肉制品。仗着地点好,货又全,烤鸭地道,生意很是兴隆。后来米市胡同的便宜坊垮了,鲜鱼口的便意坊硬是和邻近肉市的全聚德烤鸭店比翼齐飞,坚持到今天,而且字号也还原为"便宜坊焖炉烤鸭店",收回了挑着盒子外卖、不坐店的经营方式,丰富了餐饮酒席,让今天到京的中外人士依旧可以品尝到传承了六百年的南炉鸭。

挂炉烤鸭全聚德

到北京吃烤鸭的人,都知道全聚德,仿佛独家独大,并无别号。早先起家的便宜坊,反而鲜有人知。至于两家烤鸭用的是焖炉还是挂炉,更是少有人打听。不过,全聚德近一百五十年的发展历程,虽有起伏,却趋势上扬,后来居上。又多亏解放后的推崇,终于把烤鸭捧入世界美食之林,发扬了中国烹饪的夺目光彩。

水有源头树有根,创建全聚德这份家业的领头人叫杨寿山,字全仁。他是清咸丰年间人,老家是河北省冀县杨家寨。本来,这一家几口守着几亩薄地讨吃讨喝,也还能饥一顿饱一顿地过得去,不想一场天灾把老杨家逼到了没吃没喝的绝路。冀县离北京近,都说北京城是个可以满地捡银子的花花世界,杨全仁就随着几个老乡直奔京城,借住在崇文门外兴隆街的弘福寺里，四处踅摸着找活儿干。

兴隆街东西向，在前门与崇文门的南面，属外城，东口是崇文门外大街，往西直通鲜鱼口前门外，北面紧靠东西打磨厂，是个饭馆、旅馆、妓院、货栈、商店接二连三的繁华地界。杨全仁注意到吃鸡鸭的人多，而做收拾鸡鸭这宗脏活、累活儿的人少，就在前门外支了个摊儿，专门出售宰杀干净的鸡鸭和猪肉。仗着庄户人的勤快、本分、和气，他卖肉不单新鲜、干净、准斤足两，而且有求必应，服务周到，很受顾客待见。自此，杨全仁的肉摊儿红火了，他就有了收摊进店的打算。

可巧，在肉市广和楼南边有个叫德聚全的杂货铺，买卖不好，关张歇业了，急着要把铺面顶出去还账。杨全仁挺喜欢这个铺面，又担心风水不好走德聚全关张的老路，就偷偷请了个风水先生四周围转了转。先生说，风水不错，你看德聚全坐东朝西，前后临街，南北两边有两个一间门脸的小铺子，再往外是两条笔直的窄胡同，好比是轿杆，四街拱卫，抬着德聚全往前门大街走，稳稳当当，平步青云，越来越好。错就错在主人背时，字号犯忌。名不正，则言不顺；言不顺，则行不果。

杨全仁赶忙请教。风水先生解释道，一个人积德是一辈子的事，多多益善，哪有个聚全的时候？买卖所得，也如是。财源滚滚，多多益善，没有个聚全的顶峰，真聚到顶，也就该垮了。杨全仁忙问，那我这个小店该叫个什么字号呢？风水先生笑了笑，说，你先把德聚全顶下来吧，字号好说。

房子顶过来，买卖快开张了，杨全仁把风水先生请到肉市北口路东的正阳楼，至至诚诚地请风水先生吃螃蟹，喝黄酒。酒过三巡，菜过五味，风水先生从兜儿里掏出一个信封，递给杨全仁。杨全仁小心翼翼地抽出信瓤打开一看，洁白的宣纸上写着"德聚全"三个大字。杨全仁一愣，风水先生一笑，说，字一样，"德聚全"，但念法不同，要倒过来念："全聚德"。他解释说，买卖靠人气，人气靠品德，质高为品，积善为德。外面的顾客、内里的伙计全聚在你的店里求得，你何愁不人聚财旺呢？更何况你的名字里，还有个用"全"字来求"仁"的意思呢！

清同治三年（1864）全聚德鸡鸭肉食店在前门外肉市路东开张了。肉市卖肉，得其所哉，他既卖鸡鸭，又卖猪肉。生的开膛破肚，拔毛取脏；熟的酱煮吊烤，滋味浓厚。杨全仁日夜不闲，心思却被邻近便宜坊的南炉鸭勾住了。他卖的熟肉是按照北方人的老方法加作料炖出来的，软烂香滑，色重味厚，没有南炉鸭的香酥爽脆，而且就着薄饼作料吃烤鸭也多了趣味。但焖炉烤鸭要求较高，且出炉慢，忙了跟不上趟。他想能否把鸭子像烤小猪一样挂在火炉上烘烤？明火烤，易于把握火候，挂一排，出炉也多。经过反复试验，杨全仁的挂炉烤鸭成功了，色香味全都合格。人们听说肉市全聚德用挂炉烤出的鸭子一样香酥，纷纷前来订购，全聚德的烤鸭"飞"起来了！

从前，京城管卖熟肉的铺子叫盒子铺，因为店铺可以让小伙计用提盒把顾客预订的熟肉送到家。那时前门大街经常可以看到穿着蓝布裤褂、围着白围裙的"小力巴儿"（学徒工）提着椭圆形提盒，口喊"借光！借光！"一路飞奔的景象。全聚德由摆肉摊到开肉铺、盒子铺，继而试验成功挂炉烤鸭，一路不歇闲地"借光！借光！"步步跟进，在前门大街获得了自己体面的地盘。

宣统二年（1910）全聚德原来的小门面左充右扩，盖起了两层灰砖小楼，南北傍着两条窄胡同，四街围护，真的坐上了一顶八抬大轿。一拉溜儿三间灰砖门脸，干净朴实，上嵌三行灰砖勾线浅雕牌匾：中间"全聚德"，北面"鸡鸭店"，南面"老炉铺"，铁花勾杆吊着两块不大的长方招牌，黑地金字："随意便酌""包办酒席"。没有金字大匾的炫耀，没有高台阶的威吓，让人走到门前，自自然然地拾阶而入，亲切、可心。一楼大堂里摆了十几张桌子，那是给散座预备的，总可请进五六十位。楼上是十几个清雅的单间，晤谈品尝十分惬意。

店里坐镇的当家菜自然是挂炉烤鸭，新盘的大烤炉，膛大通风火力旺，精选的鸭坯，从孵养到宰杀，准一百天五斤重。燃料必是好果木，果香、木香、肉香被炉火烘烤，混化出一种焦甜香味，逗人馋虫。民国期间，店里又从天津素有"鸭子楼"之称的登瀛楼聘请鲁菜名厨吴兴裕来店掌灶,一时吃惯了烤鸭的主儿可以换换口味,尝尝"清蒸芦鸭"的鲜味和"乌鱼蛋汤"的厚重,或者舍去烤鸭,专点"扒大虾""黄焖鱼""烧海参",一品鲁菜正宗。

孔夫子说的"食不厌精",全聚德有新的诠释。不止于烤鸭一门儿精,还要融中国烹饪之技艺,从一只五斤重的鸭子身上,开发出一桌以烤鸭为主菜,凉碟儿、炒菜、汤盆儿道道精美的全鸭席,其中芥末鸭掌、卤鸭肝、火燎鸭心,味道十足,尤为可口。

记忆中至今珍存着当年全聚德堂倌那亲切的笑容。从一进门迎来堂倌真诚的笑,到让进、落座,递来洒过花露水的热手巾把儿,送过香茗,一直和气地微笑着,而后轻声问:"用点儿什么?"现点的鸭子用托盘端上,同时送过一管蘸饱蜜汁的毛笔,请顾客在洁白的鸭坯上写字。烤好后,焦黄油亮的鸭身上字迹宛在。

鸭香、菜美,还有那始终伴着微笑的周到服务,凝聚成一个亮丽的品牌"全聚德"。

三、"砂锅白肉",居、家皆然

五方杂处的北京城,宽容天下人到这里圆梦,自然也宽容天下人把各自家乡的饮食习俗带到北京。因而京城的食谱，东南西北中，古今中外通，广博兼具，水陆杂陈，可谓只有想不到的，没有吃不到的。还有一宗，帝王主国也主吃，引领一朝吃风。何故？上有所好，下必效之。在这一好一效之中，很可能就成就了一道名菜。比如砂锅居的白肉。

满人入关前，每逢祭天、祭祖、奏凯时，必宰杀白马黑牛（寓意天地），祭告上苍，祭后架锅，白水煮熟，分而食之，内含"有福共享，福祚绵长"之意。后来，三牲去其二，留下白猪作为全权代表。

顺治入关后，住进了紫禁城，后三宫之一的坤宁宫本来是明朝皇后的正宫，清代进行了改造，东暖阁作为皇帝大婚的洞房，康熙、同治、光绪都曾在这里完婚。西暖阁改为皇家祭祀的场所，内设硕大铁锅，就是为祭祀时煮白肉用的。白肉，是指用清水煮的猪肉，不加作料，不上色，原汁原味；后来为去腥味，加了花椒大料，不掩猪肉的浓香。

清初立国，顺治帝福临为了警醒族人不忘本，守住打江山的奋斗精神，保留了君臣苦战时同吃的白肉、苏叶包等习俗，有点儿君臣同吃"忆苦饭"的味道。每年正月初二，宫中做"白活"的厨师，用酒把无一丝杂毛的纯白猪灌醉，在轻柔抚摸间猛然提刀，直捅醉猪心脏，一刀毙命。而后切割，在坤宁宫西暖阁大锅中煮熟，分享朝会恭贺春节的群臣与后宫妃嫔皇子王女,名曰吃"晶饭"、吃"神余"。同时将碎肉、颈骨、老米放进院东南"祖宗杆子"上端的供盘中,让早已等候的乌鸦群衔走,寓意告达上天。

皇宫如是,王公大臣家,乃至殷实的旗民家也照方抓药,宰猪白煮,惠及友邻,福佑四方。原则是"不请、不接、不送、不谢",谁吃都行,吃完就走。白吃的信号是,只要听见这家锣鼓齐鸣,天上的鸦群飞奔"祖宗杆子"上的供盘,街上行走的任何人都可迈门而入,拣食锅中的白肉,甩开腮帮子吃,"吃倒泰山不谢土"才好。因为,吃得越多带给主人的福分越大,因而京城留下了"吃白食"的话把儿。

白煮的猪肉不放作料,不就调料,并不好吃。得了荣华富贵,尝过南北大菜的旗人老官儿们,谁还有心吃那白不呲咧、淡不啦唧的肥肉片子?皇帝赏赐,不敢不吃,就有聪明人从家里带来沾满白酱油汁的油皮,擦抹在自带的切肉的小刀上,白肉蹭上酱油自然味道香郁,食之有味了,末了,连那油皮也吧嗒吧嗒嘴吃个干干净净。

据说,当年位于西四牌楼南边的定王府,把祭日过后剩余的白肉,给了值更守夜的更夫,他们就近在王府后门缸瓦市街面开了个酒饭铺,支个大砂锅卖王府剩余的白肉。因为这儿的白肉皮薄肉嫩,肥的不腻,瘦的不柴,且斤两足，价不贵，招惹得嘴馋的人蜂拥而至。怎奈数量有限，只卖一锅，因而留下了"砂锅居的买卖——过午不候"的口头语。

其实祭天、祭祖用白肉，古已有之，曰"胙"，《左传》有记载。过去老北京人过春节，在供桌正中，总要摆上一盘五寸见方的白煮的五花肉，上蒙红福字剪纸，插一把精美的小刀，供神灵享用。顺治爷进京，歪打正着，把吃白肉推广到民间，成了京城一道风味菜了。

砂锅居没有故步自封停留在卖"神余"上。创制了用油炸猪的"下水"，制成五花八门的"烧碟"，如炸肥肠、炸卷肝、炸鹿尾；用火燎生肉，稍带糊焦后再煮，名曰"煳肘"，肉香迥异；精选白煮肉片，蘸用酱油、麻油、辣椒油、蒜蓉调和的小料吃。小砂锅系列既有白肉、白菜、粉丝、海米、口蘑同炖的"砂锅白肉"，也有"砂锅丸子""砂锅三白""砂锅下水"和烩酸菜、烩酸菠菜等独具东北风味的菜肴。

起自白山黑水的大清王朝远去了，砂锅居依旧顾客盈门。而京城人家到了冬季，时不时地会支起自家的白砂锅，既不祭天，也不祭祖，而是把吃酸菜白肉、猪肉炖粉条，当作一件时令菜肴，吃得酣畅淋漓，心满意足。

四、二荤铺"灶温"的"温"

老北京的饭馆分三六九等，伺候着三六九等的老北京人。

档次不同的饭馆，取名字也有区别：高级的叫饭庄，普通的叫饭馆儿，低等的叫饭铺，最简易的摆在马路边儿、胡同口的叫饭摊儿。这似乎解决了"众口难调"的问题了：原来"调"的要害，不在"味儿"，而是兜儿里有没有足够的银子。您想啊，连糊口都成了问题，哪还能顾及调什么"味儿"啊？

同一等级的，内里又有许多讲究。

饭庄，有冷热之分。热饭庄热锅热灶，常年营业，炉灶老是烈焰腾腾，终年不息；冷庄子自然冷，虽然有厅堂，也有家伙什儿，设备一应齐全，但平时不营业，只在有喜庆宴会的时候，才约请熟悉的厨师和服务人员赶来忙活，应酬完了各归各处，完全是随叫随到的临时组班式。后来，不少冷庄子也"热"了，但也有彻底冷到无人过问的。市场说了算。

低等的饭铺中，有一种"二荤铺"很有意思。"二荤"怎么讲？有的说是指猪肉、羊肉两种荤腥，也有的说是指猪肉和猪下水（内脏），理由不充分，很难服人。多数人认为,"二荤铺"是指可以自带"来菜儿"来店加工的饭铺。比如顾客自带俩凉窝头,让店里加上葱花、虾皮炒一炒。伙计赔笑,满应满许,接过"来菜儿",不一会儿把一盘金黄喷香的炒窝头端上桌;结算时,只收您几个加工钱。如此,本店炒菜算一荤,炒"来菜儿"算一荤,合起来,这个"二荤"。

在京城,二荤铺大行其道,广布街头巷尾,最接近底层百姓;物美价廉,方便顾客,最受民众欢迎。通常二荤铺门面不大,靠门口挤个大酒缸,木板缸盖就抵半拉桌子,一使两用。屋子间量一般不大,摆不了几张桌子,却显得紧凑亲密。没有菜谱,也没有燕窝鱼翅之类的高档菜,只凭顾客口点"木须(樨)肉""熘肝尖""干炸丸子""素烧茄子""醋熘白菜""炒土豆丝""焦熘饹馇"……伙计一一点头心记,一顿简单实惠、美味可口的饭菜就此齐活。要喝酒,预备的是黄白两种,散装随意,物美价廉。主食有斤饼、斤面、花卷、馒头等。

说到面条,那是二荤铺的一绝。北京人爱吃面,可口、顺溜、花样儿多。干的有炸酱面、芝麻酱面、炖肉面、扁豆焖面、肉丝炒面;稀溜带汤的有卤面、汤面、烩面……面码的样儿更多,萝卜、黄豆、豆芽、菠菜、白菜、胡萝卜、韭黄、蒜苗、青蒜、糖蒜,等等,颜色多,味道鲜,佐以拌面,香美至极。二荤铺贴近了寻常百姓,为他们就近安排了吃着顺口、热乎、美味、还便宜的家常饭。

别看二荤铺档次不高，它也照样出名，挂在名人雅士的嘴头上。

20世纪80年代，天津文物收藏家张叔诚先生来到北京，一来是应邀参加文化部在故宫为他和周叔弢先生举办的捐献珍贵文物藏品展，二来是看望他的女儿张茂滢女士和女婿金友之先生（溥仪四弟）。一天中午，在交道口康乐餐厅二楼吃镇店名菜"桃花泛（饭）"。他告诉我，当年"康乐"也和"谭家菜"一样，是私家的小餐馆，厅室不大，只一两桌，但布置得很静雅，要提前预订。主人亲自主厨，菜做得很精致，主客相聚，气氛融洽，完全没有街面饭馆的喧闹，像家一样，京城名贵都喜欢来这样的餐厅。还有"灶温"，我每次到隆福寺逛庙会，都忘不了去"灶温"吃一碗那里的烂肉面。说到这儿，他停箸拢住了话头，两眼望着窗外，若有所思，有顷，慢慢地说了句："真好啊！"

我一直很惊异张老吃过那么多南北大菜，出入高档酒楼饭庄，何以对一个二荤铺的"烂肉面"如此恋念呢？

后来，金友之老师跟我讲起了"灶温"的身世。

清嘉庆年间，有个姓温的山西人在东城隆福寺街开

恩元居

民国初年,穆氏母女在虎坊桥北经营个小面馆。她们把剩下的面条重和,切成小疙瘩煮熟晾干,拌上青菜、肉丁炒熟,一道主副食搭配的"炒疙瘩"便在不经意间诞生了。后来恩元居继承了手艺,专营炒疙瘩和清真菜,食客纷至,美味远播。

大酒缸

　　就是酒馆儿。其标志是埋在地里半截儿的大酒缸。大缸盖就是桌面，分成两半儿的，后半板儿不动，前半板儿打酒。

灌肠铺

　　灌肠儿是北京著名传统小吃,早先常有挑担小贩叫卖。"粉灌猪肠要炸焦,铲铛筷碟一肩挑,特殊风味儿童买,穿过斜阳巷几条。"食用时,用肠油将灌肠儿煎至脆嫩,浇上浓香的蒜汁儿,香脆可口,欲罢不能。京城常有专营此小吃的灌肠铺。

茶叶店

　　老北京人喜喝茶,尤喜茉莉花茶(香片)。早年经营茶叶生意的多为安徽人,前店后厂,自采自制。老字号有吴裕泰、吴肇祥、张一元等名店。

茶食店

　　茶食也叫奶食，是佐以奶茶的小食品。北京历经辽、金、元、清四个马背民族统治者的统治，融入了很多草原游牧民族的习俗。如习惯食用奶茶、奶酪、奶点心（奶饽饽）等。

书茶馆

　　老北京茶馆很多,分布也很广,大小不拘,档次不等,是过去北京平民的公共场所。有的茶馆,还请说评书、唱大鼓书的来定时演出,以招徕顾客。这类的茶馆名为书茶馆。

广和楼

　　位于肉市，与全聚德为邻，是北京现存的最老的戏园子，始于明代查家花园，后改为茶园、茶楼、戏园、剧场。一部京剧史，多少名伶传，广和有知。

广德楼

在大栅栏西口路北。始建于光绪年间。当年程长庚、余三胜、梅巧玲等"同光十三绝"好佬都曾在此演出。剧场与广和楼相仿,有"东广""西广"之称。后改名前门小剧场,专演曲艺。今复名,重新开张。

哈尔飞大戏院

　　在西单路口西北侧。原为奉天会馆,后建剧场对外营业。原想起个洋名"happy",即"快乐"的意思,不想登广告时,误为"halpy",成了"哈尔飞"。新中国成立后改名西单剧场。今拆除。

戏园内景

过去老戏园子的舞台是方的，三面见观众。后来学了西洋舞台，有突出半月形和画框形两种。半月形倾向观众，表演展示区较大。现在多为画框形，起到间隔作用。图中剧场为半月形，当时很流行，如长安大戏院、华乐戏园、开明戏院等。

三庆园

在大栅栏中间路南。建于清晚期。当年谭鑫培、路三宝、贾洪林、余玉琴等名角在此演出。后来改作仓库、职工食堂等。今已复建,重新开张。

妙峰山金顶

门头沟妙峰山金顶建有"天仙碧霞元君庙",始建于明崇祯年间,老百姓直呼"娘娘庙"。每年阴历四月初一到十五举办庙会(香会),沿路搭棚施舍,各路花会边走边演,热闹非凡。娘娘庙毁于抗日战争期间,1986年门头沟政府投资重建。

燕京大学

　　北京大学的前身是创建于1898年的京师大学堂。1912年改名北京大学,后建立沙滩红楼校址。1952年院系调整,北京大学迁入燕京大学在海淀的燕园校址。燕园内湖光塔影、杨柳依依,学校中包含勺园、朗润园、蔚秀园、畅春园等明清名园的遗址,是一处风光旖旎、古迹处处、举世闻名的学园。

了个小杂货铺，本小利微，卖些针头线脑、油盐酱醋什么的，方便邻里，没多大赚儿，但能维持。光绪末年，小杂货铺传到温思洪手上。他寻思开了，隆福寺与护国寺自打明朝以来就是皇家的东、西两座大庙，每月逢一、二、九、十开市，一个月有十二天庙会，北京城的百姓蜂拥而至，看杂耍，买日用品，连玩儿带采购，其乐融融。还有一宗，隆福寺街是京城著名的文化街，古玩店、古书店一家挨一家，就连皇亲国戚、官宦士绅都赶到这儿淘换古玩、古书、小玩意儿，守着这么一条闹市旺街，何不把细水长流的小杂货铺改成人来人往的二荤铺呢？

温思洪想到点儿上了。庙会不是一时半会儿就能逛完的，逛饿了怎么办？有钱的讲究主儿，可以走进街面上的福全馆，吃一顿纯正的鲁菜大餐，要不就去街上的白魁老号品品味儿正、馋人的烧羊肉。要是图省事又便宜呢，那就买半斤烙饼，找个豆汁儿摊儿坐下，来碗烫心的热豆汁，干稀搭配，咸菜白吃，管够。如果又想吃着顺口随心，又花不了几个钱，那就只有去二荤铺了。

温思洪占了隆福寺的"地利"，但他不忘追求"人和"。除了笑脸相迎、服务周到以外，最要紧的是经营的货品做到物美价廉，让顾客货比三家之后，认准"就是这家好"。

温思洪在经营饭菜的品种、质量、分量上下足了功夫。因而，小饭铺一开张，就成了隆福寺街的一景。不少人先是图新鲜，进来尝尝，一碗烂肉面不单量足、肉多、味儿浓、汤汁儿香腻，而且价钱也比市面儿上便宜两成。炒菜也好，预备得齐全，炒得色香味俱佳，比如烧茄子、熘饹馇、摊黄菜、炒蒜苗……做得地道，价钱却不高。也有拿来半斤干烙饼请烩烩的，不承想做得的那碗烩饼，油汪汪的香气扑鼻，还漂着几叶嫩绿的青蒜。就有从白魁老店买来半斤鲜羊肉，小伙计拿进厨房，不一刻，换回一盘满屋子飘香的炮羊肉。真是"人叫人千声不语，货叫人点手自来"。一时，逛隆福寺的人，又多了个"节目"：中午到街里的二荤铺吃饭。小饭铺从早到晚，搭了连桌，哪儿还有时有晌？

温思洪嘱咐伙计，无论多忙多累都不许怠慢顾客，每个进门的客人都是财神爷，就是一个大子儿（一毛钱）的买卖，也要实心实意地做好，让客人满意。许多权贵名门的下人们，赶车的、跟班的、老妈子、使唤丫头，都乐意跟着主子逛东庙，为的是趁主子摆宴的工夫，来这儿吃碗烂肉面。主子听说后，觉着新鲜，也赶过来凑热闹。哪想，这味儿果然比馆子里的味儿强。再看那一屋子笑逐颜开的食客，哪有贫富贵贱之分，在热气腾腾中，笑语声声，其乐融融，心里那个痛快！这使人想到，老北京人常说的那句"肉烂在锅里"，或许能破解某些人在名利面前分斤掰两的狭隘心态。

说起"烂肉面",绝非是把"烂肉"一锅烩,然后随便地浇在一碗煮好的面条里。看似名声不高,价格也很低的一碗面,却讲究精湛的手艺和精细的用料。烂肉面属卤面,高汤打卤,少不了黄花、木耳、香菇、口蘑、玉兰片,材料纯正,一丝不苟,只是这些作料比较零碎,不似正宗肉片打卤面那么整齐好看。用的肉是炖烂了的拆骨肉,较比肉片、肉丝香味儿更足。面条是现吃现抻,一锅顶着一锅煮,不混汤,不坨面,面条一根是一根,利利爽爽。烂肉面的神来之笔是那一碟儿烂蒜,猛烈的蒜香掺进浓厚的肉卤香,再加点儿山西老陈醋,那浓香的味儿刺激得胃口顿时大开,恨不得风卷残云,一口吞进。因而烂肉面成了小饭铺的当家菜。

食客们进进出出,却谁都没注意这个二荤铺没挂牌匾,也没起个字号。

有人想起,天寒地冻的"三九"天,小饭铺门前那个煮面条的大土炉子周围总是围着一群披着报纸、水泥袋的叫花子。一问才知道,落灯晚的时候,温思洪不让伙计把炉火封得太死,留下余火,给无家露宿的人围炉取暖。于是有所悟:掌柜的姓温,待客如春,余火暖人,小饭铺的字号有了,就叫"灶温"吧!

于是,街面上流行起一首民谣:

隆福寺街说灶温，烂面白细卤汁醇；

后堂以内刀勺响，食客都是一般人。

五、从"东来顺"粥摊儿，到赫赫清真馆

遍观今天北京保存下来的老字号，大多创建于两个高潮时期：一个是清初康雍乾时期，一个是清末民初时期。这两个时期都是动荡过后，百业待兴，市场活跃，社会需求旺盛，各界民众急于改变现状的时候。手头有一本侯式亨先生编著的《北京老字号》，书中罗列了饭馆、商店、食品店、文物店、书店、剧场、药店等142家老字号，其中清初、中期创业的有65家，占45.77%；民国初期以后创业的有52家，占36.62%，另有25家开业时间不明。当然这不是一个完整的记录，"老字号"的确定也没有严格的标准。它是群众体验后的认可，而不是皇封御赐、官面批准的。

打开乾隆年间潘荣陛所著的《帝京岁时纪胜》，书里提到的"老字号"就有同仁堂药店、聚兰斋糕点铺、花汉冲香料店、王麻子钢针店等几十个。到了清末民初，关于"老字号"的记载就更多了，其中有同仁堂、六必居、东来顺、瑞蚨祥、全聚德、同陞和、内联陞、通三益、烤肉季、砂锅居、鸿宾楼、天兴居、月盛斋、天福号、荣宝斋、一得阁、青山居、宝文堂、商务印书馆、广和楼、广

德楼、中和园、同乐轩等。老字号的行业包括衣食住行、吃喝玩乐、读书看病。许多名店传袭至今，依然得到广大顾客的许可和信赖。

百年沧桑，世态多变，这些老字号的经久不衰，包含着多少成功的奥秘呢？

"花儿离不开水，瓜儿离不开秧"，北京的"老字号"自然离不开养育它成名立业的老北京和各个阶层的北京人。

说一个"东来顺"的故事，或可从中"品"出一些老字号发迹成功的道理。

"东来顺粥摊"是丁德山左思右想，费了很多心思给自己的这个小粥摊取的字号。他先呈报官面，得到许可，这才把"字号"牌子，挂到东安市场北门里靠东的小粥棚子上。

丁德山是回族人，号子青，排行老大，二弟德富，三弟德贵，老家是离北京不远的河北沧州。老爷子早先跑到北京城摆小摊、做小买卖，什么都干，全家住在东直门外二里庄，破瓦寒窑。三个儿子除了有把子力气，什么都没有，靠挖黄土拉到城里卖给盖房、和煤的人家，挣俩小钱为生。日子过得艰难，苦。

丁德山不认命，他好琢磨，整天卖力气拉黄土能挣多少钱？别说成家娶媳妇，就连养家糊口都难。他进城走街串巷处处观察，瞄上了王府井。

光绪二十九年（1903），丁德山向亲友借了一辆手推车、一条大板凳和一张案板，又向本家丁记鸭店借了几块钱，来到刚刚摆摊开业的东安市场。靠着他好交际，在管理市场的太监魏延的帮助下，他在离北门不远的东边摆了个小饭摊。

那时候东安市场是蔬菜鱼肉杂货市场，露天地儿，顾客都是平头百姓，要不就是给大宅门做饭的厨子。丁德山本钱少，卖的吃食既物美价廉，又投其所好。他卖的熟杂面和荞麦面扒糕，口味好、分量足，加上饭摊拾掇得干净利落，叫人看着顺眼，吃着放心，很受顾客欢迎。

本小利就小，再受欢迎的小饭摊又能挣多少钱？丁德山不怕苦，他除了在东安市场摆摊外，还守时守刻地到四九城各处赶庙会。春节前后，厂甸最热闹，他提前赶到，为的是抢占个好的地界，晚上就在北风大雪中睡在摊上，保住厂甸这半个来月的好收入。

他留神顾客的需求，摊上增添了卖力气人爱吃的棒子面贴饼子和热腾腾的粳米粥。添了新吃食，摊位也有所改善。他用积蓄下来的钱，在原摊位盖了个棚子，挂上了"东来顺粥摊"的招牌。取这个字号，他可没少费心思。他想，东安市场在东华门外，属内城的东城；他住在东直门外二里庄，也是东。这一连串的"东"，搭上"旭日东升""紫气东来"的大吉大利,他认为这是他顺利立业的根源。他很看重为人处世、开张做买卖的"顺"字,顺时、顺心、顺地界、顺市场、顺顾客、顺官面、顺家人、顺亲友……一切都顺,"买卖"就顺,就必然"财源茂盛达三江"。"顺"这个字,是丁德山一辈子信奉和追求的目标。所以他起名"东来顺"。

俗话:"人生不顺,十之八九。"丁德山一心求顺,时势却偏偏不顺。1912年1月29日晚,曹锟的军队大抢大烧王府井的东安市场,丁德山的小粥棚灰飞烟灭。为了求顺,他心不灰、意不冷,照样不认命,求亲告友,终于在好友广兴木厂张掌柜的帮助下,赊垫材料和工钱,在焚毁的废墟上,盖了几间灰瓦房,比原来的小棚子阔绰多了。

东来顺经过粥摊、粥棚,进场又进座,这才建成了清真饭馆。1914年,新开张的东来顺增添了当时北京城最时兴的"爆、烤、涮羊肉",正式更名"东来顺羊肉馆"。

木炭铜火锅的涮羊肉,是北京城冬季非常流行的食品。它融酒、肉、菜、面、汤于一锅,既合于冬日进补、暖胃、发汗的养生原理,又合于亲友师生间聚餐嘘寒问暖、共叙亲情、交流念想的生活方式,深受上自宫廷帝后、王公大臣,下至士农工商、平头百姓的欢迎,是一种简繁适当、调和余地宽广的餐饮方式。丁德山把家家能做的涮羊肉,完善成为东来顺的当家品牌菜,自有其一番超人的见识和做法。

首先,涮用的羊肉质量必上好,一涮即熟,鲜嫩可口,有入口即化的口感。丁德山每到秋季出德胜门,到马甸的羊店选购内蒙古集宁地区的大尾巴绵羊,只选二至三年阉过的公羊,或仅产过一胎的母羊。然后把羊赶到东直门外他买的大片饲养地,交给租地的佃农饲养。他只供饲料,以羊粪代工钱。赶到冬季羊肥了,涮锅该上桌了,正好屠宰上市。

涮锅用肉只有羊身上的"上脑""三岔""黄瓜条"等几个部位的肉鲜嫩可用,价格自然定得高。剩下的羊肉供应本店的"大板凳",用不了的卖给一般的羊肉床子。这样一专多用,售价不同,不仅保证了涮肉的质量上乘,超过市面上的同行,为自己赢得美名,而且合理用肉,按质论价,获得的利润比囫囵吞地卖整羊要丰厚得多,可谓名利双收。

早年北京人吃涮羊肉,总是到前门外五牌楼把口的正阳楼饭庄。那里大师傅的刀功特别好,剔肉干净利索,切肉薄如纱巾。一盘精薄的羊肉片铺在青花盘上,透过红白相间的羊肉片可以分明地看见盘底的花纹背景。丁德山想方设法结识了这位厨师,用重金聘到了东来顺。

肉好,刀工好,更要涮肉的作料好。从某种意义上说,吃涮羊肉,吃的是作料。早先东来顺用的油盐酱醋和涮肉作料,都是从对门百年老店天义成酱园进的货。这家老字号酱园的小菜早在清咸丰年间就被宫内的御膳房选用,传说慈禧就特别爱吃天义成的桂花甜熟疙瘩。它与六必居、天源齐名,被誉为"京城三大酱园"之一。

惺惺惜惺惺。丁德山早就敬佩天义成的精工细做,把小菜做得丝丝入扣,质高味永。两家合作一直很好,后来天义成资金周转不灵,丁德山就势把买卖盘了过来,自任经理,改名"天义顺",与东来顺成了一"顺"到底的联手店。这样一来,东来顺更有利了:副食调料不用外购,既省了中间商盘剥,又保证了质量;门对门相互照应,管理方便;地处繁华,商机无限,利润源源而来。

丁德山接手天义顺酱园后,对酱菜的制作要求更加精细。比如特制的铺淋酱油,要在黄酱汁中调入适量的甘草、桂皮、冰糖;腌制的韭菜花,要加入适量的酸梨,使味道酸甜可口;腌制的桂花糖蒜,产地、个头、瓣数、起蒜时间都有严格要求,经过去皮、盐卤水泡、装坛倒坛、放气等工序,前后要三个月,检验合格才能出售。东来顺的涮肉作料,样样考究,口味鲜美,无人能比。这是他创品牌、立基业赢得市场声誉的原因之一。

此后,他又开办了永昌顺酱园和打造铜铁炊具的长兴铁铺,用以随时改进涮羊肉的铜火锅,加大火力,肉片入锅即熟。丁德山把东来顺当作"联合舰队"来经营。他把平平常常的涮羊肉分时分段地化解,逐一剖析,追求全系统过程中每个环节的高质量,坚持不懈,十分难能可贵。

这足见丁德山的智慧、魄力和能力。

1923年,他把瓦房改建成楼房;1928年,他又购置了邻近一家太平洋烟行的铺面房,扩建成三层楼房,不久又买过邻近的一小块店基,扩建了东楼南部。营业仍是以涮羊肉为主,同时增添了山珍海味,并可包办清真教席的大型宴会。这样上下三层楼房能同时接待四五百人,成为北京城内的大饭庄之一。

夏天是涮羊肉的淡季。东来顺根据逛东安市场众多游客的需要,增添了杏仁豆腐、豌豆黄、冰激凌等小吃。端午节上江米粽子,春节前后是江米年糕、元宵。应时当令,常换常新,总有吸引顾客的食品,生意长年兴隆。

东来顺的"大板凳"令人难忘。至今,许多老人在赞美它的涮羊肉的同时,更钟情它的物美价廉,一心为贫苦人着想的"大板凳"食品。

丁德山发了,可他没忘起家时粥摊的老朋友、老顾客。

一条大板凳,一张大案子,没身份,没等级,坐下来就吃,吃完结账,专门供应大众经济饭菜:斤饼斤面分量足,口味香;饺子馅饼肉多油大;大碗实惠的杂面条;小盘的醋熘白菜、炒疙瘩丝、炒豆酱、羊杂碎……管保花钱不多,吃饱吃好。"大板凳"不但吸引了拉车的、盖房的、扛大个儿的、做小买卖的劳动大众,也吸引了家在外地、人在附近念书的大中学生。后来新楼建成后,丁德山仍然在楼下的东厅,刻意保留了可容百人同时就餐的"大板凳",这在北京有名的大饭庄中是绝无仅有的。

1931年,老作家张中行先生考进位于沙滩的北京大学国文系。讲到吃,他回忆说:

> 那时候总是往东安市场,因为离得近,还可以买其他用品。东安市场饭馆不少,高档次的有森隆、五芳斋,低档次的有春元楼、俊山馆等,中等偏上有润明楼和东来顺(回教)……最常走进的是东来顺,它生意做得活,比如也可以不改善,吃羊肉饺子二十个,八分,加小米粥一碗,一分,共一角就解决了问题。稍提高,可以吃羊肉馅饼或牛肉肉饼,都味道很好。再提高,三四个人,登楼,还想喝几两,下酒之菜,经常是酥鱼、酱腱子各一盘,价都是一角六分。料上等,工细致,所以味道绝美,现在是价提高百倍也做不到那样了。还有绝种的是几分钱一碗的酸辣汤(内有鸡血条和豆腐条)和不要钱的高汤(上好的是鸡鸭汤上撒豆苗),有时真想喝几口,就不禁有广陵散之叹。

(张中行《流年碎影》)

中行老人的陈年回忆,清晰亲切,情意缱绻。感叹今日美味不永，愈显往昔"东来顺人"孜孜以求的可贵。细细想来，东安市场的动人光彩，不也正是像东来顺这样一些"老字号"，以它们自强不息的点点星光汇聚而成的吗？

丁德山东来顺的美梦成真了，而且越来越美，梦也越做越大。一直到今天，由正阳楼、东来顺等名店带起来的"涮羊肉"，不仅是京城冬令必备的美食佳肴，而且全年风行，全国风行，乃至流传国外。

问题来了，用铜锅烧水煮肉、煮菜，在我国有一千四五百年的历史，何以涮羊肉存古翻新，把它变成今天上自国宴、下自家宴的一份珍馐美味呢？丁德山们功不可没。他们精耕细作，开发了我国饮食文化的一隅园地，四季常青。细想，一个卖黄土的穷苦人，不甘受苦，用智慧和毅力，在纷纷扰扰的市场中，竟能找到自己的最佳位置；而后锲而不舍地打造产品，精益求精，触类旁通，开发体系，在不断提高饭馆档次的同时，竟能够还想着中层、底层的消费者，珍惜饭店字号的声誉，在那个时代，丁德山也算是难能可贵了。

六、东兴楼成事在人

早年，北京的高档饭馆有"八大楼"之说，它们是东兴楼、会元楼、万德楼、鸿兴楼、富源楼、庆云楼、安福楼、悦宾楼。其中东兴楼以它的位置极佳、环境高雅、菜肴鲜美和服务到位,居"八大楼"之首。

东兴楼原来在东城东安门大街路北,它的西头是王公大臣上下朝的东华门,东面紧邻着王府井的东安市场,来往皆权贵,挥手掷万金。本来东安门大街就是宫里的太监、朝里的大臣和住在附近大宅门阔佬就近消遣、购物的所在地,东兴楼适其所需,正好提供了一处朝罢小憩、吃点心用餐、议事密谈的所在。

光绪二十八年(1902),庚子乱后,人心思安。宫里有个管图书的小官,人称"书刘",他出资两万两白银,一个姓何的出资一万两白银,合股开了这座山东风味的饭庄,取名"东兴楼"。本打算真盖楼,可紧挨着皇宫,周围又都是权贵,不同意,楼就没盖成,空留下"楼"的名声,直到后来才在街对面盖起1500平方米的楼房:"东兴楼礼堂"。街北老店的店址原本是个占地1000平方米、四面出廊子的大四合院,宽敞、高雅、气派、合用。

条件好,不等于买卖好;资金多,也不等于买卖好。成事在人,还要靠明白人去经营调理。东兴楼的东家用对了人,从一开业就礼聘邵英臣、安树塘两位当经理。邵英臣年迈,实际是安树塘掌管东兴楼内外的一切。

那时候,京城的餐饮业是鲁菜当家。鲁菜又分济南、福山两派。东兴楼的店伙都是福山人,烹制出的菜肴讲究清、鲜、爽、嫩、滑,能做到油而不腻,很适合一般人的口味。安树塘首先抓菜肴的特色和质量,一丝不苟,环环相扣。他要求采购人员必须识货懂货,选料正宗,品质要好;贵重的原料,如燕窝、鱼翅等,要先取小样给经理看,然后再决定进货。他把掌灶的厨师按技术水平分成"头火""二火""三火""四火"四个档次。高档菜必由"头火"当灶主厨;即便是做汤菜的"四火",也要有十几年的经验。这样做出的菜,怎么能不盘盘精彩?

安树塘知道,菜肴的质量还要靠店堂的服务质量来保证。过去"勤行"(饭馆业)留下一句经验之谈,叫"买卖好不好,全看堂柜厨"。堂倌,跑堂的;钱柜,账房先生;厨房,当灶的大师傅。这三个岗位从前到后、从里到外支撑起饭馆的大楼,哪环脱了节都得断链子!有一回,顾客要了盘烧茄子,菜上晚了,安树塘一看,颜色"老了",立刻叫厨房重做,并向顾客道歉。看起来这只是一客低价的家常菜,晚点儿上没什么关系,可安树塘不这么看。一盘菜值不了多少钱,可它的背后是东兴楼的信誉,是顾客吃到嘴里、留到心里的印象。是非公道,自在人心,一点儿也不能马虎。

东兴楼的店规挺严。店员上班时间不准擅离岗位,不准会友,不准说笑打闹。该严的地方,要严;该宽的地方,也要宽。这叫"宽严并济"。什么叫"宽"呢?东兴楼的骨干员工都享有人力股的优厚待遇,年底按股分红。一般员工年终也有一份回赠,总有一百五六十两银子的收入。店员高兴地说:"吃了东兴楼,娶个媳妇不发愁。"

安树塘以身作则,待人接物十分谨慎。他很注意处理各方面的关系,碰见堂口和厨房的师傅,总是率先打招呼、道辛苦。逢年过节,他不让下边人给他拜年,却亲自到老师傅家登门祝福。在店内他是说话算话的掌柜的,却从不摆架子、搞特殊。出门办私事自付车钱。他总管着东兴楼饭庄、福兴楼饭馆、东兴裕银局三处买卖,责任重大,却只拿东兴楼一份工资。平时吃饭也和店员在一起,从不吃独食,从不叫别人侍候他。东兴楼三个买卖二百多员工,提起安树塘,没有不挑大拇哥的。他服众,众才服他,上下才一体。有这样的掌柜的,带出的员工,错得了吗?买卖能不兴隆吗?

1926年北京《晨报》载文:

东兴楼地居东城,规模极大,且座位整理极清洁,故外人之欲尝中土风味者,率趋之。菜以糟蒸鸭肝、乌鱼蛋、酱制中段、锅贴鱼、芙蓉鸡片、奶子山药泥为著名。而整席之菜虽十数桌,亦不草率,均巨客咸乐用之。

1932年安树塘病逝,他儿子安耀东接班当了掌柜的。他虽然在东兴楼当过学徒,可出了师,仗着老子是掌柜的,就游手好闲不学好,全不像他老爹。接班后,他让好多人侍候他一个人：有拉车的、养花的、养鸟的、养鸽子的、养蝈蝈的。他抽大烟，很晚吃饭，让厨房单给他做菜，一不如意就大骂厨师，把菜倒到痰桶里。老员工看不过去，他就指桑骂槐，把老骨干都挤兑走，然后把小老婆的俩哥哥安排在东兴楼和福兴楼。被气走的二掌柜吕洪涛和堂头马寿山，1935年靠老顾客集资在八面槽开创了萃华楼饭庄，接续东兴楼的老传统。一时人人自危的东兴楼员工，纷纷加入萃华楼，不久东兴楼人去楼空。

"庙还是那座庙，可神不是那个神了。"一座有模有样的东兴楼，被浪荡子安耀东彻底败了家。1944年9月，辉煌四十多年的东兴楼歇业。所幸萃华楼接了班，东兴再起。到今天，人们还能在回味糟香、鱼鲜胶东菜的同时，腾出工夫，细细咂摸东兴楼"成事在人"的真谛吗？

七、春节家宴说"和气"

20世纪50年代，我在北京大学中文系学习，兼做留学生辅导员工作。那时过春节，学校留学生办公室建议有条件的中国同学请留学生到家里吃顿饺子，感受一下中国人过春节合家团圆的欢乐气氛。我邀请了我所辅导的民主德国以及罗马尼亚、匈牙利的四位女同学正月初三到我家吃饭。她们特别高兴地接受了邀请。

父亲年轻时当过厨师，听说留学生来家吃饭自然很高兴,好在每年过春节都早早蒸好一缸馒头、豆包、花卷,随吃随熥;还准备下八大碗蒸菜、初加工的鱼肉和时新果蔬,来客如常,不用特别准备。

下午,我到前门把她们接进孝达胡同的家。一进堂屋,她们就为眼前的陈设"哇"了一声。从前过年这半个月,家里都要在堂屋上供烧香。这不是迷信神佛,而是营造红火的节日气氛,安排一处祈求来年幸福、寄托希望的所在。这个所在就布置在堂屋正中的一桌两椅和长条案上:条案正中,墙面上高悬水印木刻天地祃,画面上神佛聚会,姿态各异,唯有佛面贴金,熠熠生辉,尤显天宫诸神的威武庄严;条案上摆着一堂(五尊)二尺多高的蜜供,罩着剪纸红网;紧靠条案的八仙桌上摆着白铜五供(香炉一、蜡扦二、香筒二)和什锦糕点、水果;每个供盘的供品上都插有一支绢面棉芯彩绘的八仙人以及"福禄寿喜"的绢字;桌椅都披着红缎苏绣的外罩,越发红火热烈。锦绣林立,果香扑鼻,烛影摇红,香烟缭绕,喜气洋洋。这个场面让四位洋姑娘看过来、看过去,惊喜得不知说什么好了。

晚宴有六个凉碟(芥末墩儿、肉皮冻儿、姜丝儿松花、油炸花生米、素什锦、金糕梨丝拌白菜心儿)、四道热菜(过油肉、干烧鱼、黄焖栗子鸡、拔丝土豆)、四碗蒸菜(四喜丸子、喇嘛肉、米粉肉、清蒸麻鸭)、一道什锦火锅,最后是过年必吃的香菜排叉素馅饺子。这顿年饭直吃得几位洋姑娘不住地说明天要"绝食"了。她们特别爱吃父亲加赠的一道马蹄火烧夹烧肉，称赞中国烹饪真神奇，怎么平平常常的菜蔬鱼肉到了中国厨师的手里，就能像魔术一样"变"出这么多又好看又好吃的美味！

饭后，大家喝着经过双窨的茉莉花茶，听父亲细说。父亲说，买卖人常说"和气生财"，"和气"是不是就指点头哈腰满脸赔笑呢？不是，和气里面包含着许多学问。比如顾客一进门，就要揣测他是来闲逛呢，还是专门来买东西，得花心思去琢磨；而后是按照顾客的需要提供对路的产品。买卖成交了，双方都挺满意，下次再来，这才叫"和气生财"。"和"应该是一个彼此满意的结局。其实，人生天地间，细一想，做什么事，都有个彼此的关系。处理彼此关系，适可而止，以和为贵，包括炒菜做饭都离不开"和气"二字。

就说饺子吧，看似简单的"馅儿活"，五道工序：和面、擀皮、调馅儿、包拢、下锅（蒸、煮、炸、烫、烙、贴任选其一），每道工序不单要"和"得适度，而且要美、好看、是样儿。能把一个"和"字把握住，再添上美观，就能把饺子做出多少种花样儿，多少种口味，有多少种说道。这就是为什么中国人过春节、结婚入洞房、季节变换、迎接亲友，都把饺子当作必吃的吉祥食品。

多年来父亲在经商之余，把做菜当成一种调剂，琢磨着把山西老家的风味菜与北京的家常菜"和"出一个新的吃法来。比如,他改造了家里的炉灶,用来烤制马蹄形的火烧,醇香酥脆,远胜家乡的太谷饼与京城的焖炉烧饼。他独创的烧肉,肥而不腻,鲜香适口,夹在马蹄火烧里,更是把肉香、面香、油香、作料香"和"成妙不可言的醇香。

五十年后,我和老伴在柏林见到当年的德国老同学,她依然忘不了那顿丰盛的年饭和父亲"和气生财"的开讲。昔日场景历历在目,昔日菜香难以忘怀。

第七章　老茶馆，另一个"家"

老北京的老茶馆早就没了，没得无踪无影，连个地名也看不出来了。多亏老舍先生和北京人民艺术剧院的艺术家们又把《茶馆》搬了回来，搬得那么真实贴切、活灵活现。从此，一代代中国的、外国的观众知道了"茶馆"这个词儿，还可以坐在剧场里，观赏北京早年间的大茶馆和大茶馆里发生的事儿。五十多年的大茶馆，五十多年的老北京，那时候的中国呀……

说起茶馆，老北京人太熟悉了，就像胡同拐角的井窝子，街道边的油盐店，老的、少的、穷的、富的、忙的、闲的都短不了去趟茶馆，或者沏一壶花茶闲坐耗时候，或者找人合计事寻个事由儿，要不就在落灯晚的时候，选个地儿，安安稳稳地焖壶茶，听王杰魁说《包公案》："话说南侠展熊飞……"

茶馆，就这样子成了老北京人家外的另一个"家"。

一、北京人的茶缘

北京人有人缘，更有茶缘，一天也离不开茶。

俗话说："开门七件事，柴米油盐酱醋茶。"这当中，茶排第七，讨了个末位。可在实际生活中，茶却排第一：那时候，清晨起，北京人最要紧的一件事是忙着用水氽儿杵到火眼儿里做开水，沏茶，让茉莉花香充盈卧室，而后滚进喉咙，清除口鼻间、脏腑内的秽气，精神为之一振，获得"一日之计在于晨"的美妙感觉。茶罢，才接着洗漱，进餐。自此，花茶终日相伴，不离左右，直到晚上卧床安眠，也还要在炕头儿摆上一小壶茶，以应夜半口干不时之需。

北京人为什么这么贪恋茉莉花茶呢？

首先是秉承了老祖宗留下的嗜好。

古书上说，中国人喝茶有四千多年的历史。遥想当年，咱们的老祖宗神农氏，为了给他的子民找吃的，栉风沐雨，"亲尝百草，日遇七十二毒，得茶而解之"。如果那时候不是茶叶救了神农氏的命，咱们这个民族的历史还真不知道该怎么写了。

追寻根源，"茶"这个字在东汉许慎的《说文解字》中，写作"荼"（音图），比"茶"多一笔。唐代时，饮茶之风从宫廷漫及民间，成为生活必不可少之事。饮茶不单是为了解渴,而且功能大增,茶可以辅之于礼、于乐、于艺,乃至于道,就连儒释道三家也从饮茶中悟出本义,加以阐发成道。四千年来,中华民族以茶为"国饮",不断地蓄入聪明才智,使之内涵日益广厚,形成独具风采的"茶文化"。

大唐鼎盛时期,有个奇人叫陆羽,出过家,演过戏,还擅长文物鉴定,他结合自己长期的考察实践,写了一部三卷的《茶经》。书中从十个方面精辟地论述了茶的质地、采集、用水、烹制、器皿、饮法、逸事等内容,见解独到,是世界上第一部论茶的专著。《茶经》还为茶字正了名,从此茶、荼分家,荼只用作一种野菜的名字。

陆羽是湖北天门人,他考察的茶山、清泉都是在南方。因此,他说:"茶者,南方之佳木也。"北京在北方,可以想见,作为幽燕地区的北京百姓,要尝得一盅地道的南方香茗,是何等困难,更不要说品尝到优质的明前珍品了。直到今天,南茶北运依然是南北经济贸易的主项之一,北京人要想喝到好茶,还要靠江浙、福建、云南等地的适时珍品。

北京地区处在南与北、汉与胡、农耕文明与畜牧文明的交会点,民俗民风多样。自古以来,这里虽然时有战事纷争,但更多的时候各民族为保生存,尚能和平共处,互相尊重,各自的茶事就显得纷繁多样。这也体现了北京文化兼容并蓄的特点。

比如,北京曾是辽金元明清五朝的帝都,其中辽金元清四朝的统治者,都是来自荒漠草原的游牧民族。他们平日以肉食为主,很少吃到菜,每日必食酥油茶或奶茶,奶中掺入大量砖茶,烹煮而饮。这样既能充饥解渴,又能克食助消化。他们采用的茶砖、茶饼、沱茶等发酵性茶叶都是固体状,便于保存,方便携带,适合他们逐水草而居的生活习惯。而久居或流入北京地区的汉人,仍保留着饮用清茶的习惯。尽管时过境迁,南方的绿茶又不易到手,他们便就地取材,用鲜嫩的枣树、榆树等可食的树叶,手炒烘干,而后掺入茉莉花瓣窨之。那味道虽不及纯正的茉莉花茶,却多了一股村野之香,引发人们思乡深情。由于茉莉花茶香郁持久,芬芳可人,不求叶片鲜嫩,只求长窨味永,易于保存;使用时,只需滚水冲泡,即可充室飘香,很适合京城各色人等的共同要求,渐渐成了北京人习惯的茶品。当然,花茶也有三六九等,适应不同档次的人选用,但少不了的依旧是一个"香"字。

北京人离不开喝茶,还因为气候干旱所致。

北京地处华北平原与太行山脉、燕山山脉交接部位,倚山望海,四季分明,属暖温带半湿润半干旱季风型大陆性气候。春季,气温回升快,昼夜温差大,忽冷忽热,时有大风扬沙,降水少,季节短暂。夏季,炎热多雨,降水集中,易发生洪水和雹灾。秋季,风和日丽,晴朗少雨,但只有五十几天。冬季,寒冷多风,干燥少雪,长达五个半月。加之人口集中于市区，城市热岛效应突出，城区与郊区温差较大。

为了适应多风沙、少雨雪、冷热分明的自然环境，北京人把每日的饮茶进水作为一种调节手段，维护生理和社会活动的需求，渐而上升为一种文化需求。

北京人嗜好喝茶，还有另一层城市性质和结构的内因。

北京从唐宋时期的军事重镇幽州，到成为辽的陪都南京，是一个重要的转折。继而成为金中都、元大都、明清帝都，政治地位不断上升，终于成为全中国的政治中心。随着北京政治地位的逐步转换，带来的是城市功能与居民成分的更替变化。昔日的边塞战场和边界贸易，人们来去匆匆，生活求简，办事求速，无暇在茶事上费工夫。即便辽金、宋金政治交往时，也是沿袭着宋朝的茶事习惯，未成时尚。

明代北京，上自皇帝下到臣民都是大量从龙北上的南方人，加之开放科举、迁徙移民充实京城，北京居民中南方人数量日益增加，而且士绅比重加大，生活品位和时尚追求有了很大的改变，饮茶的礼仪和环境就比单纯的饮茶更讲究，更重要了。一些文人学士，基于对现实不满，又无能为力，遁入逃避现实，以茶雅志、以茶砥名、以茶砺节，把志向情趣全沉浸在一壶清悠的茶香中……

清人入关，顺治帝在北京即位，为了稳定初建的王朝，北京城实行满汉分住：拱守紫禁城的内城统由八旗官兵家属分片居住看守；而原来在内城居住的汉人，一律迁到外城。这就出现了内城旗民上自王公、贝勒、贝子等宗室贵胄及八旗显宦、官吏，下至八旗士兵、家眷，都是为皇上当差服役，有固定的俸禄薪饷，生活富裕，常年过着"衣来伸手，饭来张口"的日子。他们养尊处优，尤其好脸面，事事摆谱儿，不吝资财，只图高兴舒服，追求生活享乐。上茶馆、进酒楼、听戏捧角儿就成了他们消遣日子必不可少的内容。这股茶酒戏缘渐而扭成一根无形的绳儿，牵引着老北京人的生活方式，充填了京城街市商业坐标，造就了繁华景象，延至今日。

二、饮茶的三六九等

北京人喝茶分家里、家外。

在家里，又分自饮和待客两种。茶叶不同，茶具也有区分。自饮有固定的茶杯和喜欢的茶品；待客首先讲究茶具，预备成套的茶壶、茶碗、茶盘子，或者盖碗。过去人家，走进堂屋迎面正中条案前的八仙桌上必放一盘茶具，千篇一律，留作待客。用盖碗待客就更讲究。一套盖碗有三件，盖、碗、碟。茶叶量依不同的茶品酌量加入，过多则无知、过少则刻薄，都不礼貌。沏时一般用铜壶滚水冲入，应声直入，点滴不漏。饮用时，先用碗盖自前而后地拨开茶叶，而后举碗轻轻啜饮，以盖掩口。事毕，主人离座起身，端碗以示送客。现在没这些礼儿了，茶叶的品种多了，茶具也更讲究了，又有了咖啡、果汁等饮料，自饮和待客都多了选择，生活日渐丰富多样。

在外饮茶也有自饮与待客之分。过去街市、路边经营茶事生意的有茶挑儿、茶摊儿、茶棚、茶馆、茶楼乃至澡堂子、戏园子、酒肆、二荤铺。可以说以茶为媒，适应千家万户，样式五花八门，规模高中低下，满足不同人的不同需求。

茶挑儿

是最低下的一种流动的卖茶形式，游走街市，针对路边饥渴难耐的卖力气人。我在天桥和街口时常见到。卖茶人肩上的扁担，一头挑一个50多厘米高、30厘米粗的绿釉粗茶罐。这个茶罐是粗陶制品，上刷绿釉，任其自流，故靠近底部无釉，罐呈上粗下细状，上部有四耳拴绳，旁有短粗壶嘴，罐正中的注水广口用棉布包裹木塞围住，茶罐下部围棉布套保温。茶挑儿的另一端系着一个广而浅的粗编竹筐，内放一摞粗瓷敞口蓝花碗。卖茶人专拣贫苦卖力气人多的地方撂地，一二分钱一大碗颜色很深的"浓茶"，喝着既解渴又解气。不过茶叶不新，是从茶馆、酒肆、戏园子淘换来的剩茶根儿，晾干，用开水煮熬，颜色深红，但无香气。

茶摊儿

比茶挑儿高一个档次，是临时性的坐地户，上支白布防晒棚，摊儿前摆长板凳。摊儿面板上放玻璃茶杯或粗瓷大碗，摊儿后火炉上坐着嗞嗞冒气的大铁壶。茶资不高，也是二分一杯（碗），条件好多了，茶味儿也有点儿香。茶摊儿大多设点在京城各大庙会以及什刹海、天桥等处，供游人喝茶解渴、歇歇腿儿，捎带看看景致。茶摊儿的茶叶或用等级最低的粗茶，还预备点儿花茶的高碎、高末，俗称扫箱底的高货，花钱不多，享受极有限的花茶香，只是不经时候。不过喝两杯就走，也就没久泡无味之忧了。

茶棚

比茶摊儿高一级，不用见天儿支摊儿，有几间简单的平房和一架瓷实的席棚，挡风避雨，经久耐用。地址大多选在内外城门护城河边儿，或是窑坑的柳荫处，阴凉、通风，有景致可看。茶棚以棚为主，顾客心向四季转换的自然，一桌一座一壶香茗，对坐流水落花，半日浮云，情趣尽在其中，何必焚香听琴。这是一些老北京人不咸不淡的活法。据说安定门外的六铺炕、地兴居，就是那时京城很有名的野茶馆。

野茶馆

这个"野"字,是货真价实地融入大自然林木葱茏、清水潺潺的"野",与茶的清香彼此呼应,令人心境清远,别有一番野趣。

台湾老人白铁铮先生遥想当年:

> 在上中学的时候,暑假期间喜欢到西直门外"雨来散"喝茶。"雨来散"茶馆的主人姓高,本来是万牲园(今北京动物园)东墙一片稻田和荷塘的"看青的"。在夏天他买十几块芦席,凑了些破茶壶和砂铫子(煮水砂器),在稻田边搭了一间窝棚、一个土灶,挑几桶水来,就在万牲园东墙外,长河的两岸,船坞旁边,柳树底下开起茶馆来。茶客来了,拉席一领(席的单位叫领),铺在柳荫密处。(因为长河两岸,在西太后坐船游幸颐和园时,曾在长河两岸植桃种柳。后来因为没有维护,桃树每年春天开花,任人采折,数十年来,早已伤亡殆尽;而柳树没人注意,倒侥幸都已长大成荫。所谓"有心栽花花不发,无意植柳柳成荫",应在这里。)茶叶交给老高,他给您沏了茶来,您把大褂脱了往树上一挂,在席上或坐或卧,看着河里映着对岸倚虹堂红墙黄瓦的倒影儿,听着高梁桥水闸流水的声音,一阵微风吹来稻田和荷塘的稻

香与荷香,这种享受,是城市中人梦想不到的。假如您想钓鱼,高粱桥边,长河楼下边有一个叫季聋子的老头儿卖渔具,花三个大铜板,一大枚买一根苇秆儿,两大枚包括一条钓丝、一个浮漂、一个千斤坠儿和三四条蚯蚓,您坐在河边就可钓起鱼来。这样您给老高两个铜板茶资,就可清清闲闲,安安逸逸地度过大半天日子。

清闲、安逸,用几大枚茶钱,轻轻松松地打发走无聊的时光,这是早先北京闲人挺雅致的一种活法,俗曰"泡茶馆"。

说到茶好、水好,早先北京有句评语,叫"南城的茶叶北城的水"。

南城的茶叶为什么好呢?因为前门外茶叶铺多,像庆林春、张一元、森泰、永安等老号,自产自销,茶叶质量比着赛地攀好。顾客的选择余地很大,甚至喝对了脾气,只认一家一品,再不更换。据说,当年京剧名净裘盛戎先生喝惯了西珠市口永安茶庄一元八角一小两的茉莉花茶。有一次裘的徒弟赵致远去买,赶上没货了,就自作主张买了一元五角一小两的花茶。这下差事办砸了。

裘先生那天演出《赵氏孤儿》,魏绛头场就上,下后台的时间要提前。下午,他起得早了,沏上茶,要喝几口醒醒盹儿。

他端起茶杯喝了一口，就皱起了眉头："今儿这茶叶是你去买的？"

我赶紧把话接过来了："今儿个一元八角的没货了，我买的这是一元五的。"

"我说呢，这茶叶口儿差着嘛。"说着话他就把茶杯放下了。

师娘从屋里出来了，她端起茶杯呷了一口："嗯，这味儿是差着呢。"

"那儿还有多少钱一两的？"

"再往上就是两元五的了，贵了，我没敢做主买。"

"嗐，你怎么不买两块五的呢？"裘先生来神了："喝茶只能往上走，不能落！你喝惯了一块八的，就喝不了一块五的了。抽烟也一样，走高不走低。

"喝酒正相反，越是便宜的，酒的度数越高，后劲儿越大。不知道吧？你说说茅台和二锅头比，价钱差多少？可哪个喝着有劲儿？"

"等等吧。"师娘掏出五块钱递给我，"再跑一趟吧，就买两块五的，二两，后台也得喝它了。"

师娘一个劲儿地给我打圆场："你师父说了就高不就低。打今儿个起，他又涨行市了！"

（赵致远《我的三位老师》）

北京人常说："唱戏的靠嗓子，拉弓的靠膀子。"京剧演员靠嗓子就要"饮场"，名演员"跟包的"端着专用的小茶壶，在下场门随时伺候角儿下来"饮一口"，润润嗓子。这一口"饮场"，就能保证角儿字正腔圆、满宫满调地完成演唱，要下满堂好来。看来，喝茶，对于角儿们来说，可不单是闲趣儿嗜好了，那简直就是浇灌艺术之花盛开的甘霖！

北城的水，是指安定门外路西有座庙，叫龙泉寺，寺里有口井，饮之甘洌适口，名为"上龙泉"。邻近还有口井，叫"下龙泉"，水质一样的清洌甘醇，最适烹制各种茶品，尤其是花茶。因而上龙、下龙的水，在京城很著名。

本来下面该说茶馆、茶楼了，这是本章的重头戏，留在压轴和大轴。

且说离不开茶、可又不是一回事的三宗买卖家儿：澡堂子、酒肆和二荤铺。

澡堂子

泡澡，少不了喝茶，喝花茶。试想，在池子里泡得大汗淋漓，一身酥软，褪尽满身污垢；而后，半卧床榻，缓缓地打开盖碗，一股浓郁的茉莉花香，随着腾起的热气，逼向面庞，由着香、热轮番轻抚，此刻二目微闭，顿觉私欲尽消，那真是一种灵魂出窍的享受。在澡堂子喝茶，既是补水解渴，也是放松消闲。或者邀一二知己谈心聊天，

澡堂子

或者与合作者磋商议事。无疑，到澡堂子喝茶，干净舒心，与茶馆大不相同。

酒肆

又叫小酒铺，街巷胡同很多。大多是一间门脸，门内挤个大酒缸，零卖黄、白两种酒，也卖茶，几碟自制的荤素凉菜，便宜可口。这类酒肆是给穷苦人开的。拉车赶脚的，走到这儿，喘口气，歇歇脚，掏俩制钱，咽二两烧刀

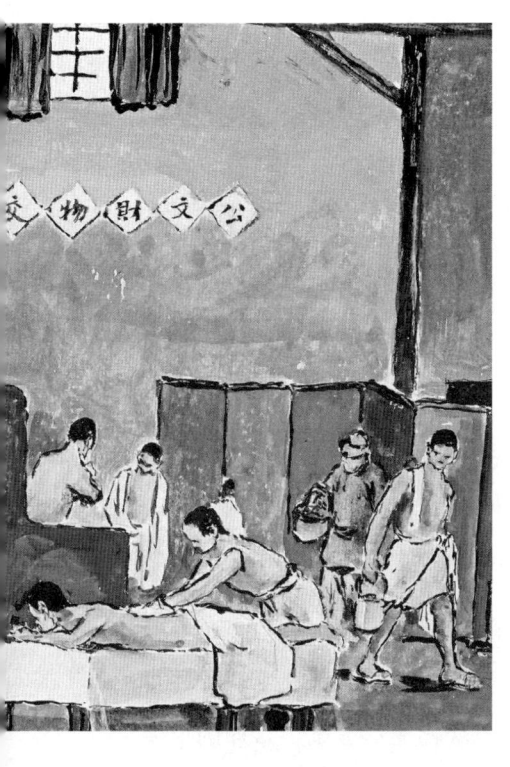

子,喝壶苦茶,再接着卖命去。在这里,酒、茶和人的命,都是苦味的。

二荤铺

名字挺费解。关键在一个"荤"字上。北京人平时说的"荤"是指肉食,与蔬菜的"素"搭配;教门里讲的"荤"是指气味浓烈的作料,如葱蒜之类的小五荤;天桥艺人讲的"开荤",是指黄色段子。"二荤铺"的荤与这三者都不搭界,说法多,意思却都明白,就是店家除了自办的菜肴外,还允许客人自带肉鱼蔬菜,由店铺按要求加工成菜品,只收加工费。这样,店家菜肴算一荤,客家来料加工菜肴算一荤,合之为"二荤"。客人等菜的工夫,用饮茶充填来打发时间,成了耗时候的替代品。

三、各色各样的老茶馆

盛唐时期,茶馆遍布街市,成了长安一景。千余年来,随着茶事广泛地浸入人们的生活与交往,各色各样的茶馆成为遍及中国城乡的一景。茶馆浓缩了事态咸淡,聚焦了人间冷暖。

人分三六九等,地分南北西东。不同人群、不同地区的茶馆必有功能各异、档次不同之分。

大茶馆

京城不同凡响,决策着国之大事小情。皇上在,吃皇粮的多,进京求功名办公事的人多,歇闲议事、种种见得见不得人的交易自然也多。这就少不了茶馆这样的似明若暗的公共场所;而专为人上人预备的规模大、气派足的大茶馆,首先占据了京城的要路通衢。像鼓楼大街的天汇轩,前门大街的天仁轩、天启轩、天全轩,北新桥的天寿轩,阜成门内的天福轩、天德轩、天颐轩,俗称"八大轩"。"轩"的原意是指当朝大夫乘的高架车,以后衍生为围栏、室外平台。名字冠以"天"有独尊之意,也暗指茶为天赐之物。至于中间的嵌字:汇、仁、启、全、寿、福、德、颐,都有祈望期盼的内容。京城人好以"八大"示人,如"八大楼""八大居""八大祥""八大怪"……就连京剧演黄天霸的戏,也有"八大拿"之说。

大茶馆的兴盛与时局休戚相关,衰败前的最后一拨,当在清末民初。地安门外的"天汇轩"还在人们的记忆中留下些淡淡的影子。

天汇轩位于地安门外,鼓楼大街东侧。听老人们说,天汇轩坐东朝西,五间门脸儿,进门是前厅,把门的南面是柜台和灶台,一把硕大的做水铜壶,嗞嗞的冒着水汽,高悬灶台上。壶中的水一直滚开着,随时准备注入小几号的手提铜壶中,由"茶博士"提着小铜壶冲进顾客的盖碗中。穿过铺面的前厅是个宽敞明亮的大院子,上搭铁皮罩棚,四围有可以卷放的苇帘,通风透气,明暗可调,冬暖夏凉,比今日的空调还多了一层调光。院子里摆放散座,疏密适当。院子东面是过厅,再往里走又是一层高搭天棚的院子,比前院紧凑,南北两侧是雅致的厢房,遇有三五知己,或谈情,或叙旧,浅吟低唱,此屋幽静,最是佳境。正中的五间正厅是天汇轩顶级所在,陈设华贵,专为达官贵人叙谈私密的用房。

明清两朝,地安门一带是亲贵重臣首选的住宅区,因为这里临近紫禁城,上下朝方便;加之北接鼓楼大街闹市区,购物方便;西望什刹海碧水清荷,动静皆宜,休闲方便。特别是到了清朝一代,按照八旗分驻内城的格局,驻守德胜门内的正黄旗、驻守安定门内的镶黄旗和守护皇城的护军营,都聚会在鼓楼大街一线,而皇朝的步兵统领衙门也设在后门桥东北的帽儿胡同西口路北,许多公事都在这里发生。因此,设在后门桥东南的天汇轩,就赢得了显赫的地位。

天微明,已经有人影儿晃动在什刹海边的水雾朦胧中。有喊嗓子拍曲儿的,有提笼架鸟遛早的,有打拳练剑的,也有熟人相约说话的……天大亮,这些遛早的人们不约而同地踱进天汇轩的大门,成了第一拨儿顾客。老人、老地儿、老一套,不用吩咐,堂倌就会在请安的同时,给客官递过热气腾腾的手巾把儿,让好座儿,给鸟笼子里水罐儿换水、食罐儿加食,而后挂在前厅梁下的铜钩上。待熟客擦完脸,松松快快落座了,茶也沏好了,一壶香片,一盘烧饼果子恰到好处地端上桌。这时堂中只听碗碟叮当,伴以人们的咀嚼饮啜之声,就连笼子里的鸟儿也忙着啄食儿,歇了嗓音。这也预示着,天汇轩喧闹的一天开始了。接着,约人说事儿的,吃饱了没事儿可干、泡茶馆耗时候的,陆陆续续、一拨儿接一拨儿地进进出出。天汇轩收拢了忙的、闲的各色人等,牵出一段段有滋有味的故事……

看过老舍的《茶馆》吗?天汇轩大概其就是那个意思。

清茶馆

北京还有另一类供文人士大夫享用的清茶馆,取其清静幽雅,自得其乐,大多开在风景优美的公园里。

历史学家谢兴尧说:

> 有许多曾经周游过世界的中外朋友对我说:世界上最好的地方,是北平,北平顶好的地方是公园,公园中最舒适的是茶座。……它物质上有四时应节的奇花异木,有几千年几百年的大柏树,每个茶座,除了"茶好"之外,并有它特别出名的点心。而精神方面,使人一到这里,因自然景色非常秀丽和平,可以把一切烦闷的思虑洗涤干净,把一切悲哀的事情暂时忘掉,此时此地,在一张木桌,一只藤椅,一壶香茶上面,似乎得到了极大的安慰。
>
> (谢兴尧《中山公园的茶座》)

当年中山公园共有春明馆、柏斯馨、长美轩、四宜轩和来今雨轩几个茶座,选址近山水、傍花草,幽静舒适。茶座的茶和点心,不仅好而廉,而且能针对不同年龄身份顾客的需求,精心准备,让文人们如愿以偿,流连忘返。1926年夏天,鲁迅先生和教育部的同事齐寿山每天下午都到中央公园的茶座来翻译荷兰作家弗雷德里克·凡·伊登的长篇童话《小约翰》,长达一个月。1926年8月13日,先生的日记云:"往公园译《小约翰》毕,寿山约往来今雨轩,同坐有芦龄、季市。"书译完了,大家同贺聚餐,依然在茶座不远的西餐馆。来今雨轩原来也是茶座,后来成了西餐馆,味道正宗,价格不贵。至今我还惦记着在飘着花香的铁罩棚下,尽兴地享用那里的番茄牛肉通心粉和奶油烤杂拌的情景呢。

书茶馆

忙人跑茶馆是紧着去找事由儿,寻口养家糊口的饭;闲人泡茶馆是坐吃等死,耗时候混日子。这就有了以听评书、大鼓书,佐之以茶的书茶馆。书茶馆听书,滤除了杂耍场子的嘈杂与污浊,单取茶馆的闲在、茶座儿(茶客)的稳定,最适合鼓书艺人成本大套地说唱长篇故事。艺人喜欢茶馆可以专注表演的环境和稳定的听众,顾客喜欢听书品茗二者得兼的舒坦。因而在京城长街闹市的路边,时常觅得门前戳着大红水牌的书茶馆。

当年,一般家庭连"话匣子"(收音机)都少有,文娱生活很贫乏,戏园子买票,因囊中羞涩而止步;庙会常开,却有时有晌,移步有限。街边、胡同口的书茶馆就提供了方便,所费不多,听着上瘾,既占了闲工夫,又得了历史知识,两全其美。

书茶馆一般早上接待饮茶的客人,下午和晚上约请说评书、唱鼓词的艺人来说唱。艺人有"说早儿的",那是拣冷清时间为学徒练本事,带有实习演出的性质。正式书场的演员分"说晌午的"（下午2点开始）和"说灯晚儿的"（傍晚7点开始）两种。时间不同，听众的成分也不同，所以书场要选择对路的回目，找对路的演员。

书茶馆的设备一般比较雅致，墙面挂字画，藤桌藤椅，或者木桌木椅。茶馆内设小木台，上摆小条桌，用一块干净的蓝布罩着，这就是说唱艺人的"戏台"，花园赠金、两军厮杀的故事就在此展开。

开书以后，就不再接待一般茶客。茶客们边饮茶边听书，除付茶资外，还要按段儿零打书钱，直到收场。评书艺人必备几样小道具：醒木、扇子、大手绢儿，还有大褂儿（说短打回目要穿对襟小褂儿）、打钱用的钱板和小笸箩。当时京城有"八大书馆"之称，如东华门的东悦轩、地安门的同和轩（后改名广庆轩）、花市的青山居、石头胡同的四海升平、天桥的福海居（又叫王八茶馆）等，都是当时著名的书茶馆。

说书人因其多知多懂、熟谙古今、通达人情事理，所以被称为先生，在曲艺界享有较高的地位，受到业内外人士的尊敬。过去识文断字的人极少，广大城乡百姓的历史知识多来自说书人的传播。评书由来已久，是中国传统教育之外的一种辅助形式。说书人夹叙夹议，全靠一张嘴，一把折扇和一身功夫，是戏曲艺术的"老前辈"，更具迷人的魅力。余生也晚，只赶上王杰魁说《包公案》，连阔如说《东汉》《西汉》《三国》《水浒》，陈士和、赵英颇说《聊斋》，段兴云说《济公传》……那精彩之处，不亚于名角儿会聚演出的《群英会》。至今，还保留着两段记忆。

40年代，我在水道子上小学。下午放学，一路飞跑赶到桥湾儿路北一家茶叶铺门口，大喇叭底下等着听四点半华声广播电台广播王杰魁的《包公案》，就连周六、周日，我也赶去，照听不误。只要喇叭里传出那苍老缓慢的"话说南侠展熊飞……"，立马拉车的、摆摊儿的、遛弯儿的……都聚在大喇叭底下，有滋有味儿地被王杰魁拉进《包公案》。放眼一望，街面空空荡荡，被王杰魁扫了个干干净净，遂有"净街王"的赞誉。

另一件事是，60年代的一个北风呼啸的冬日傍晚，我在宣武门里路西的一个小茶馆幸偶连阔如在说《三请铫期》。书场不大，挤得满坑满谷，热气腾腾。听书的中老年多，夹杂着少量年轻人。我发现在不十分明亮的灯光下，连先生老了，失去了当年磅礴的大气，代之以深沉低缓的厚重，讲起铫期铫次况，依旧声音洪亮，透出英雄气概来。我初见连先生是在新中国成立初期的前门箭楼上，那时老舍与赵树理创建"大众文艺创作研究会"，团结了很多老艺人，连阔如、曹宝禄威信高，艺术精，是曲艺界的带头人。有时就在箭楼大厅演出。我在那里第一次观赏了连阔如的《三请铫期》和曹宝禄的单弦《五圣朝天》，留下了终生不灭的记忆。

小茶馆

相比高档次的大茶馆和文人们雅好的清茶馆，京城街巷分布着更多的是一种为穷人找饭辙的小茶馆。举个例子。上小学时，我住在东珠市口路北的吊打胡同（后改孝达胡同），北口接着冰窖厂，出南口是冰窖胡同。在胡同北口拐弯通往冰窖的把角儿，就有一座小茶馆，两间小平房，半圈篱笆栅栏，一棵粗壮的垂柳罩着半拉院子。天一亮，许多衣衫褴褛的穷汉便从四面八方拥到这里，等着冰窖管事的来这里叫人派活。茶馆的杨掌柜早捅开院里的灶眼，沏好一大茶壶的粗叶茶，预备一摞粗瓷碗。不管是谁，扔俩铜子儿，端碗就喝，没钱也照样喝，掌柜的并不嗔怪，都是苦人嘛，谁和谁呀。天大亮，冰窖管事的来了，俩眼一扫，叫了十几个壮实的汉子跟着他到永定门护城河拉冰去了。剩下的老弱劳力，有的起身到别的地方找落子去了，有的坐在犄角旮旯儿，勒勒腰里的草绳子，端着一碗苦茶，撑个水饱，盼着明天有个好运气。

早先，北京有好几座冰窖，冰源、用途和主管都不一样。我家边上的这座冰窖，是到了冬天大冷的时候，从邻近的金鱼池和稍远的永定门外的护城河里取冰。冰被切成1米多长、半米多宽、40厘米厚的大块，码进半地下的冰窖，盖上厚厚的草帘子，专供用于天坛祭天时祭品的保鲜。因此，每年的采冰、窖冰都要用不少临时工，这个小茶馆就成了最近便的劳务市场。在京城，类似这样的"人市"小茶馆在南城、北城很多。各个行业都有自己认定的茶馆，比如泥瓦匠、木工、婚丧时打执事的、火车站扛大个儿的（装卸工）……都有聚齐儿的准地方，小茶馆有吃有喝有板凳，正适合招工的需要。

北京的茶馆五花八门，仿佛是个百宝盒，人们需要什么，就可以往里面取点儿什么。渴了，喝茶；饿了，吃点心；闷了，找朋友说说话；累了，有地方歇脚。要是闲得难受了，别急，就有艺人来这儿给您说段评书，唱段大鼓，让您把烦心的"眼眉前儿"换成解闷的"想当初"，听秦琼卖马、包公断案、桃园结义、黛玉葬花……于是，这类增加了娱乐功能的书茶馆，遍布城乡，它成为京城文化的重要内容，用故事养育了一代代北京人。

我承认，小时候知道的咱们中国那些历史，还真不是在课堂里学的，而是在戏园子和茶馆，受用至今。

如今，京城的老茶馆早没了，代之而起的新茶馆富丽堂皇，在闹市炫耀夺目的灯光中，迎迓着从名车里走下的富男靓女，华贵的茶室、天价的茶品、繁缛的茶艺，摒弃了芸芸众生，遮挡着权贵和富商们低俗的交易。早年二分钱一碗的大碗茶也已升堂入室，摆在橱窗里当了展品。茶馆不再是北京人家外的那个家，它远离了京城深厚的泥土，无从寻觅往日的芬芳了。

第八章　京剧的摇篮

人生多梦，生活多彩，都系着一个挺有分量的字眼：爱好。

这是因为，有爱才有追求，也才有梦想；而生活万端，魅力无穷，又总能以其一端，吸引人们投之以爱。可以说，人人有爱好，爱好的内容、深浅和结果各不相同。

然而，细细追究，爱好为何物？它是不是就等于喜欢？

比如说，我爱京剧，那意思就是喜欢听、喜欢看；听了，看了，高兴了，也就完了。而说我爱好京剧，爱字后面加了个"好"，意思就深了。"好"，除了喜欢以外，还有投入的意思，比如票友，除了爱听、爱看，还爱唱、爱演，投身其中，亲自体验京剧内在的美，高呼"过瘾"！所以，爱好远不止一个"爱"字了得，它不仅丰富了生活，寄托了情感，启迪了心智，而且有助于事业的开发，对社会做出贡献。世界上许许多多卓有成就的大家，就都是由偶然的感兴趣，到爱、到好，最终事业有成的！

京剧，是我此生矢志不渝的爱好之一，助我多多。

在我懵懂无知的童年，京剧教我知历史、辨忠奸、识五彩、习五音，使我到了如醉如痴的地步；懂事以后，看的戏多，交的同好多，就想调调嗓子"喊"两段，穿上、扮上、票一出，过过戏瘾。那感觉，忘乎所以赛神仙！大学毕业参军，分配做文化工作，鬼使神差地竟写起了京剧剧本，编演了大型现代京戏《新的一课》（不是样板戏），获得总政治部文化部和空军政治部文化部的表彰，在驻京三军机关部队巡演，俨然进了门，入了行！

当然，命运使然，最后我还是我，没蹭上祖师爷这碗饭。不过京剧伴我生活，给我欢乐，助我明事辨理，没亏待我这个爱好者！

回想我与京剧结缘，首当得利于地理环境。我打小生活在前门外，离戏园子近，小伙伴多是梨园子弟，张嘴"劝千岁"，伸胳膊"拉云手"，不由得受了熏染。再一个，就是可以混个"梨园家属"的身份，堂而皇之地去戏园子蹭戏。日场蹭完了，还有人接到"都一处"吃烧卖，吃饱了回来接着蹭夜场，一天长在戏园子里。只是苦了位子里的书包，让它替我在教室值班听讲，这自然例属旷课。老师没收了书包，通报家长，回家必不可少地领受一顿掸子把子。不过这一打，戏反而记得更瓷实了。20世纪60年代，我跟杰出的京剧小生演员叶盛兰先生，说起我小学二年级在粮食店中和戏院为听《群英会·借东风·华容道》而挨打时，他拱手抱拳"道歉"，直说："我要知道，一定到府上为您讲情！"说罢我们相视而笑。

一、没好角儿就没有京剧

京剧，一度被称为"国剧""国粹"。此言不虚。当年梅兰芳率团出访日本、美国、苏联时，轰动世界，梅兰芳被美国波莫纳大学和南加利福尼亚大学两所大学授予文学博士。京剧写意的表演形式和丰富的内容，在世界舞台上独树一帜，与德国的布莱希特、俄国的斯坦尼斯拉夫斯基并列为"世界戏剧三大表演体系"。

中华人民共和国成立后，每凡隆重出访，或者迎接贵宾，安排晚会总是派出《秋江》《三岔口》《闹天宫》《雁荡山》等折子戏打头阵。锣鼓齐鸣，花团锦簇，惹得外宾目不暇接，啧啧称赞。直到今天，电视晚会仍忘不了"唱脸谱""打出手"，让一台扎着靠旗的"穆桂英"们，舞之蹈之，烘托气氛。甚至，巴黎街头的"中国年"，也少不了京剧小演员的跑圆场。凯旋门下，一街光影交错的花花绿绿，法国人高兴极了。

如今重用京剧，仿佛是看中它五颜六色的服装、千奇百怪的脸谱和紧张火爆的开打，却慢待了它的"唱、念、做"，尤其是疏离了戏曲演员的刻苦求艺和独立创新求变的精神。实践中少了"爱戏如命"的执着和敢唱"对台戏"的拼争，只养不放，成了仿制流派的"摆饰"，似是而非，丢了真神。

我不由得想起当年前门外鳞次栉比的戏园子，家家锣鼓齐鸣，角儿们使出浑身解数招揽听众。唱老戏的讲究"味儿浓"，如陈年老酿；创新戏的讲究"味儿鲜"，似五月仙桃。这样，梅兰芳也排演起时装戏《一缕麻》；马连良更向山西梆子学习，上演了《串龙珠》。一时京城舞台争奇斗艳，花满枝头。竞争，不光是适应票房的需求，更为演员挖掘潜质、大显身手创造了难得的机遇。

说到机遇，人们都知道，京剧的诞生契机是乾隆帝庆寿，四大徽班进京。

太平盛世，自然歌舞升平。偏巧乾隆五十五年（1790）九月二十一日，志得意满的万岁爷要过八十大寿。一时朝野轰动，竞献厚礼。朝廷命浙江盐务大臣筹办庆典大会，福建总督伍拉纳胸有成竹地叫他儿子亲自率领安徽三庆徽戏班进京供奉。

原来，明中期，昆山的魏良辅改革了昆腔，突出了南曲的轻柔婉转的曲调，辅以婀娜多姿的身段，离情幽怨的故事，很适应宫廷君臣后妃的胃口。一些文人投其所好，编写情爱缠绵的本子，赚得帝后的欢心，昆曲渐渐脱离了民众，坠入靡靡委顿之音。而世间花部蓬勃兴起，徽腔、汉调、梆子、高腔进入民间戏台。高亢嘹亮的唱腔，丰富多彩的表演，追应时事的剧目，很容易地赢得了民众，甚至渗进官宦士绅的赏乐中。三庆徽班凭着十七岁旦角高朗亭勾魂摄魄的表演，清新爽朗，一炮打红。自此，四喜、春台、和春等十几家徽班相继进京，落户在前门外韩家潭一带，留下"人不辞路，虎不辞山，唱戏的离不开韩家潭"的说道。

十几家徽班进京，面临激烈的竞争。好在中国戏曲既有程式严格的一面，又有任其自由发挥的表演空间。所以四大徽班进京比试，扬长避短，别开生面，各自赢得了一拨钟情的观众。观众总结出：看戏要看"三庆的轴子（连台本戏），四喜的曲子（唱腔悠扬），和春的把子（开打火爆），春台的孩子（小演员活泼可爱）"。随着时间流逝，舞台换演，经过几代演员的探索、磨炼，终于实践出以西皮、二黄为主要声腔，以"唱念做打"四功和"手眼身法步"五法为表演基础的京剧艺术。

京剧的艺术魅力，首先是由一代代杰出的表演艺术家创造的。因此，在京剧艺术发展史上，标榜京剧艺术精华的是演员，以及他们创建的流派，并不是作家和导演，所以京剧史上有"同光名伶十三绝""须生三鼎甲""四大名旦""四大须生"之说。如此，舞台就是锻造杰出演员的沙场；观众就是指导演员成长的老师；戏园子，正是观众与演员共同培育剧目硕果、推进京剧发展进步的园地。戏园子的社会作用不可小视。

北京是京剧的发源地，老戏园子承载过京剧二百年发生、发展的历史。一座老戏园子就是一部书：在这里，艺人们忘不了炸雷般的"碰头彩"；观众记着"义务戏"的名角硬整、戏码精彩！北京的老戏园子，曾经是城市不可或缺的一道风景，老百姓生活里少不了的一部分。这些戏园子，绝大多数聚集在南城的前门大街左右，论资格、排辈数，要数广和楼最老，故事也最多。

二、北京人别忘了"广和楼"

前门五牌楼东边，有条街叫肉市街，当年是外城集中卖肉的小市场。后来肉市不见了，演变成饭馆一条街，出了名扬全球的烤鸭店全聚德，还出了历史最早、对京剧做出巨大贡献的老戏园子——广和楼！瞧瞧，肉市这条不足一里地的短街，竟然高峰迭起，秀美无限，除了享口福、大快朵颐的饭馆，还有饱眼福、大长精神的戏园子！

当年形容肉市繁盛的竹枝词说：

高楼一带酒帘挑，笋鸡肥猪须现烧；
日下繁华推肉市，果然夜夜是元宵。

抗日战争胜利后，绵延近三百年的"广和楼"一片瓦砾，空空荡荡，与南边全聚德灯红火亮的兴盛景象相比，倍觉凄冷。眼福让位给口福，到底还是眼争不过嘴！此时，我住在北布巷子的柜上，离广和楼只几步的路。放了学就跑到这里，背着书包爬上瓦砾堆顶，一边听着前门大街的吵闹，一边猜想当年"广和楼"日夜两场的盛况。日子长了，街口有个挎篮卖花生瓜子的老者，看出了我的心思，一五一十地跟我说起了广和楼的故事。

明朝那时候，前门大街是黄土垫道、净水泼街的"天街"，是皇上出宫祭天、出巡的大道。街很宽，没有现在肉市和珠宝市这两溜儿南北的店房，天桥一带还有辽金时期留下的水道，荷红柳绿，画舫轻摇，风景美着呢！有个管盐务的查老爷就在路东空地辟了花园，盖了戏楼。城里头住腻了，就出城到自己的花园听戏、赏花、散散心。

清初，顺治爷把汉人都轰到外城了，前门大街成了闹市，摆摊卖东西的挤满了街边。查家看有机可乘，就把花园改成了对外营业的"茶园"。这一招砸得真准！查楼着实地成了京城的亮点，踏青、会友、听戏、议事……纷纷攘攘走进了查楼茶园，前门外更热闹了。

明灭清兴，查楼茶园照样地"风雨无阻"，准演"吉祥新戏"。康熙爷曾到此看过戏，并赐台联："日月灯，江海油，风雷鼓板，天地间一番戏场；尧舜旦，文武末，莽操丑净，古今来许多角色。"康熙二十八年（1689）孔尚任的《长生殿》在此演出，适逢佟皇后丧葬期间，触犯禁忌而掀起了一场风波。这是一次堂会性质的演出，观剧者最后受到革职并革去国学生籍的处分。康熙年间，查楼遭了回禄，不过火烧旺地，很快开工重建，改名"广和楼茶园"。

为什么戏园子非要叫"茶园""茶楼"呢？

因为那时候，当权的、念书的都以为戏曲比不得"四书五经"、《资治通鉴》，是扯闲篇儿，茶余饭后解闷儿的"玩意儿"，不能和正统的经史子集相比，不拿正眼瞧它，所以到茶园叫"听戏"，而不叫"看戏"。人是隔着茶桌脸对脸坐着，一只耳朵对着舞台，扭过头才能看见舞台上的表演。侧着身对坐表示重在喝茶、说话，不拿眼皮夹你唱戏的！听戏不过是捎带手儿的事儿。后来，戏曲凭着演员的艺术魅力，到底征服了观众，听戏的只得把座儿搬正了，面对舞台，喝茶退为次位。

同治光绪时期，京剧兴起，广和茶园地点好，来看戏的人多，查家就扩大了舞台和池子，全场能容八九百人，在京城里数一数二。光绪二十六年（1900），广和楼又着了把大火，重建后，查家无心经营，就把园子倒给了白薯王家。王静斋，又叫王杰，兴许是王家靠种白薯或是卖白薯发的财，落了个"白薯王家"的称号，详情不得而知，反正大伙都这么叫。从前，北京人有个习惯，常常把职业加在姓的前面，以示区别。比如，爆肚满、风筝李、弹弓张、黄土马、马桶许，等等。以后叫白了，就成了买卖的"字号"。

白薯王家接管了广和楼，做了三件事：

一是正名，去了"茶"字，正式更名"广和楼戏园"。

二是亮出招牌。这时的前门大街的东西两面，各挤出来两溜儿店房，把肉市、珠宝市由路面挡进街里，成了胡同。这期间，京剧兴盛，大栅栏、鲜鱼口、珠市口等地，新开的、旧有的戏园子足有八九家。锣鼓相闻，竞争激烈。广和楼为了"露脸"，就在斜对面开向前门大街的路口，竖了个大铁牌楼，上端高悬"广和楼"三个大字，后来还装上电灯泡，明光耀眼，分外醒目。

三是延请名班名角，唱大戏，扩展戏园子在梨园界和观众中的影响。

如今老戏园子见不到了。拿"广和楼"当个例子，描摹一下当年的老戏园子什么样，很有意思。这里面有不少学问呢。

老者接着说，比起现在的剧场，老戏园子的设备很简陋。

戏台坐东朝西，是方的，三面见观众。台的四周立着四根大柱子。台前的两根柱子上，挂着一对黑地金字的木刻抱联：

学君臣、学父子、学夫妇、学朋友，汇千古忠孝节义、重重演出，漫道逢场作戏；

或富贵、或贫贱、或喜怒、或哀乐，将一时离合悲欢、细细看来，管教拍案惊奇。

这副别致的楹联，虽然有封建说教的味道，可一语道破了"天地大舞台、舞台小天地"的社会含义，说得很爽快。据说，这副对联是咸丰年间二甲进士陆润庠写的。

戏台后面的两根柱子中间，是一面不太厚的木板墙，叫"龙虎板"，一板隔出前后台。木墙两头挖出"出将""入相"的上、下场门，门上挂着红缎绣花门帘，光板木墙上画着龙啊、虎啊的，当个不变的背景，中间高悬一块横批"盛世元音"，不大惹人注意。后来有人注意到这块很有想象空间的衬地，就在整个木墙上覆盖上一面红缎绣花单片，行话叫作"门帘大帐"。因为后来有了布景，就把大帐叫作"守旧"了。

"守旧"不旧，它大处落墨的写意风格与京剧的表演风格，既贴切，又相得益彰，往往起到先声夺人的效果。梅兰芳钟情绘画，他的"守旧"是鲜丽无比的大牡丹花；而马连良锐意革新，很珍重民族艺术的古朴苍劲，所以他用武梁祠的汉化像石图案做"守旧"和桌椅披，古意盎然，恰与"马派"的文雅潇洒丝丝相扣。

听戏的看的是前台，看不见后台。可您别忘了，一台戏，前台出将入相，有来有去，跟后台的规矩礼法、调度有方有着极大的关系。

这里就说说大家见不到的广和楼的后台。

后台最要紧的地方，是靠东墙正当中供着梨园界祖师爷老郎神的神龛。

神龛用檀香木雕成个小小的"宫殿"，里面小红木椅子上端坐着头戴九龙珍珠冠、身穿黄缎子衮龙袍的唐明皇（玄宗）李隆基的塑像。条案桌上摆着白铜五供、长明灯，晨昏两遍香。传说当年唐明皇李隆基雅好戏曲，在宫里的梨园调教三千乐工演奏乐舞，他亲自执檀板、击节指挥，被戏呼"李三郎""老郎神"。因此，后来从事戏曲的人就自称是梨园行、梨园子弟，尊唐明皇为祖师爷，并把演员出场亮相的台口，也就是执板击鼓的鼓佬座位的正前方叫"九龙口"，意思是皇上坐的地方。早年间，乐队坐在舞台贴近龙虎板的正后方，不在下场门。

传说，李隆基高兴了也常常登台扮演些插科打诨的小角色，只是他不勾脸，鼻子上扣一块精巧的白玉，掩盖君王的威严。这就形成后来鼻子上画着"豆腐块"的丑角。过去，在梨园界，"生旦净末丑"中，丑行虽然排在最后，却最受尊重。演出前，他可以坐在衣箱上率先开笔勾脸，他动了笔，其他行当才能跟着化妆扮戏。

神龛还有个专门用场，就是每逢戏班演三国"关老爷"（关羽）戏时，演员先请"老爷祃"，在神龛前上香磕头，而后把"老爷袍"庄重地揣进绿靠心口处。从此，该演员就如同关羽附体，正襟危坐，排除杂念，只等上场亮相。戏罢，再上香磕头，于佛龛前焚化"老爷袍"。梨园界对关羽戏，怀有特别敬畏的心理，体现在脸谱、髯口、行头、盔头、大刀、旗号、程式、场面各个方面都有一套特定的安排。后台也流传着许多因演员不敬而关公显圣惩罚的故事。

神龛右边是大衣箱（内放带水袖的服装，如蟒、开氅、官衣、褶子等），左边是二衣箱（内放不带水袖的靠、铠、箭衣、抱衣等）、盔头箱（内放盔头、巾子、髯口、翎子、甩发等）、靴包箱（内放靴子、彩鞋、城门旗、旗子、龙形、虎形等）、把子箱（内放各种刀枪兵器等）等。上场门把口，有一张铺红毡子的桌子。桌上立着水牌，内镶几排象牙牌，写着当日的戏码，一望便知。桌子两边放椅子，是专给班主和大管事预备的，为的是"把场"，检查服装道具，掌控演员上场的"尺寸"，处理意外事故，如同现在的舞台监督。后台墙上还挂着"戏班规矩及惩罚条例"，犯了规矩的演员，立惩不息。这真是"只见前台笑，不见后台哭"。又有谁知道，多少生离死别的真实故事不是在前台演出，而是在后台上演的啊！

说完了后台，再说前面的戏台。舞台凸进观众席中，台的三面用一尺来高的花栏杆围着，每个小柱子头上都雕着狮子头，很有生气。戏台台口上面横着一根铁杠，名叫"轴棍"，是演武戏用的。比如《盗银壶》《时迁盗甲》《水擒花蝴蝶》等，剧中武丑（武生）在轴棍上表演双飞燕、倒挂蜡等上下翻跃的技巧，结合剧情表示飞檐走壁。

戏台下正面的观众席叫"池子"，两边叫"两廊"。池子里的长条茶桌对着舞台直摆，两边放着可坐三四个人的长板凳。观众面对南北两廊。演出中，"茶房"提着大铜壶，托着手巾把儿，大声吆喝着，在池子里走马灯似地穿来穿去。场子里烟雾腾腾，观众旁若无人地大声谈笑、高声喊人，乱哄哄吵成一片。好在台上的演员习惯了，该怎么唱就怎么唱，一出完了再换一出，谁也不影响谁。要是演员能用一段唱把全场的噪声压住，来个"满堂好"，那非有响遏行云的真功夫不可。当时有人这样描写戏园子：

  偶然茶话，人海杂沓；诸伶登场，各奏尔能；钲鼓喧阗，叫好之声，往往如万鸦竞噪矣！

戏台左右两边横摆长条大板凳，叫"小池子"。这儿离台近，又不吵，听得清楚，看得明白，一般都叫专门听戏的行家占了。

那时候，戏园子南北墙不是砖砌的，而是用大方格纸窗户连起来的，寒碜极了。地面是碎砖头铺的，坑洼不平。南北墙根用砖砌的座位,有点儿像过去体育场的观众看台,挺高,你得跳起来够着坐。给一个大子儿小费,"看座的"递给你一个蓝布垫子,坐上去不凉不硌,往大墙上一靠,美着呢!快散戏的时候,看座的再把垫子收回去。

广和楼二楼的地板是用木板拼接的,净是窟窿。一扫地,台上台下灰土飞扬。楼上正面叫"散座",与楼下的池子一样。两边叫"官座",后来叫"包厢"。一个包厢可以容纳十一二个人。包厢里前排放长凳,后排放高凳,座上都铺着蓝布垫儿,比池子舒服多了。

和台帘大帐一字排开、面对观众的座位,叫"倒官座",也叫"倒观座"。这里看观众清楚,看舞台只能斜看演员的背影。这个地方票价最低,没什么人爱看。大半拿来应付人情客票,支应前后台的亲友。

1914年广和楼把长凳换成面对舞台的长椅,椅背后钉有十几厘米带框的长板,放茶杯、瓜子用。1920年,广和楼开始加演夜场。但那时实行男女分座:楼上女座,楼下男座。白天不卖女座,一家人听戏,只能晚上去,而且要分两处坐。1932年以后,才允许男女混座。

早年间进广和楼茶园听戏,不卖票,只收茶钱。观众一进门,"看座的"赶忙热情地招呼:先找座儿,再顺手铺上蓝布垫,很快沏上一壶"香片",最后递给您一张只有两个火柴盒大小的戏单儿(戏报、节目单),按人头收取茶钱。

那时候的戏单是一张很薄的黄表纸纸条儿，上面印着用木头戳儿盖的当天剧目，每张戏单，一个大子儿。讲究一点儿的是用毛笔把剧目抄写在大红纸上，比小戏单大两倍，字也清楚像样。这是后台的人写的，每天写几十张，拿到前台卖给有头有脸的客人的，每张也不过两个大子。这两种戏单只登剧目，不登演员谁演谁。听戏的人一看便知，说得有来道去，大体不差。

过去，戏园子没有海报广告，全靠"实物"展示。广和楼门口有个小夹道，当天演什么戏，就把戏里有代表性的道具（行话叫"砌末"），摆在门口，像《女起解》的"鱼枷"，《艳阳楼》的"石锁"，《连环套》的"双钩"，等等，观众一望便知。这可真给一般听戏的出了考题：你要不是行家，都不知道今晚上唱什么戏！后来照顾大多数，时兴了"水牌"，就是在红漆木板上，用毛笔蘸大白粉写上演员、剧目，戳在剧院门口。那种考验观众、别致的"砌末"展览，也就不见了。

光绪二十九年（1903），叶春善等人开创了培养京剧人才的"喜连升"科班（后改名"喜连成""富连成"）。1906年喜连成的第一科学生开始在大栅栏广德楼演出，后来长期在广和楼登台献艺。二十年来，"富社"在杰出艺术家、教育家萧长华等老师的辛勤培育下，培养了包括梅兰芳、周信芳艺术大师在内的"喜、连、富、盛、世、元、韵"七科约七百多位演员，还有一大批优秀的乐师与舞台工作人员。其中雷喜福、侯喜瑞、马连良、于连泉、谭富英、马富禄、叶盛兰、裘盛戎、李世芳、毛世来、袁世海、谭元寿等著名演员，薪火相传，对京剧的发展做出了宝贵的贡献。

追寻他们艺术实践的起点，都是从广和楼的舞台上开始的。

梅兰芳先生回忆他的舞台生活时说：

> 我第一次出台是十一岁，光绪甲辰年（1904）七月七日。广和楼贴演《天河配》，我在戏里串演昆曲《长生殿》"鹊桥密誓"里的织女……过了三年，我就正式搭班喜连成。
>
> （梅兰芳《舞台生活四十年》）

京剧名丑马富禄家境困苦。九岁时，挎着小篮到广和楼门口叫卖花生瓜子。那清脆的嗓音、憨厚的表情，一下子吸引住带学生演出的叶春善和萧长华。他们把这个天资聪慧的孩子领进了喜连成。马富禄初学老旦，与马连良合演的《焚绵山》《天雷报》，红极一时；后来，他又偷学了丑角戏，与武生泰斗杨小楼合演的《连环套》，轰动菊坛。广和楼锤炼出一代代京剧名伶；一代代京剧名伶又以他们的妙绝艺术充实了广和楼古老的舞台，为后人留下梨园动人的华彩。

日伪期间,广和楼卖不上座,加上房屋破败,无力维修,逐渐沦为存货的堆房。"白薯王"死后由其长子王善堂经营,他心灰意懒,就卖给了日本翻译李文轩。李文轩将广和楼拆毁,想重新修建,但未来得及重建日本便投降了,一场梦飘然而去,空留下一片瓦砾,一蓬青蒿,昔日风华,荡然无存。老者讲完了,怅然地望着残破的大门,喟叹:"广和楼,完喽!"

广和楼,完了吗?没完。新中国成立后,国家重建了这座古老的剧场,舞台由前凸形改为画框形。安装了先进的灯光设备和舒适的座椅,楼上楼下还开辟了两个宽敞的观众休息厅。古老的广和楼又容光焕发了。京剧、昆曲、梆子、评戏都在这儿演。

20世纪50年代,江苏昆剧院的周传瑛、王传淞等名家在此演出昆曲名剧《十五贯》。据说开始看戏的人并不太多。一夜,周恩来总理悄悄来到剧场观看,给予很高评价。一时轰动,各单位纷纷组织观看,学习讨论,对照检查有没有戏里"过于执"这样不顾人民死活的官僚主义。全国各大剧种也纷纷移植上演,几乎成了运动。消沉的昆曲一炮而红,《十五贯》拍成电影,广为放映。人们说:"一出《十五贯》,救活了一个古老的剧种!"这正是:周总理私访《十五贯》,抓典型痛击老官僚。广和楼又立了一功。

至今，我还记得20世纪60年代那个初夏的夜晚，在一片"京剧革命"的狂潮中，广和剧场稀奇地贴演了一场传统戏，人们争先恐后又惴惴不安地走进剧场。那天贴演的是三出折子戏，开场的一出武打戏，忘了；中间是张君秋、高宝贤的《打渔杀家》；大轴是裘盛戎、王晓临的《赤桑镇》。很特别，剧团换下马连良和李多奎两位名家，让两位青年演员陪着张、裘两位名家唱这两出经典戏，既有以老带青的意思，也表明京剧后继有人。可见在那个风雨满危楼的时刻，这个编排费了多大的心思。所以，演出时，前台后台、台上台下，都弥漫着一种不安和惜别的情绪。演出前，裘盛戎先生知道我要录音，很高兴，特别叮嘱有关人员帮我安排，嘱咐我要"好好录！"兴许是太紧张了，高、王两位都没有发挥出应有的水平，而张、裘二位则神完气足地收了场，令人尤觉老演员的弥足珍贵，难以替代。想不到的是，这场"惜别"的演出，真的成了"空谷足音"，从此，我惜别了裘盛戎，惜别了那个并不排场，却与老北京一脉相传的广和楼。

进入新的世纪，前门大街开始彻底改造。箭楼前的五牌楼就地重建焕然一新，大街两侧一色的新楼房。广和楼将如之何呢？听说也要重建。结果要等事实作答。

说完广和楼，自然联想到街西、街东和城里的那几个也曾红火、装满故事的老戏园子。

追求时尚的人们，听说过短街闹市里，此起彼伏、彼此相闻的开场锣鼓吗？

三、锣鼓相当唱对台

明崇祯十七年（清顺治元年，1644）五月，睿亲王多尔衮在降将吴三桂的引导下，率领清军从朝阳门进入北京。多尔衮坐镇武英殿，他亲见朱明王朝的昏聩腐败，崇祯帝命断煤山；也目睹李自成农民军的贪婪无忌。为了稳住初建的大清政权，防护精锐八旗不受侵蚀，顺治帝除了命令八旗官兵分区进驻内城、汉人外迁，还下令内城"永行禁止开设戏馆"，就连外城的戏园子，也要"概行禁止夜唱"。这对宋元以来喜好戏曲的京城百姓来说，是个很严厉的限制；却怎么也限制不了，戏园子照开，戏照唱。只是一下子聚集到前门外，出现了一个戏剧史上罕见的奇特景象：园园相邻，戏戏对台。

清人崇彝所著《道咸以来朝野杂记》记载：

戏园，当年内城禁止，唯正阳门外最盛。属于大栅栏内者五处：曰庆乐、曰庆和、曰广德、曰三庆、曰同乐轩。

其实，大栅栏附近还有粮食店路西的中和园、煤市街南口路北的文明茶园、西珠市口路南的开明戏院、前门大街路东肉市的广和楼及鲜鱼口里面的华乐戏院。20世纪40年代，这十家戏园子除了"庆和园"毁于庚子战火，后经同仁堂乐家做媒，被瑞蚨祥老板孟觐侯购得改建成西鸿记茶庄以外，其他几家都还热热闹闹地唱着。考察大栅栏几家园子的历史，大都建于乾隆末年至清末。旧景如何，不得而知，但从清末许多文人笔记的记载里尚可端详一二。

李慈铭《越缦堂菊话》记同治三年七月间：

十六日，下午诣三庆园听戏。客座踏肩，甚不可耐。

二十三日辛酉，晴。出城诣广德楼，谐陈莲峰、殷实畴听戏，擦肩踏臂，嘈杂不堪。

杨掌生《梦华琐簿》：

余尝以盛夏，赴广德楼听春台，热甚……凭栏下瞰，万人海中，殷殷阗阗笑语，所蒸如釜中气，腾腾上触。

设备简陋，观众拥挤，如同锅里煮饺子，而内中却不乏文人墨客、官宦士绅的频频光顾。为何？京剧夺人之魅力也。

想想吧，就是在这一座座简陋的舞台上，京剧走过二百年，由昆、梆、徽、汉"四下锅"的杂唱，渐而提炼出西皮、二黄为主的板腔。演唱丰富多彩，表演细腻生动；化他为我，兼收并蓄，独成一家；演员善变，观众善择。就是这些舞台和一代代乐此不疲的观众，托出了千锤百炼的京剧，老戏园子功不可没。

大栅栏戏园子多，戏班也多。渐渐地戏班、演员习惯了，就相对固定在一个戏园子演出。

广德楼

在大栅栏西口路北，建于光绪年间，舞台与广和楼相似，名角云集，当年程长庚、余三胜、梅巧玲、汪桂芬都曾在此演出。后为俞振亭创办的斌庆社占用，出过李万春等名角。后改名前门小剧场，演点儿曲艺节目，惨淡经营，早失去了当年与"东广"（广和楼）争锋时"西广"的盛誉。但它侥幸还在。

三庆园

在大栅栏中间路南，当过仓库，又改为职工食堂，后来拆了，如今难得重建。当年谭鑫培、路三宝、贾洪林、余玉琴等名角曾在此演出。李万春先生曾对笔者说过一段

315

"三庆园"的往事。

有一年寒冬腊月，大雪溜溜儿下了一天一夜，足有一尺多厚，路上罕见人迹。这天晚上谭大老板在三庆贴演《碰碑》。"还会有人来听戏吗？"谭大老板出家门时心里直琢磨。不承想，一进园子，和外面的冰天雪地满不一样：园子里热气腾腾，人声鼎沸。谭大老板为满坑满谷的观众震惊了。他立即通知管事的："今儿来的都是我的知音！演完《碰碑》，叫观众别走，我再加一场《卖马》！"说完这段往事，李万春先生很有感触地说："角儿是观众捧红的，心气儿相通；离开观众，我们什么也不是！"

庆乐园

我小时候听李先生的戏，是在大栅栏东口路北的庆乐园。这个园子建于宣统年间，邻近瑞蚨祥、聚庆斋，地点不错，舞台池子的条件也好。杨小楼、余玉琴、王凤卿、贯大元、杨宝忠、刘砚芳等都曾在此演出。后来，杨韵谱首创的梆子坤班奎德社活跃了庆乐，舞台上出现了女花脸、女武生、女丑，演出了《茶花女》《血海深仇》等新戏，别开生面，名噪一时。可贵的是，当年李桂云等老演员锲而不舍，坚持把纯熟的表演艺术传承至今，为京城珍存了河北梆子这一古老剧种。

1939年，李万春创办鸣春社，为了招徕观众，在此演出了连台本戏《济公传》，戏中大量采用上海彩头班的手段，如机关布景、空中飞人、戏里带电影等，炫人耳目。后来又约请南北名角办"武生大会"、排演《四四铁公鸡》。这些奇巧、火爆的编排虽然打破了中规中矩的京剧模式，惹来不少议论，却也练出了李庆春、李桐春、吴鸣申、郝鸣超、王鸣仲、于鸣奎等一批优秀演员。在革新京剧的探索中，他们的经验不无启迪之处。

无疑，在20世纪30年代至50年代，李万春、李少春争强斗胜，强化了京剧生行的内涵，拓展了戏路。李万春先生晚年，曾与笔者谈及他塑造关羽、孙悟空艺术形象的心得，以及他师从马连良学艺的情况。字字珠玑，精彩纷呈，极为宝贵。很可惜这些经验之谈，没能留下，都随他而去了。

同乐轩

在大栅栏中段路北的门框胡同里，建于1909年。园子不大，台也小，演不了大戏、武戏，只能演点儿杂耍类的曲艺节目。后来改成电影院，生意不错。有段时间演完电影加点儿魔术、流行歌曲，也算"两下锅"。曾经是京城唯一的全景电影院，如今也荒废了。

中和园

位于粮食店北口路西，紧邻大栅栏东口。本为永定门外花炮作坊薛家之祖产。清乾隆年间，徽班进京曾在此轮番演出。一代名伶谭鑫培就是在此园一举成名的。1900年被焚毁，后又由北京钱庄票号业的富商出资重建。园子类似广德楼，规模不大。1928年，卖给程砚秋的总管梁华亭后重新改建。程砚秋长期在此演出。程梁分手后，程砚秋撤出中和园，尚小云的重庆社和他创办的荣春社都在这里演出过。

1931年9月18日夜，为赈济辽西水灾举办义演，梅兰芳在这里演出梅派名剧《宇宙锋》，张学良将军及部下将领、英国公使出席观看。演出中间，副官匆忙来到张学良将军身边耳语，张学良神色紧张，匆匆退场。当时梅兰芳也察觉台下观众忽然走了不少，不知何故。第二天才得知，是夜日寇袭击沈阳北大营，发生了震惊中外的"九一八"事变。

1946年秋天，笔者在中和园花了一个下午连一个晚上，第一次看完了成本大套的《群英会·借东风·华容道》，第一次亲见了叶盛兰、萧长华、马连良的精彩演出，这才知道那段脍炙人口的"学天书，玄妙法，犹如反掌"是怎么唱的。"文化大革命"时期，中和被当作北京京剧团的团部，许多老演员被关在这里的"牛棚"里，交代"问题"。

1966年12月13日中午，剧团食堂开饭了，大家排队。马连良问站在他前面的张君秋："今儿吃什么呀？"

张君秋答："吃面条，挺好的，您来三两吧。"

马连良说："今儿家里会给我送来点儿虾米熬白菜，我倒想吃米饭。"但此时只能吃面条，他买了一碗。之后，便摔倒在地。拐棍、面条、饭碗都扔了出去。据说马连良这致命的一摔和演戏一样，极像《清风亭》里的张元秀：先扔了拐棍，再扔了盛着面条的碗，一个跟头跌翻在地，似一片秋冬的黄叶，飘飘然、悠悠然坠落。人送到了阜外医院，他的一个女儿在那里当护士。

1966年12月16日，马连良遽然长逝。

（章诒和《伶人往事》）

一代名伶马连良，在那个人妖颠倒的年代，倒在了他熟悉的中和戏院的舞台下。真个是"一阵风，留下了千古绝唱"！

华北戏院

另一曲悲歌发生在1967年严冬,杰出的评剧艺术家李再雯(小白玉霜)不甘凌辱、愤然自尽,年仅四十五岁。她和新凤霞的退出舞台,终结了评剧一个有望中兴的时代。至今,印象颇深的是新中国成立初期,时常陪母亲到西珠市口路北的华北戏院看小白玉霜一个接着一个的新戏。那时候,乌云散尽,"解放区的天是明朗的天",人心欢愉,评戏舞台一扫旧风,率先演出紧跟形势的现代戏,其中小白玉霜最积极。她演唱的《小女婿》可以说是家喻户晓,妇孺皆知。她低回婉转的唱腔,如泣如诉,打动人心。她塑造的秦香莲,几乎无可争议地最让人认可、理解和同情;她创立的"新白派"演唱艺术,使年轻而又通俗的评剧提升了一个高雅层次。她是第一个演现代戏的老演员,第一个当选为政协委员的评剧演员,第一个自愿赴朝慰问的名演员,第一个受到毛主席接见的著名演员,也是唯一殉难"文化大革命"的评剧表演艺术家。现在,华北戏院拆了,被它的老邻居扩建成全新的"丰泽园饭庄"。路过此地,眼前常闪动她素雅的形象,耳边响起她低回醇厚的唱腔,如泣如诉……

开明大戏院

开明戏院位于前门外西珠市口路南,建于1912年,由中日商人合资兴办。这是一座新型戏院，为洋式二层楼，门脸为椭圆形，舞台台口为半圆形，介于西方镜框式舞台和中国传统正方形舞台之间，可以说是中西结合，使用黑绒大幕。它的设计者为早期留学意大利的建筑师沈理源。戏院建成后只演电影，后来加演文明戏（即话剧）。20世纪20年代后，京剧名角梅兰芳、杨小楼、余叔岩、孟小冬等经常在开明戏院演出，盛极一时。20世纪40年代初，评戏皇后白玉霜在此演出。

依然是新中国成立初期，依然在西珠市口，不过是在路南的开明大戏院，迎来了梅兰芳新中国成立后来京的首次公演。连演三天，头天的打炮戏是《宇宙锋》。票价不菲，排了一宿的队，才买到楼下最后一排的票。渴望的激情有如接近沸点的滚水，就在梅兰芳扮演的赵艳蓉出台的一刻，全场灯光大亮，一声天崩地裂的"好哇！"，震得全场晃动，有如火山迸发，岩浆滚流。我只觉得浑身发烫，眼前模糊，说不上是梅兰芳的艺术感染了观众，还是观众已然忘情于眼前的舞台。戏没看好，激动的情绪怎么也控制不住。直到以后才抓机会看了几场梅兰芳的戏。手头常翻的还是他那部《舞台生活四十年》。

开明戏院后来改名民主剧场，修两广路时，为拓宽街道被全部拆除。依稀记得当年炎夏，开明楼顶开放"屋顶花园"，演出曲艺杂耍：汤金城的口技、高德明的相声、曹宝禄的连珠快书、王佩臣的醋溜大鼓、"快手刘"的古彩戏法、"架冬瓜"的《拴娃娃》……凉风习习，灯火阑珊，时而飘来楼下的锣鼓声。放眼夜空，京城不眠，闪动着明明灭灭的星眼。

华乐戏院

鲜鱼口离我家不远，路南的华乐戏院我常去。除了近便，还因为那里常演合作戏，名角云集，戏码硬整。

听老人讲，此处原来是一个叫天乐园的清茶馆，建于光绪初年。平素喝茶聊天，谈事会友。后来下午添了评书、杂耍，再后来茶园成了戏园。1900年庚子事变后，梆子演员田际云（艺名"响九霄"）创办的玉成班在此演了很长的时间。玉成班的梆子、皮黄"两下锅"，在当时是个创举，十分受欢迎。

民国初年，万子和、吴明泉等人集资，把天乐改建成剧场，舞台为画框半圆形，观众席是单人联椅，很舒服，能容千名观众，改名华乐戏院。京城名角轮流在此演出。梅兰芳年轻时曾搭班在此演出，1912年梅兰芳在天乐园首次与老前辈谭鑫培合演《桑园寄子》。这是为正乐育化会筹款而举行的一次义演，十分轰动。坤班"崇雅社"也常在此演出，1931年富连成科班一度在此演夜场。1937年富连成退出广和楼长期在此演出。1943年长春堂药厂失火，殃及一弄之隔的华乐，连同富社正演出连台本戏《乾坤斗法》的道具布景全部烧毁，损失惨重。两年后，剧院重建，靠着万子和的经营，上座率始终不衰。新中国成立后，剧场重修，更名大众剧场。

20世纪50年代初，有一次在华乐演义务戏，多年不上的老演员都粉墨登场，轰动京津。记得第一出是马德成的《火烧百凉楼》；第二出是尚和玉的《锤震四平山》；大轴是郝寿臣、萧长华、谭小培、华慧麟的《法门寺》。记得马老、尚老均已年过八旬，仍然勒头、扎靠、勾脸、蹬靴，唱念做打，一丝不苟，尚老上下场都有人搀扶，到了台上，口念"恨天无把，恨地无环"，瞠目发力，活现李元霸的神威，台下掌声如雷。郝、萧、谭、华的《法门寺》，旗鼓相当，各显功力，却又凸现"一棵菜"的精神。那是展示老一辈艺术家艺能、艺德的演出，如醇酿味永，令人钦羡。把一出戏演得这么完美，几不可遇。余生也晚，侥幸与当年盛名于世的老前辈，有这么一面的台缘。

哈尔飞戏院

过去西城没有戏园子，听戏必须到前门外。民国初年，东北军进驻北京，东北督军张作霖为了报答当年盛京将军增祺收编提拔之恩，特地到旧刑部街增祺赋闲的宅子叩谢，送上十万大洋。后来增祺迁居天津，就将宅子送给了张作霖。张学良建议改作奉天会馆。宅子很大，有花园,又修建了戏台。1930年,会馆分出一半改成了对外营业的戏园,起名"哈尔飞",弥补了西城一时无戏园的空缺。

问题来了,北京的老戏园子起名都是古色古香的吉利词,怎么突然起了这么个怪怪的"洋名"?查遍满文、英文,又都没这个词,什么意思呢?原来,剧院经理彭秀康为了赶时髦,取英文happy快乐之意,取名"哈培",不料登广告时,被误作halpy,音译"哈尔飞",从此这个以讹传讹的怪名留在了老北京的记忆中。剧场的舞台坐南朝北,半圆形,观众席为慢坡形,前后不遮挡。

1930年9月14日开幕那天,梅兰芳讲了话,与姜妙香合演了《贵妃醉酒》。因为这是梅先生访美回来首次在北京露演,观众情绪高涨,有久别重逢之感。全场演出掌声不断,就连中场休息也是掌声爆起,演出不得不提前开始。可见观众对梅兰芳艺术的钟爱。此后杨小楼、侯喜瑞等名家都曾在此演出。著名音乐家黎锦晖主持的明月歌舞团也曾在这个舞台上演出了流行至今的《可怜的秋香》《小小画家》等名曲。应北京大学生之约,名妓赛金花还在这里讲述了庚子年八国联军屠戮京城的往事。会馆的东花园一度办过茶社,请当时曲艺名家小彩舞、金万昌、常连安演出。哈尔飞后来又改名大光明电影院,上演美国电影。新中国成立后,剧场整修后改名西单剧场,曾作为北方昆曲剧院的演出地。我最后一次来这里看的是李世霖老师用一年的时间，传授爱徒于魁智上演李少春的代表作《打金砖》。他动情地说："魁智悟性很高，功底也好，今后大有前途！"

长安大戏院

位于西单十字路口东南，清代时原是一家扛房的仓库。后由商人杨守一购买。1937年杨守一的亲戚段正言（当时北京道德学会"坛主"）出资建造了长安大戏院。

有一次在这里看尚小云的《摩登伽女》，是在楼上的最后排。台上的尚老板一身时髦的白纱衣裙，仿佛是西洋歌舞，唱的却是皮黄，特别新鲜。尚老板侠义心肠，常演刚烈豪爽女性。加上他有深厚的武功底子，表演起来且歌且舞，挥洒自如，塑造的妇女形象别具一格，常令人耳目一新。他勇于探索，不断更新剧目，创办荣春社，培养了不少京剧栋梁材，是"四大名旦"中唯一办班育人的艺术教育家。

戏院圆形舞台，设备较新，楼上楼下能容一千多人，地处闹市，交通方便，常举办大型义演、合作戏。如今，"长安"东迁长安街新址，富丽堂皇，几乎成了北京的京剧重镇之一。

新新大戏院

老"长安"建成不久，马连良筹资三十万元（合三千两黄金），也在西长安街路南、双塔寺（今邮电大楼）对面，建起了"新新大戏院"。马连良刻意求新、求精，艺术上一丝不苟。他早就想利用现代科技造一座现代化的大戏院，让演员舒舒服服地演戏，观众舒舒服服地看戏。所以，他请当时北平大学工学院建筑系主任按现代化剧场设计舞台和观众席，仿照罗马剧院的外形建造剧场的外观，起名"新新"。一个京剧演员，用心如此良苦，至今无人能比！

可惜，没几年日寇侵占北平。"新新"被日寇、汉奸以三十万元强迫买走，改为电影院，大演满映李香兰的《万世流芳》，鼓吹"大东亚共荣圈"。北平光复后，改名"国民电影院"，上映头轮好莱坞大片，还演过话剧。我曾在这里看过石挥主演的《秋海棠》，其精湛的演技，令人叹服。从此石挥成了我心目中评定话剧演员的标尺，再难有与其比肩者，何故？非无人才，实无锻材之炉火也！

记得，当时北京城流行一句口头语。

甲说："这事儿真新鲜！"

乙答："新鲜啊，新新改国民啦！"

北平和平解放没几天，有解放军干部访问我家，并送来几张戏票，到国民电影院看解放军文工团演出的歌剧《白毛女》。一家子高高兴兴地去了，看的时候，爸爸告诉我，演喜儿的叫郭兰英，原来是唱山西梆子的，多好！新中国成立后，"国民"改名"首都"，依旧是京城设备最好的影院之一。现已拆除,在西面路口建了更新式的新世纪影城。

第一舞台

位于前门外西珠市口路北,建于1914年,是京剧名武生杨小楼、名旦姚佩秋与商人集资兴建的。梅兰芳《舞台生活四十年》中回忆:"这里的一切建筑、灯光完全模仿上海三马路大舞台的形式。""在民国初年的北京,这应该算是首屈一指最新式的一个戏馆子了。"叫第一舞台,当时的确名副其实。概括起来可有五个"第一":是第一个具有三层楼观众座的戏园子;是第一个实行环形折叠式排椅的戏园子;是第一个改方形舞台为椭圆形舞台的戏园子;是第一个没有台柱子的戏园子;是第一个采用大幕和实行人工旋转舞台的戏园子。剧场建成后,众多名角争相在此登台献艺,许多义务戏也在此演出。可惜,1937年的一场大火,使第一舞台付之一炬。

天桥诸戏园

天桥是当年穷苦百姓活动的地界,天桥市场形成于清末至民国初年,这里也是许多艺术家的摇篮。天桥早期的茶园有泰轩园、万盛轩、天乐园、开桂园、小桃园、小小戏园、小吉祥戏园等,规模小,设备简陋,以演曲艺、杂耍、评戏、梆子为主。新凤霞就是从万盛轩飞出的评戏

"金凤凰"。有"天桥马连良"之称的梁益鸣,组织了天桥戏班,长期在天乐戏园演出马派名剧,使广大穷苦的戏迷也能领略"马派"神韵。

会馆的戏台

京城还有另一类舞台,那就是会馆的戏台。

北京贵为封建王朝的帝都、民国时期的首都,全国的政治中心,必然像一块强力磁石,吸引着全国各地的学子、官宦士绅以及各色人等进京赶考、做官、谋事、求生、圆梦、发迹。会馆就成了他们落脚喘息、暂避风雨,求取出路、交换信息的场所;也成了整合地方乡里势力、笼络感情,谋划事理以及解救乡梓急难的所在。"亲不亲,故乡人。""老乡见老乡,两眼泪汪汪。"活化出民族情感中地域观念强大的吸附力和排他性,内中也不乏公益自救的合理成分。

汪启淑《水曹清暇录》里说:

> 数十年来各省争建会馆,甚至大县亦建一馆,以致外城房屋基地价值腾贵。

会馆大小不一,全依投入的财力而定,或三四重深宅大院,花园、戏楼一应俱全;或仅一进小四合院,如同普通民居。粗略统计,光绪时期京城会馆就有四百多所,大多建在宣武门、前门外。

比照地方会馆的模式，一地的行业同仁，为了合力自强、应对竞争，也建了不少行业会馆，如明朝中期山西人建的颜料会馆，康熙年间绍兴人建的银号会馆（正乙祠），广东珠宝、香料商建的仙城会馆，乾隆年间玉器商建的长春会馆等。

戏曲的"堂会"形式，大多在会馆的戏台上演出。现存虎坊桥的湖广会馆戏楼有二百多年的历史，整修后演出京剧，并辟为京城唯一的京剧博物馆，十分珍贵、难得；已然修葺一新的前门外小江胡同的平阳会馆大戏楼，建于乾隆年间，戏台分上中下三层，结构繁复，可以演出天宫、地府、人间三重空间，世间罕见。

安徽会馆坐落在宣武门外的后孙公园路北，原是明朝崇祯年间进士孙承泽的故居。清同治七年（1868）由合肥李鸿章、李瀚章兄弟提议，淮军诸将领共捐万金建成。会馆为三路三进四合院，还附有一个花园。中路戏台宏伟，李鸿章亲题楹联：

依然平地楼台，往事无忘宣榭警；
犹值来朝车马，清时喜赋柏梁篇。

位于西河沿的正乙祠戏楼已恢复原貌，对外演出。"正乙"是指银号钱庄业共同供奉的财神爷：黑虎玄坛赵公明元帅。每逢赵元帅生日时,银号业同仁要请戏班来演戏祝寿,上香叩拜,给财神换袍,议决要事,很是庄重。

会馆文化凸现的士大夫文化,是老北京文化中极富内涵、亟待研究的一个重要部分,它涵盖了社会、政治、经济、文化、艺术、建筑、园林、民俗、戏曲诸因素,核心是以人为本。

北京还珍存着两座规模宏大、结构繁复的皇家大戏楼:一处是紫禁城东侧路宁寿宫的畅音阁大戏台,另一座是颐和园中的德和园大戏台。慈禧一生爱听戏,无形中促进了京剧的成熟与完备,保存下一笔丰厚、珍贵、有待整理开发的戏曲文化遗产。

老北京老戏园子的风景,正从人们的记忆中飘然逝去,绕梁的余韵还能激起普通人心底的涟漪吗?

说到京剧,总会让我不由得想起一段并不遥远的往事。

四、我也"票"了一回戏

1962年,我在军委空军通讯团当兵锻炼一年后,留在这个团的政治处当文化教员。

1963年,部队讲究"处处有歌声,月月有晚会",我这个教员除了给干部讲讲《毛主席诗词》《毛主席的六篇军事著作》外，就是下连队帮助战士编排小节目，到月底演出。想不到日积月累，有几个我向战士采集的土里土气的小节目，像河南小曲表演唱《五老夸儿》、拆唱牌子曲《星期天》在全空军获了奖，罗瑞卿总长看了还说了几句鼓励的话。

1964年春天，空军直属政治部召开文化工作会议，传达中央将在6月举办京剧现代戏观摩大会的文件。会后，文化处的刘处长问我能不能编京剧。我说："能！"一下子情绪高涨。

这次我敢应下写本子、排京戏的任务，除了爱好之外，还因为战士里有几个长春京剧团的青年学员和会文武场的河北兵，这样演员、乐队不成问题。为了速成，我改编了当时红极一时的评剧《夺印》里"劝陈"的一折，重写了唱词，设计了唱腔。这段戏就两个人，我演小陈庄的支部书记何文进（老生），首钢来的新兵李宝生演犯错误的生产队长陈广清（裘派铜锤）。为造气氛，前面加了一场"夜查"，由电台台长魏学策（转业后曾任中国京剧院副院长）扮演民兵队长。一开场，他带着几个民兵在紧密的锣鼓声中寻场"走边"，制造气氛。而后锣鼓缓来，气氛转平，我和李宝生上场，有几段吃功夫的对唱。小戏有文有武，还挺热闹。排好后先在团里演，锣鼓一响，台下的战士热烈鼓掌，"看大戏了！"初演成功，又拿到空军大院营建大队礼堂演。各级领导看了都很兴奋，认为战士自编自演京剧很不简单。

这时,我听说在空军文化工作会议上,刘亚楼司令员让空军所属的文工团排京剧现代戏,却无结果。我们的《夺印》引起空军首长的兴趣,决定把我调出,改编全部的《夺印》。我想,改编再成功也是人家的戏,决定自己写个反映空军指战员生活的新戏。领导同意,并组成一个后勤班子,保证我完成创作任务。

压力很大,时间很紧,写什么呢?

6月5日,"1964年京剧现代戏观摩大会"在北京举行,十九个省、市、自治区的二十九个剧团两千多名演职员参加。北京京剧团演出了《芦荡火种》。毛主席观看并接见了全体演员,周总理发表了重要讲话,彭真做了报告。躬逢其盛,我参加了这个历史盛会,边看人家,边琢磨自己的"本子"。结果,我从众多的文件中,看到一份反映四川某部战士回乡探亲,发现父亲有贪污问题,最后协助"四清"工作组破案的简报。它引起了我的兴趣,调动了我在连队和过去在农村的生活积累。我有信心写好这个戏。结果很顺利,只用一周的时间,就完成了初名《迎春曲》五场戏的初稿。领导小组一面讨论剧本,一面从空军直属单位选调演员,其中有护士、教师、厨师、报务员、警卫员、翻译等。可是,这么大的戏,这么多的唱段,由谁来设计唱腔、音乐,谁来导演呢?这时,电台台长魏学策凭借他入伍前在中国京剧院工作的关系,拍胸脯保证回剧院请老师。中国京剧院党委知道后，大力支持，派李世霖老师来部队，担任艺术指导。

李世霖老师是富连成科班第五科"世"字科的优秀老生。他与袁世海、李世芳、毛世来、江世玉、艾世菊等同科，长期与李少春、叶盛兰、袁世海、杜近芳等名家合作，能戏多、演艺精，配合默契。加上他扮相爽朗、嗓音嘹亮，是京剧舞台上不可多得的一位"好佬"。有一次，周总理在人民剧场看李少春、袁世海、杜近芳演出的《野猪林》，看完接见演员时，周总理特意高声问："李世霖同志在哪里？"李老师站在后面，高声应答："我在这儿。"总理说，你扮演林冲的岳父，在林冲夫妻生离死别一场，你没有台词，没有唱段，站在一旁看着自己疼爱的女儿、女婿遭遇不测，把老人当时悲痛在心、愤恨难忍却又不得不忍气吞声的心情，表演得恰如其分，既不喧宾夺主，又烘托出林冲夫妻死别的悲剧气氛，演得很好！一出戏，红花鲜艳，还需要绿叶帮衬嘛！

能得到李世霖老师的全力指导，我们喜出望外。那时候，我们在前门招待所集中，李世霖老师接过剧本后，很快安排好场次，逐场、逐人、逐段地设计好唱腔，配齐锣鼓点，协调好乐队的文武场，跟着一场场"下地"排练，不到半个月，整个《迎春曲》五场戏就"戳"起来了。速度之快、效果之好，连我这个作者都料想不到！我这才领会世霖老师深厚的功底和广博的经验。

后来，李老师又请来叶盛兰老师为唱腔把关，李金鸿老师为身段把关，沈玉才、赓金群二位老师为乐队把关。中国京剧院的顶级名家亲临部队，栽培我们这些生手，使演出水平大大提高。中国京剧院的领导特意请我们在人民剧场为全剧院的演员们进行观摩演出，分口座谈，使我们受益良多。

总政文化部陈其通部长看完戏后说："很难想象我们的战士，作为业余演员能把京剧演得这么好！"吴法宪司令员说："我们的战士回乡探亲参加了'四清'运动，上了新的一课。战士自编自演京剧现代戏，也是上了新的一课。"从此，这个戏就改名《新的一课》，在军内外演了不少场。说好的多，找毛病的也有。当时刘亚楼刚去世，内部矛盾很尖锐。我一个小兵拉子作者，常陷两难窘地。后来，空军政治部找了个让我"深入生活"的理由，把我调回部队，到湖南邵阳参加空军的"四清"工作团。这样，我走了，剧组也散了，我的这一段戏缘也就结束了。

如今，北京建起了不知比当年广和楼漂亮多少倍的长安大戏院、国家大剧院、梅兰芳大剧院……座座富丽堂皇，流光溢彩，不是宫殿，胜似宫殿。全国各地也在不惜重金地建造摩登大剧场，京剧演出条件空前的好。加上有了电视的手段，既可录存，又可传播，好得不能再好了。只是如今享受诸般优厚待遇、效仿流派的"著名京剧艺术家们",能不能如同当年的好角儿那样,在素朴的戏台上散发出各自不朽的魅力,那就不得而知了。

京剧到底是北京出产的国粹。早先,上自懂戏的慈禧、熟用鼓板的光绪,下至天桥的贩夫走卒,都会唱诸葛亮那段"我正在城楼观山景"的西皮二六。和当年谭鑫培等好佬儿相比,一个是醇酿,一个是凉水。到如今,京剧这些事儿,叫人烦心,生怕二百多年的醇酿,到我们手里变成淡而无味的凉水。

第九章　可人的小黄鸟儿　外一则

那时候，北京城不大，就老城圈儿里里外外那么大的地方，四周围的延庆、昌平、怀柔、密云、顺义、房山，乃至通州，都属河北省管辖。人也不多，站在前门楼子底下的桥头上往南望，可以清楚地看到天桥。天清气爽，能数得过来马路上有多少车和多少行人。

那时候，北京城很清静。

可人的小黄鸟儿

我住家的珠市口冰窖胡同更是清静无扰。

清晨喜鹊喳喳，还有各种鸟叫，空中奏鸣曲开启了京城新的一天。有一年舅舅从天桥给我提溜来一只黄鸟儿。小竹笼子，有提拉的小门，两只粉彩鸟食罐，一左一右，一水一食。笼内跳跃着一只金翅小鸟儿，活泼可爱。舅舅说，黄鸟儿又叫金雀，别看小巧伶俐，飞翔能力却很强。越冬迁徙，能横飞半个地球，穿越数万里，是鸣禽里无愧的飞行冠军。黄鸟儿最可人疼的地方，是它鸣音婉转，悦耳动听，模仿能力又强，能学山雀的高音、喜鹊的宽亮和草虫油葫芦的嚯嚯嘟嘟。黄鸟儿会唱，还能表演各种杂技，比如它会戴面具、提吊桶、叼钱、叼牌、叼卡片、拉抽屉，等等。我去天桥，常看见小黄鸟儿高高飞起，准确地把观众手中的钱币轻轻叼起，飞回主人身旁，把钱币投进钱箱。灵巧的飞行，可人的传递，立即赢得观众的一片喝彩。

父亲把鸟笼子挂在房檐下，高亮通风，每天它都用婉转的"歌声"叫醒我们。我负责给它换水，添粟子。它

鸟市

必然跳出竹笼，落在我的肩上扭着头叽叽喳喳"说"个不停，等我收拾好笼底的鸟屎后，它便轻快地入笼，吃吃喝喝，不时停下来，冲着我"唱两句"。我再也不关闭鸟笼的竹门，任其自由出入。傍晚下学，才进家门，就见一小团"黄云"飘落在我肩上，接着是"叽叽喳喳"地一顿"汇报"。小黄鸟儿真的成了我一天也离不开的"小伙伴"。

然而，有一天凌晨，随着院里一声尖细的惨叫，紧接着"哐啷"一声响亮。我抢先出门，发现房檐下的鸟笼子坠落地上，地面凌乱地散落着黄黄的小羽毛，一只棕色的大鸟撑满小小的竹笼，大鸟如钩的铁喙上淌着殷红的血滴，我顿时跺脚痛哭……舅舅拿走了挣扎在小竹笼里的雏鹰，卖给天桥的鸟市，价钱不低，说再给我买一只更好的黄鸟儿。我摇头辞谢了。

后来，我在首都剧场观看老舍的《茶馆》，演到松二爷被捕，他凄凉地喊道："王掌柜，您费心，看好我那只黄鸟儿！"话音未了，我顿时怆然泪下。死难当头，松二爷这个胆小怕事的旗人，顾及的不是自己，而是那只日夜相伴的小小精灵，那该是一颗何等博大的仁爱之心啊！

雨后的蜻蜓

那时候,北京城容得下天地万物。从前门楼子上的雨燕,到太庙金砖地面爬行的硕大蚂蚁,都能自由自在地生活着,繁衍着,各得其所。我记得,在胡同里,天刚一擦黑儿,头顶上就时常掠过蝙蝠(燕么虎)迅疾的身影;墙上遍布小蜘蛛织就的网窝,只轻轻地一挑,就有一只黑身白点、胖乎乎的蜘蛛仓皇地跑出来。它们是吃苍蝇的,文大爷告诫我们,不该拆了它们的家。夏天,胡同里的老槐树常有槐蚕(我们叫它"吊死鬼儿")拖着细丝凌空飘降,偶尔溜进脖颈子里,凉凉的,吓一跳。我总以为那时候,哪儿有人,哪儿就有各式各样的虫儿。有一年夏天,我住在阜成门外亿合盛粮店的柜上,土炕苇席,早上起"炕",发现背心后面有黄黄的一块印记,回到土炕上一找,竟有一只不小的蝎子被我压死了,那害人的尾巴钩子歪倒一旁,钩子死死地扎入苇席不放,我幸免一"难"。

上小学时,学校是座明代的古庙,破败不堪,有时候去早了,常看见黄鼠狼在讲台上"跳舞"。陈老师说,那是大仙,不可袭扰。北京人心善,有信奉"四大仙"之说。文大爷告诉我,"四大仙"是黄大仙黄鼠狼、红大仙狐狸、白大仙刺猬和绿大仙蛇。四大仙是保民除害的,不可捉杀。除了刺猬是吃虫子草果的,黄鼠狼、狐狸、蛇,都是捕鼠能手，确对京城子民有益无损。这是因为早先，古城地广人稀，"四大仙"以及众多的花鸟虫鱼都得其所哉，也点缀了京城子民五花八门的闲适生活。

那时候，北京城的孩子没有不喜好玩草虫的，比如蛐蛐儿、蝈蝈儿、油葫芦、金钟儿、萤火虫、蜻蜓、蝴蝶、蚂蚱、大蚂蚁，等等。其中以蛐蛐儿、蝈蝈儿尤胜。文大爷说，会玩儿先要会养，知晓草虫的习性秉性，只有养得好，才能玩出乐趣。至今，我还记得几个小同学拿着探子、小铁罐去崇文门外四块玉的野坟冢里逮蛐蛐儿的场景。据说坟里的蛐蛐儿吃死人肉，眼睛血红，身躯也大，能掐善咬，不战胜对手死不松口。我不喜欢看两只蛐蛐儿拼命地撕咬，只喜欢听蛐蛐儿悠长的鸣叫。秋夜永长，铺板底下澄浆底蛐蛐儿罐里，不时传出"嚯嚯嚯嚯"的叫声，轻悠适度，促人入梦，安人心魂，那是只有古城胡同里才有的静谧。

我爱听虫鸣，也喜欢养蝈蝈儿。还记得，做厨师的胡大爷怀里总是揣着一个精美的蝈蝈儿葫芦，忙里闲里总能听见一声声"蝈蝈蝈蝈"的叫声，仿佛劝慰劳累的人们"该歇一歇了"。养虫儿不光长知识，也培养性情，孕育出一种安抚心绪、化解烦恼的气韵。

如今我从破旧的大杂院搬进了楼房，北京城也脱去老城圈儿年深的旧装，一天一变地走进水泥森林，罩在玻璃幕大墙后面。稠密的人口，堵街的汽车，沾染农药化肥的食品，闹得人心烦意乱，日夜不安。

梦里，我时常见到久违的蜻蜓。自问，夏天雨后，还能见得到胡同里低飞的蜻蜓吗？

进入伏天，天气炎热，多盼着一阵暴雨带来清凉，也带来满街飞舞的蜻蜓啊。蜻蜓是文词儿，只有小学刘老师在上自然课时这么讲。我爱叫它"蚂螂""老竿儿""老琉璃"。它比蝴蝶苗条、轻捷，却同样美丽多彩，飞起来像只小飞机；拴过我童年的梦，带给我升入蓝天的遐想，也曾在我们稚嫩的心灵里投过一束悲凉。

那时候北京城里到处是水，除了积水潭、什刹海、北海、中南海这些"海子"，还有可以走船的护城河，天安门前的金水河，古老的莲花池、金鱼池、龙潭湖、窑台儿、泡子河，以及像龙须沟那样横七竖八的明沟。只一场暴雨，就可以把"刮风似香炉"的京城，沦为"下雨似墨盒"的大泥塘。然而这时我们这帮孩子们却欣喜若狂，因为雨后将拥有一场抄"老竿儿"的纵情欢乐。

说来也怪，京城不光养人，还养物。雨水一住，成帮搭伙的各色蜻蜓，一下子哄然而至，贴着泥水路面上下翻飞，美丽的身躯舒展开透明的薄翼，把漫天的彩虹搅得愈加斑斓。这时，我和小伙伴们手挥长把儿绳网在泥水中奔跑，两眼紧盯着空中五颜六色的"老竿儿"，追逐、抄扣，哪顾脚下的泥泞和满头大汗。看准了，一个挥臂兜扣，赶忙掐住网兜，小心翼翼地撩开网兜，细数所获，而后一一捡出,并拢每只"老竿儿"的双翼,小心地夹在手指缝中,一手可夹三只呢。望着"老竿儿"两只晶莹剔透的复眼和色彩清丽的长身,心里美滋滋的。

　　蜻蜓是我们夏日的玩伴。不下雨的时候,我们常去邻近的池塘、窑坑,观赏漫天飞舞的各色"老琉璃",只看那颜色就令人心醉,黄的如玉、青的如碧、蓝的如天、红的似火,再配以两只明澈的复眼、四扇宽长透明的薄翅、形如竹竿儿的长身,无异是天然的工艺品。在这当中,我们尤喜一身殷红的"红秦椒",它如一朵娇艳的火苗在空中飘来飘去。"老琉璃"闪着五颜六色的光,或穿越在芦苇和湖水间,或停歇在绿叶荷头,或单飞俯冲轻点水面(留下"蜻蜓点水"的成语),或交尾结环到处游弋……

　　蜻蜓飞阵中,还夹杂一种小蜻蜓,具体而微,与大蜻蜓一般无二,只是身量细弱,仅及其四分之一,我们弃之不理。经不住那美丽身影的诱惑,我们常趁其在芦苇上停歇的当儿,悄悄近前,快速出手,稳稳地手到捏来,而后就势拔一根芦苇,用苇丝拴住尾巴,迎空挥动,招引更多的"老琉璃""老竿儿"。

　　刘老师在自然课上说:"蜻蜓是益虫,它那上宽下尖的小嘴可厉害了,能吃蚊子、苍蝇。你们别伤害它,让蜻蜓帮助人们消灭蚊蝇,好不好?"老师说得对,"老竿儿"长得那么美,又吃害虫,我们怎么能只顾好玩而害它性命呢?从那以后,我们不再举着抄网满胡同疯跑逮"老竿儿"了,也不去水边招"老琉璃"了。

教体育的郑老师,各种体育项目都呱呱叫,尤其擅长足球,个子不高,跑速极快,是北京教工足球队的中锋。他还会唱京剧,会讲北京的老故事,我们都喜欢他。下雨天小操场积水不能上课,他便叫我们围着操场坐一圈,观看成群结队的"老竿儿"飞舞,说这是"红队"与"青队"的"空中足球赛"。他当裁判,边讲边裁,说得有鼻子有眼,跟真事儿似的,我们都痴痴地听愣了。郑老师说:"蜻蜓四个翅膀不光好看,而且扇动有力,配上它那竹竿儿身子,飞行速度可以达到世界女子百米冠军的水平。我踢球时就学了不少蜻蜓上下翻飞的技巧,在赛场上还真奏效。我喜欢蜻蜓,我爱她,她是我的老师!"大家笑了。郑老师却没笑,眼里闪动着泪花,低下头,久久没有说话。

暑假,郑老师带我们几个同学去宣武门外的窑台儿(今陶然亭公园)。我听说那是大明永乐爷修北京城时挖土烧砖留下的窑坑。嘉靖朝首辅严嵩主修外城,又从这里取土,坑越挖越大,积水成湖。水面宽阔,绿柳成荫;地界偏远,较比荒凉,却引来不少文人墨客、梨园子弟、青楼女子来这里消闲遣性,寄情山水。过去郑老师票戏,常和角儿们来这儿吊嗓子。他在票房结识了西城富户人家的白小姐,也是同样爱好京昆。两人私下切磋对戏入戏,台上表演传情生情,两心相印。久而久之,谁也离不开谁,闹得沸沸扬扬。怎奈他穷，人家富，"西城"看不上他这个"球痞子"，急着把小姐硬送到上海读书；不承想白小姐是个情种，积郁成疾，竟然殁于沪上。临终前，她嘱咐家人将郑老师送她的景泰蓝蜻蜓胸饰退还。因此，每至夏末秋初，郑老师总要怀揣蜻蜓胸饰来到当年定情的窑台儿，登高南望，遥祭沪上的爱人。

多年前，三门峡虢国墓地也曾出土一枚西周时期的玉蜻蜓，青色，受沁，黄褐斑，微透明，片雕，做飞翔状，口部有一穿孔。这或许又是一枚爱的信物。若是蜻蜓有知，它担得起这么重的生死恋情吗？

今人有知，容不容美丽的蜻蜓，在夏日的黄昏再度光临京城，牵起孩子们的梦想，搅动一天云霞呢？

京城古老，一鸟一虫又能牵出多少人情世故呢？

古城默然无语。

第十章　老地方藏着的老故事

北京是古城，古城就有古迹留存，走街串巷你会发现不少有名堂的老地方，要是往深里追究，就能抻出一连串儿的老故事。只不过，"逝者如斯夫"，无迹可寻了。如今偶尔碰到一处"老地方"，是民国时期的遗迹，就不错了，要是再远一点儿的是清代，追一追，或许还能扯到明朝。能在北京寻找到元代以前的"老地方"可就难了。

但北京终归是富有的。人们依然可以从地下考古、文献记载和残存的"老地方"地名中找到线索，按图索骥，挖掘出一个个老故事，而后顺藤摸瓜，任凭想象去描摹人生，遥望老北京人在历史长河的潮头，迎风弄棹的身影……

就说几个元代以前，北京老地方的小故事吧。

一、东胡林村：一万年前的项链和手镯

北京门头沟区斋堂镇，有个东胡林村。村西有条清水河，河水婉转，在峰峦叠嶂中冲出一条狭窄的河谷，河谷

两侧分布着河水冲刷的漫滩和两处台地。这里风光秀美，水土肥沃，适宜民居。不知道从什么时候起，人们在这里扎下了根儿，过起了平静的农耕生活。

1966年，北京的考古工作者在清水河北岸的第二级黄土台地上，发现了一处距今约一万年的新石器时代的墓葬。内中骨骼分属两个成年男性和一个少女，共三个个体。其中这名女性个体的资料保存得较完整。

在少女骨骼项部周围，摆放有五十多枚穿孔的小螺壳，最大的长18毫米、宽16毫米、厚11毫米，最小的长11.5毫米、宽8毫米、厚6毫米，如果用一根细绳穿起来，正好是少女戴在脖子上的一串精美古朴的"螺壳项链"。

在少女骨骼的腕部，还发现了用牛肋骨截断打磨而成的骨管，形状稍扁，最长的约长39毫米、宽17毫米、厚9.5毫米，短的长29毫米、宽22毫米、厚10毫米。这些骨管用绳穿起来，套在腕部，正是一件美丽的手镯。

少女戴着她心爱的"螺壳项链"和"骨镯"逝去了，却给后人留下了一串解不开的谜：是谁，用什么工具，在一万年前打磨出这么精美的项链、手镯？少女正值豆蔻年华，她的生命为什么戛然而止？又是谁把这一链一镯佩在少女身上？与少女合葬的两个成年男人又该是谁呢？

这是一个永远说不清楚的故事。但古墓葬却说清楚了两件事。

一个，距今大约一万年前，北京地区的人类开始走出原来所居的自然洞穴，由山地移居到平原上生活。这是人类进化史上的一个重大转变。

另一个，一万年前的东胡林人，在紧张劳作的同时，有了时间和精力，就地取材制作精巧的装饰品。东胡林人巧手打扮了自己，蓄进了绵绵情思，生活日益多彩。

这期间在北京地区除了装饰品，还有一些小摆设、小工艺品出土。比如平谷上宅出土的陶猪头，长8.2厘米，红灰色，造型生动，线条流畅，十分传神。同时出土的还有陶羊头、小石龟、石制蝉身猴面像等陶、石雕塑艺术品。它说明这个时期的"老北京人"不单爱美，爱装饰自己，也有情趣制作工艺品，回应日常的耕牧生活了。

二、董家林：最古老的"北京城"

今天的北京城是在元大都的基础上，经过明初的重建、清代的加工添彩，最后完成的。那么有没有更老的北京城呢，它建于何时，位置又在哪里呢？

1962年北京市的文物工作者在北京西南，房山琉璃河地区董家林村附近，发现了一处西周燕国的文化遗址，内中包括古城址、墓葬区和生活区三个部分。古城遗址为长方形，东西长为850米，南北长约300米，城墙用土分段版筑夯实，厚4米，有主城墙、内附墙和护墙坡。城外除南面外，东西北三面都有护城的壕沟。考古断定，这座古城的始建年代不会晚于商末周初，即公元前11世纪末。参照当地出土的青铜器有"匽侯"的铭文，证明这里就是"周武王之灭纣，封召公于北燕"（《史记·燕召公世家》）的燕国都城。

董家林古城址附近有大片的西周初期的墓葬群，出土了大量精美珍贵的青铜器，包括礼器、兵器、车马器、青铜工具等。青铜礼器多有铭文，记载了燕国战事，是弥足珍贵的史料。如著名的"堇鼎"，通高62厘米，重41.5公斤，内壁铸铭文四行二十六字，表明燕侯派大臣堇去宗周，向大保（召公奭）奉献食物，接受赏赐。堇因此铸鼎，以记荣宠。它说明，召公奭受周武王封地之后，依旧留在宗周辅佐王室。受封于燕地的是他的长子第一代晏侯。这和《史记·周本纪》《史记·燕召公世家》的记载是一致的。

在董家林文化遗址的居住区，人们发现的有房屋、窖穴、陶窑遗迹，出土了陶器、骨器、蚌器、漆器及石器。这里面品种繁杂，制作精美，有工具，也有日常生活用品，还有种种精巧可人的装饰工艺品。

在几座奴隶殉葬墓中，人们可以看到十三四岁的少年被捆绑手脚塞在棺椁之间的夹缝里（22号墓）；两名十几岁的少年奴隶叠压殉葬（53号墓）；一名青年女奴殉葬者被主人用重器击穿头骨额角（54号墓）；一名十七八岁的青年奴隶被剁掉十指埋在车下,同葬的还有六匹马和两条狗(53号墓前的陪葬坛)。为了炫耀奴隶主的权势、地位和排场,在有的陪葬墓旁的车马坑中,竟葬有十四匹马和五辆车。所有马头向北,侧卧坑底,马的骨架排放整齐,推测是杀后入坑的。这些都活生生地反映了奴隶社会的残暴与黑暗。

北京房山区琉璃河乡董家林村燕文化遗址是一处难得的历史大课堂。它以无可辩驳的实物资料揭示了中国奴隶社会的种种文明,证实了西周初期燕国都城的所在地。这是北京历史上最早的城,距今已有三千多年,它也该是世界上最古老的城池之一。

三、八宝山:西晋的骨尺

西晋末年,朝廷腐败,统治集团内部发生了相互残杀的"八王之乱"。驸马都尉王浚投机取巧,见风使舵,靠阴谋诡计、滥杀无辜谋取了骠骑大将军、都督东夷河北诸军事的要职,当上了大权在握的幽州(今北京地区)刺史。

王浚是北京史上一个贪婪残暴的奸官。他依仗并州刺史刘琨、辽西段氏鲜卑和幽州乌丸这三部分的军事力量的支持,统治幽州,一心要取代晋室称皇帝。王浚外借兵力,内依亲信。他任用女婿枣嵩等家族成员,横征暴敛,不顾人民死活。永嘉四年（310）"幽州蝗，草木牛马毛皆尽"。建兴元年（313）幽州大水，人无粒食，而王浚犹置楼台，寻欢作乐，多聚珍宝，贪得无厌。从事韩咸苦苦诤谏，王浚怒而杀之。《晋书·王沈传·附浚传》记载，当时王浚在幽州行政苛酷，赋役殷烦，贼害贤良，诛斥谏士，下不堪命，流叛略尽。鲜卑、乌丸离贰于外，枣嵩、田矫贪暴于内，人情沮扰，甲士羸毙。

建兴二年（314）三月，石勒率军攻占幽州治所蓟城，擒获王浚，杀掉了这个怙恶不悛的大贪官。这是北京史上一段昏暗凄苦战事频繁的日子。由王浚又引出一个老地方的老故事。

永嘉元年（307）王浚的妻子华芳死了，埋在今北京西郊八宝山革命公墓以西一里处。1965年7月，北京文物工作队发掘了这座古墓。

墓穴是用印有绳纹或条纹的青砖砌成的。墓道中有两道石门和四堵封门砖墙，封闭严紧。从现场看，墓主入葬不久即被盗掘。墓内混乱，堆满夹有碎石的填土。华芳的棺木被推倒，尸骨被拉出棺外，随葬器物多被盗走，只是在淤土和填土中发现了一些剩余残物。其中有漆棺、漆盘、骨尺、银铃、铜熏炉、炉盖、铜弩机、料盘、铜钱、陶罐等物。漆棺的涂漆层为5毫米，漆层之间夹三层麻布。银铃是一件幸存的珍品。铃为球状，直径2.6厘米，钮座饰为虎形。银铃上部有用银丝捏成的八个小乐伎人，之间有连弧、圈状花纹，下面系有镶嵌红、蓝宝石的小铃。八个小乐伎人分四组：两人捧排箫；两人举手横于鼻下左方，似吹笛状；两人持管或持喇叭，似竖吹状；两人手做捶击状，其中一人腹前还有个圆形小鼓。铜铃构思巧妙，制作精良，既反映出当时高超的工艺水平，也是那时歌乐舞伎的真实写照。仅这些残存的随葬品即可想见王浚独霸幽州时的奢靡腐化生活。

墓中发掘出的骨尺，虽简单，却很有价值。骨尺出土时总长24.2厘米弱，宽1.6厘米。骨尺制作精细，刻度也很清晰。尺的两面都分刻十寸，其一面的寸内还刻有十分。在寸和五分度线上，刻一至三个圈形纹。它表明晋时的1尺等于今天的24.2厘米。这是至今考古发现的第一件保存得如此完好的标准晋尺，为研究我国度量衡历史提供了一件难得的实物标本。

华芳死后，王浚写了很长的诗文，刻在墓志石的四面。这在魏晋时是很少见的。墓志长131.2厘米，宽57厘米，正文全部用标准的汉隶镌刻，志文内有"假葬于燕国蓟城西二十里"，这句话为尚有争议的蓟城所在地定了位，提供了重要的依据。北魏郦道元的《水经注》对蓟城附近的水道和几处地貌进行考察时，测定蓟城应在今北京外城的西北部、距八宝山10.5公里处，这正与表文所记"城西二十里"大体相符。1974年考古工作者对今西城白云观附近的残城墙考察时,发现西晋蓟城的西北角,就在今白云观西面土丘的西北。

一把晋尺量出古今分寸,量定幽州蓟城的位置,却量不尽暴政战乱下民不聊生的苦难。

四、温泉车儿营:北京最早的石雕像

北京的西山林木葱茏,泉水清凌,是历代王宫权贵修园建庙远隔尘嚣的好去处。过去西山有"一百零八寺"之说,可以推想,豪华幽静的园林亦不在少数。时光流转,朝代更迭,西山的寺院和佳园会受到自然与人为的摧残,但在它不变的气韵中,依然留下许多历史的遗迹。北魏太和造像,就是其中的一件珍贵艺术品。

北魏统一中国的北方后,幽州的郡治仍然设在蓟州。当时佛事大兴,处处建庙焚香,香火昌盛。这尊石雕佛像就在今北京海淀区温泉西车儿营村内。石像建于北魏太和十三年(489),距今已有一千五百多年了。这是一尊立式石佛像,通高2.2米,背后是光焰飞腾的华盖,左右各立一小佛。立佛法相庄严,神态恬静,左手自然下垂抚股,右手微弯亮掌,袈裟飘洒,跣足似远行归来。造型纯朴自然,刀法圆润流畅,有鲜明的北魏石雕佛像的风格。

这尊佛像历经风雨,伫立村中,保存得很好。不时有观摩礼拜者,慕名而来,虔诚地叩拜而去,相安无事。不料近年文物走私狂起,这尊千年佛像竟被人打坏盗走,一时成为北京的大案。现在虽已破了案,抓住了罪犯,追回了赃物,石像却已是重创在身,永难圆满了,令人愤恨。

北魏太和造像是北京现存最早的石像。它与大同云冈石窟和洛阳龙门石窟,是同时代杰出石雕佛像的代表作,其文物价值和艺术价值弥足珍贵。可叹这尊深居山林渡过千年劫难的佛像竟毁于今朝。西山有知,当如何看待今人?

五、云居寺:千年不辍地刻经藏经

什么叫坚韧不拔、百折不回?

去看看砌在崇山峻岭脊梁背上的万里长城。你会打心眼里敬佩古人"百年一日,万众一心"的意志和力量。

北京还有个老地方同样叫人感叹不已,那就是房山的云居寺。

老故事说的是,隋唐时有个奇和尚,为使佛经劫火不焚,永留佛宝,跑进深山一锤一钎地开石凿室,刻经藏经。更难得的是,他的继承者们,不论是僧是俗,也同他一样,一门心思地刻经藏经,意志坚强,倒曳九牛而不回。这件壮举从隋、唐、五代、宋、辽、金、元,一直做到明朝。无数位虔诚的僧俗前赴后继,矢志不渝,绵延千余年，共刊刻佛经1122部，计3452卷，存经板14278块，并有碑刻与影记6800余条。如此浩大的工程、绵长的工期、精细的镌刻和珍贵的史迹，举世无双。他们为人世间留下了一部石刻的大藏经，一份无比珍贵的文化遗产。石经无价，民族瑰宝！

这一奇迹的首创者是隋唐大和尚静琬法师。他献身佛教，为什么要刻经藏经呢？

话要从头说起。原来佛教兴起于公元前6世纪至公元前5世纪的古印度，东汉初时传入我国中原，魏晋时传入北京。

佛教东传中国，并非一帆风顺，其间有兴有灭，历史上就有"三武一宗"的灭佛劫难。

北魏太武帝拓跋焘，初时敬重沙门，后来转尊道教，并定为国教，自封"太平真君"，逐渐排斥佛教，后来他以长安"寺院内藏兵器，窟室藏匿妇女"（实为郡牧率家属在寺窟躲避战乱）为由，于公元446年下令毁寺灭佛、焚经杀僧，历时五六年，僧尼遭屠戮，佛迹几近湮灭，土木宫塔"莫不毕毁"，这是佛教东传中国遭遇的第一次大劫难。

有劫即有生。生在怀有宏志大愿的后来人。"北齐南岳慧思大师，虑东土藏教有毁灭时，发愿刻石藏，闭封岩壑中，以度人劫。"不料时隔百年，又发生了北周武帝宇文邕下令禁佛毁寺，庙产充公，僧尼还俗。一时佛经佛像销毁殆尽。慧思宏愿未酬，抱憾而寂。

面对残酷的现实，慧思的弟子静琬法师，秉承师嘱，发愿倾尽毕生精力把佛经刻在石版上，以保"永留石宝，劫火不焚"。隋大业初年，静琬来到了幽州"好着白云"的白带山。这里山深林密，白云缭绕，俨如天竺，有"小西天"之称。更奇的是，山中盛产材质优良的艾叶青石和汉白玉，正好预备给登临者镌石刻经。

从此，静琬于北山凿岩为室，磨石勒经，刻好的经版依次藏诸室内。每一室满，即以石塞门，用铁锢之。一洞封闭，再开一洞。终日勒石不止，刻经不辍。静琬刻经，一丝不苟。每块石经版都是一个规格，长1米多，宽约50厘米左右，厚约10厘米，版面磨光再镌刻经文，"其石温润，其字分朗"。选材制作都很讲究。

隋炀帝杨广东征高丽，路过幽州。他的内弟内史侍郎萧禹"性独信佛法"，就把静琬刻经护法的事告诉皇后，"后施绢千匹，禹施绢五百匹"，"朝野闻之，争共施舍"。有了朝廷的支持和资助，刻经得以顺利进行。到了唐代初年，静琬主持刻造的佛经有《大涅槃经》《华严经》《法华经》《金刚经》《佛遗教经》《弥勒上生经》《维摩经》等多部石经。众多的经版分藏于绿荫掩映的山岩之中，分上下两层共有九个石洞。

静琬亲手刻制了《华严经》和《大涅槃经》两部经

典。静琬刻经弘法的精神,感动天地。据寺志记载,"大涅槃经成。是夜,山为三吼,为生香树三十余。六月水涨,为浮大木千绠至山下。"静琬就用这些山洪暴发冲来的木料,于唐贞观四年(630),在山坳中创建了规模宏大的寺院,因其"寺在云表,仅通鸟道",时有彩云停留,故名"云居寺"。这真是一个美丽的神话。

云居寺分上下两个寺院。上院在海拔450米的石经山(北山)上,包括静琬刻经藏经的雷音洞等藏经洞和早年建的殿宇僧舍。下院就是在山坳中的云居寺院。说到上院,特别要说说雷音洞。

雷音洞又名华严堂,是北山藏经洞中最大的一个,而且是个天然洞穴,这或许就是当年静琬最早发现、开始刻经的地方。洞很大,宽敞如殿堂,洞"高丈余,纵横于高有倍"。据说"洞之初穿,火龙也。今石壁凹凸处,犹烧痕矣"(《帝京景物略》)。是天火烧的,还是人为烧的,说不清楚,反正是洞里过了火,就势拓展加大了。

洞内四壁嵌有静琬师徒在隋唐早期所镌刻的石经版146块。书法艺术与唐初虞世南、褚遂良等大家的风范相近,笔力刚劲,端庄秀美,虽无书者留名,却是唐初书法艺术的丰碑。洞内还有四根八面石柱,方方面面刻满佛像,共1086尊,故又称"千佛洞"。门楣上有静琬在唐贞观二年(628)和八年(634)两次刻经的题记,为后人留下了宝贵的纪实资料。

唐贞观十三年（639），静琬法师"大愿不终而奄化"。他的弟子玄导、僧仪、惠暹、玄法前赴后继，五代接传，刻经不止，从无间歇，并一直得到朝廷的赏赐和支持。唐开元盛世之时，唐玄宗李隆基的八妹金仙公主笃信佛法，在唐开元十八年（730），"圣上赐大唐新旧译经四千余卷充幽府范阳县为石经本"。不久，又将云居寺离"范阳县东南五十里上垡村……麦田庄果园一所及环山林麓……永充供给山门所用"，并重新扩建了云居寺。

自静琬发轫勒石刻经至唐末，三百年间，云居寺僧俗四众共刻造佛经100余部，经版4000余块。唐时刻经留有刻造人题名，如大米行、粳米行、绢行、小绢行、彩帛行、小彩行、幞头行、屠行、肉行、油行、炭行、杂货行、生铁行、磨行，等等，这些题名是研究当时经济的宝贵资料。

唐末五代，中原战乱频仍，云居寺刻经乃停。辽圣宗太平七年（1027），涿州刺史韩绍芳从政之暇，游石经山，感念静琬之志，上书朝廷，圣宗乃命"瑜伽大法师讳可元，提点镌修、勘讹、刊谬、补缺、续新，静琬之志，因此续焉"。

辽大安十年（1094），名僧通理游方来到云居寺，他把讲经化缘得来的万余钱，全用在刻经上，历时二十年，"钱已尽，功且止"，刻成《大智度论》《十地经论》等大乘论著44部，经版4000余块。由于七个藏经洞已满，他带领门人善定、善锐等在"寺西南隅穿地为穴道"，埋藏了4000余块经版，并在地穴旁建立了一座八角形十一层密檐的压经砖塔，塔上"刻文标记，知经所在"。因塔在寺南，故称南塔。

与南塔相对的还有一座珍藏舍利的北塔。这是一座样式奇特、保存完整的辽代砖塔。塔高30米，下如楼阁，上如覆钵和圆锥形九重相轮及宝珠塔刹，十分罕见。石经山上还有唐开元二十八年（740）建立的金仙公主塔，辽通理法师在大安九年（1093）为云居寺创始人静琬法师建造的舍利石塔。这些佛塔是研究唐代、辽代佛教和建筑艺术宝贵的实物。

明末以后，云居寺日益颓败，刻经早已成为明日黄花，不复再现。其间也有过几次小修小补，难见昔日之宏大。"七七事变"后，云居寺及周围佛塔遭到日军洗劫，寺庙也被日军飞机炸毁，千年古寺成了瓦砾场，仅存北塔，在夕阳残云后，凭吊往日的兴盛。

新中国成立后，中国佛教协会从50年代后期，即对云居寺进行全面发掘、整理，1957年又打开南塔遗址下埋藏千年的石经版，用三年多的时间将全部藏经拓印完成，拓片近30000张，存留了这批宝贵的资料。

今日云居寺是按原样重建的。寺院坐西朝东，依山势层层递进。原有中、南、北三路建筑，中路是五进院落，六座殿宇，分别为山门（天王殿）、毗卢殿、大雄宝殿、药师殿、弥陀殿和大悲殿。南、北二路布有僧房、客舍和行宫院落。寺旁有唐、辽时的古塔、碑刻，被誉为"幽燕奥室"。

寺院东北一里路就是石经山。小径登临可达藏经洞，最古老最宽大最精彩的当然是雷音洞了。

为了妥善保存出土的石经版不受侵害，1999年9月9日9时9分，云居寺启用了用现代高科技手法建造的藏经库，宝物得保，真的可以"万劫不毁"了。

说到这里，老故事还没完，20世纪90年代，云居寺毗卢殿又收存了一件宝物。这就是原藏于北京东城智化寺内的、清代木雕大藏经的近8000块经版。

雍正皇帝笃信佛法，他认为明永乐年间刊刻的《北藏经》"尚未经精密之校订，不足为据"，就发愿重刻大藏经。雍正十一年（1733），雍正传旨，在北京贤良寺成立"藏经馆"，命他的十六弟和硕庄亲王允禄总理其事。开雕不久，雍正即辞世。乾隆帝继位接续刻经，历时四年，于乾隆三年（1738）十二月十五日大功告成。共雕凿经版80000块，总重约400吨。经版选用上等梨木，全部经版无一拼接和结节。这是我国最后一部官刻大藏经，属国家一级文物。

二百多年的流变，这套《龙藏》有三分之一雕版遭到不同程度的损坏和缺失。为了补齐这套《乾隆版大藏经》，中国文物出版社派专人寻访全国几十家名山大寺查证补缺，完善真经。终于恢复了这套《龙藏》的全部，可以心安理得地传给后人了。

云居寺，在那个云停云走的白带山上坚守了一千四百多年，演绎了数不清的僧俗故事。其间，却有一件事贯穿始终，那就是为了弘扬佛法，不辍地刻经、藏经。还有清代那部缺而复补的《龙藏》雕版。这座古寺藏经的故事，说的是佛事，还是人生？

游北京，不仅要登长城，逛故宫，看天坛，畅游颐和园，还真应该去房山的云居寺看看。那是千年奇迹，一个用大量的实物告诉你什么叫坚忍不拔、百折不回的地方。

白云停留的地方，阳光更灿烂。

尾 声　故事不远，就在眼前
——从李连英说起

一只名贵的翡翠扳指，孤零零地摆在首都博物馆的展柜中。浓绿的光，似火苗，舔舐着贪婪者的心；它的清润，又仿佛一泓冷泉，袭人双眸，沁人心脾，叫人凝视遐想。

这只翡翠扳指的主人，就是清末紫禁城人人皆知的大太监李连英。

距离北京150公里的直隶河间府大城县，是出太监的地方。

常有"乡亲"从宫里回来，穿着鲜亮，揣着大把的银子，尖着嗓子说，住在宫里，能天天见着皇上娘娘，还知道皇上吃什么，喝什么，怎么怎么的。村里的孩子都听傻了，馋得什么似的，要是有一天……大人赶忙给吓唬住了："知道吗？进宫先要把'小宝贝'割了去！死了都没脸见祖宗！"

皮匠李玉靠修皮靴为生。五个儿子五张嘴，都要从他手指头缝里讨吃喝。老二李英泰摔了个跟头，伤口不愈合，发烧昏迷。算命的说，若要逢凶化吉，不入"空门"入"宫门"。"空门"庙宇，整日拜佛念经，生活清苦，有多大指望？"宫门"显赫，却要舍弃男人的根本，断子绝孙，无颜祖先。左右为难，哪条道都不好走。反正生死有命，富贵在天。他横下一条心，走上了这条想成人、却又必须从不是"人"做起的登"天"路。

七岁净身，九岁进宫，小英泰鬼使神差地被分派在懿贵妃兰儿的门下，改名李连英。这是命。从此，慈禧和小李子这对主仆，开始了形影相随的漫长历史。

初进宫门，他就面临着一场争夺权力的殊死战！原来金钟玉磬、顶礼膜拜的背后，藏着那么多的倾轧、撕咬、暗杀、陷害。这里没有亲情真爱，只有你死我活！据说辛酉那年，十三岁的小连英，头发里藏着慈禧、慈安的手谕，冒着杀头的危险，不敢歇闲儿地从热河一路飞奔，把消息送给京城的恭亲王奕䜣。政变成功了，两后垂帘了，大清王朝形似稳定，实际开始朝着毁灭的深涧急速滑去！

慈禧擅权四十八年，"皮削李"不离左右。就这样，亿万臣民的生死存亡和几千年的华夏文明，在慈禧颐指气使、独霸朝纲中，信手揉搓、毁弃，伤害惨重，空余下今生后世锥心刺骨的悔痛！人们在痛恨慈禧祸国殃民的同时，常常迁怒于李连英的助纣为虐。恶主子固然可恨，可她的狗奴才更可怜、更可卑，也更可恨！这种恨恨不已的情绪穿越时空，延续至今。

光绪三十四年十月二十一日（1908年11月14日）光绪帝薨，终年三十八岁。次日，慈禧病逝，终年七十三岁。不过二十个小时，仇雠难解的二人倏然而逝，撇下一个谜和一个无人收拾、有人惦记的破烂摊子。李连英料理完慈禧的丧事，把慈禧生前赏赐给他的东西，悉数交给隆裕皇太后，当即辞位出宫，退出栖息了五十二年的紫禁城，淡然为民。

三年后，"于宣统三年二月初四（1911年3月4日）而死"，"年六十有四"（《李连英墓葬碑文》）。李连英葬在京西恩济庄的太监墓地，占地二十余亩，地面建筑和地下石宫规格很高。

1966年7、8月间，六一学校的红卫兵"破四旧"，他们想起了校园内规模齐整的李连英墓园。"小将们"驱赶校长、书记、老师们，拆除了校园内李连英墓地的墓碑、石桥、石牌坊、石供桌；又用力刨挖掉宝顶，终于打开了李连英封闭五十五年的墓穴。

开棺清出了李连英的遗骸，出土了五十几件殉葬的珍宝，其中，有钻石帽正一个（直径1.6厘米）、花宝石镶钻石戒指一件（戒面2厘米×1.4厘米）、光绪款金烟碟（盛放鼻烟的用具）一件（金重140.5克）、金珐琅怀表（光绪年制）一块、宋朝青玉环一件（直径5.7厘米）、汉朝青玉剑饰一件（高1.8厘米，宽5厘米）、汉朝玉镯一件（直径8厘米），以及这枚翡翠扳指（高2.5厘米，直径3厘米）。

这一来，李连英的死，乃至他一生的荣辱、评议，又起波澜，成了人们津津乐道的一个谜：他是因病而死，尸骸腐坏呢，还是被仇家所杀？为什么入葬时失去身躯，只留下一颗头颅呢？

历史等待解疑、重述，如同北京城到处留下的数不清的谜。

扳指，原本是一种戴在右手（或左手）大拇指上、辅助扳弓射箭、类似戒指却不是戒指的"套儿"。它可以在用力拉开粗硬的弓弦时，辅助瞄准，分散拇指的运动量，保护拇指不被勒伤。古人就地取材，选用鹿骨一类质涩而有韧性的东西，套在大拇指上。这样一个生活、战斗必不可少的工具，因为戴在显眼的拇指上，渐渐成了一种平素也不离拇指的豪华装饰，一种以物状人、随处显示、夸耀自己身份的奢华饰品。

在中国，扳指的历史很长。

无独有偶，上溯到公元前12世纪前半叶，协助商王武丁重整王朝的大妃妇好，也用过一枚镌刻着斑斓兽纹的青玉扳指。1976年出土后，我们发现这枚青玉扳指色青绿，有褐斑，呈圆筒状，下端平齐，上端为斜口，结构合理，恰可套进成人的大拇指中。青玉扳指高2.7～3.8厘米，直径2.4厘米，壁厚0.4厘米。扳指的正面是以双钩线勾勒出的兽形：兽口向下，细长眉，菱形眼，两耳贴后，有一对尖角，尾下垂，短足前屈，兽鼻两侧各有一圆孔。扳指背面靠下端刻有凹槽，应该是扣弦受力处。端详这枚精美的青玉扳指，可以想见当年妇好大妃正是戴着这枚扳指征战无数，频取胜利。而我们的祖先竟能在三千多年前，用精湛的治玉技术，抽取玉芯、保存玉套、构思雕琢出如此精美奇特的兽形，不能不叫人拍案称奇！

满族入关前，以游牧为生，骑马射箭是生存的必须，时刻离不开扳指。扳指常采用驼骨、鹿骨一类的骨头制作，讲实用，不在乎修饰。八旗各旗都办有骑射学校，适龄少年必须入校培训。小友相聚，免不了争强好胜，比美夸好。扳指就成了比赛箭射之外的一件可以夸耀的物件了。及至大清建国、稳坐江山后，上自皇上、王爷、贝勒、贝子，下至八旗子弟、世间混混，都把扳指当成一件显示富贵权势的标志，完全没有了当年镝鸣沙场的记忆。

功能转换为奢华饰品的扳指，用料广泛，争奇斗胜，材质无所不用其极，如犀角、驼骨、象牙、水晶、翡翠、珊瑚、美玉、名瓷、黄金、白银、亮铜、镔铁，等等。伴有镌刻字画于扳指面上，精益求精，不厌其烦地加以修饰，彰显其华贵无比。扳指凸现了身份的华贵，却抹杀了尚武的精神，堕落了原本材质的坚韧朴实，滑向一条沉沦的末路。"玩物丧志"者也，古训犹然！

由此，又想到李连英那枚翡翠扳指。他是罕见的二品顶戴、钦赐黄马褂、内廷三千多太监的大总管。与其高贵的身份相配，右手大拇指上的扳指，该是什么成色，什么身价？谁能比，谁又敢比！

生不离手，死不离身，可见，这枚扳指的名贵，以及它与李连英的密切程度。

有个说法，广为流传。

一次李连英看见恭亲王奕䜣手上戴着枚翡翠扳指，浓、纯、清、润，翡翠的优美材质占全了，世间少见。李连英紧盯着扳指，不由得喊了声："好！"要求恭王把这个"小玩意儿""赏"给他。恭王婉拒了。次日上朝，说完公事，慈禧瞥了眼奕䜣手上的扳指，问，听说你得了枚翡翠扳指？恭亲王心知肚明地赶忙奉上。过了几天，恭亲王看见李连英志得意满地用丝巾擦拭着那枚翡翠扳指。

故事挺符合民众心目中慈禧和李连英的形象。主恶仆邪，气焰嚣张，唯利是图嘛！

然而，稍加冷静思索，就不难产生疑问：

为了一枚小小的扳指，统管内廷全体太监的大总管，竟去搬动心计多端的主子，耍弄权倾朝野的亲王吗？

再者，擅长和"鬼子"打交道、识时通变的恭亲王，会因为一枚小小的扳指，去得罪老佛爷身边的李大总管吗?

而掌控大清江山的慈禧,能助长手下的奴才向自己的政治盟友讨便宜,破坏预设的政治布局吗?孰大孰小,孰轻孰重,心细如发的慈禧老佛爷会掂量不出来?

人们常常有意无意地误解了历史,看轻了历史,甚至任意戏说历史。总以为历史如戏台,不过是"你方唱罢我登场""一朝天子一朝臣";那台上的人物非忠即奸,不好即坏,绝没有第三条路可走!比如脸谱,你看,好坏都写在脸上呢:红脸忠、白脸奸、黄脸猛、金脸仙,一目了然;到头来"善有善报,恶有恶报;善恶未报,时间未到"。忍着吧,甭急,"天塌下来,自有高个子人顶着"。历史就这么简单明白,是是非非,恩恩怨怨,清清楚楚。多少年来,人们就是被这样一个邪理牵着鼻子走,不知误了多少人、多少事、多少朝代!

结果,红卫兵小将们爱憎分明,严督老师刨了大坏蛋李连英的坟;而从此世间流传开李连英遭报被杀,空留下一颗人头入葬。你说惨不惨?

如今,人们面对一件件屡经磨难,依然光彩熠熠的文物,只是惊叹它的价值连城,举世无双,蓄意占有,却扬弃了它坎坷的身世和历史的尊严与教训,令我们茫然无知昨天的嘱托,今日该向何方?

李连英生活在中国最后一个封建王朝覆灭的前夜,

位处皇权中心，历经咸丰、同治、光绪、宣统四朝，是慈禧一生中最宠信，也是相伴始终的太监。他的地位、威势，朝野皆知。但祸福难测、朝不保夕的处境也使他不敢骄矜，不敢涉政，容让谦退，只求主子欢心。慈禧临朝的四十八年中，战事不断，朝局诡秘，内忧外患，民不聊生：帝后、后妃、后臣、朝臣、中外、朝野……几乎处处堆满干柴烈火，只轻轻一擦，即爆燃冲天！李连英身处其中，自然明白他的三个前任"同事"掉脑袋的结局。

血淋淋的前车之鉴，触目惊心。

他的前任、深受慈禧宠信的"太后掌案"安德海，就是因为骄横跋扈，惹怒了恭亲王奕䜣，被山东巡抚丁宝桢以违制出宫罪处死。事后，慈禧并未迁怒于丁，后来丁宝桢还升任川陕总督，殁于任上，朝廷优抚甚厚。

梳头房太监寇连才机敏正直，颇受慈禧喜爱，后掌会计。他见慈禧擅权，冷落光绪，杖责瑾、珍二妃，不立太子，宠信佞臣，听戏享乐，挥霍财政，修复圆明园，殃及国民，结怨朝野，心中不忍，屡屡苦谏，遭到慈禧申斥。后来竟冒死上奏十项条陈：提出请归政皇上；请勿修圆明园以幽皇上；请勿演戏；请废颐和园；请罢修铁路；请革李鸿章职；请续修战备与日本战等。最后，慈禧终以祖训：内监不准言政事，处死了这个年仅十八岁的寇连才。

李连英由"掌案"升任"总管"后，他原来"太后掌案"的差使，交由王俊如接任。王失宠后，被发往盛京

（沈阳），后被秘密处死。

这三个人都在李连英的身边，朝夕相处，却因为骄矜跋扈，直言干政，失宠勿用，都落了个人头落地的下场。而宫里被打残、处死的太监，乃至被废黜、处死的后妃又有多少？李连英身临其境，敢不束身自警吗！慈禧对他的信赖，除去他能随时随地讨得老佛爷的欢心外，就是他的自警、低调、不惹事。

在慈禧眼中，能像李连英这样"明白懂事"的还有一个人，那就是她的妹夫，位极人臣、享受世袭罔替殊荣的醇亲王奕𫍽。这位七王爷功高不显，处处退让。特别是自己的儿子（载湉）当了皇帝以后，反而凡事"九思"，事事"退省"，时时退思补过，毫无进取之心，这让慈禧暗暗满意。尽管大清国的命运，稳稳地掌控在她的手心里，她也从不掉以轻心。

光绪十二年（1886）五月，慈禧懿旨，让主掌海军衙门的醇亲王奕𫍽去烟台检阅海军，并赐皇帝出巡的杏黄轿。待遇之隆盛，等同皇帝出巡。醇王怎敢乘用，内心十分紧张。他力请李连英一同前往阅军。此举正中慈禧下怀。出京后，每见文武官员，醇王都让李连英随见，以使太后放心。而李连英也牢记安德海的教训，处处谨饬，时时收敛，穿布衣布靴，不戴二品的红顶，只戴七品县太爷的金顶，手持醇王的长烟袋、大皮烟荷包，低头躬身，站在醇王身边，随时侍候装烟打火，殷勤备至。不知者，都以为他是醇王的得力随从。事毕，李连英赶忙躲入醇王的夹室，不见外官。回京后醇王大加赞许李连英的表现，慈禧也很高兴。原本有些御史言官，想乘机弹劾李连英违制出宫阅兵，终因无把柄可用而作罢。从这件事中，不难看出宫内的李连英和宫外的醇王是如何小心翼翼地为专横的慈禧所左右。

此外，李连英还必须得体地处理与帝、妃、宗室、重臣之间错综复杂的关系。

在宫里，如果整天只是心怀戒惧，一味地唯唯诺诺而无所作为也不成，依然会陷于朝不保夕的被动地位。李连英明白自己的地位，言谈举止首先要与"老佛爷"的心思丝丝入扣，既不能虚，又不能过，尺度合适；更不能狗仗人势，赶尽杀绝，不给自己留下回身余地。

据吴永《庚子西狩丛谈》记载，慈禧出宫西逃时，让气焰嚣张的二总管崔玉贵处死珍妃。投井前，垂死的珍妃高呼："李俺答救命！李俺答救命！"此时，李连英并不在场。这绝望的呼喊，从一个侧面反映了李连英平日对珍主子的有限尊重和一些善意，他是奴才，不能随着慈禧的厌恶而落井下石。

在尖锐的帝后矛盾中，他绝口不言政事，默默地遵从太后，不表意见。"戊戌变法"失败后，他对光绪帝颇多同情和尊重。

王小航《方家园杂咏二十首并记事》中有一首诗，写的就是李连英。诗曰：

世态炎凉不堪论，蔑主惟知太后尊；
两夜垂裳恭待旦，膝前呜咽老黄门。

"黄门"就是皇门，指太监。王小航记述下这首诗背后的一段往事。

《辛丑条约》签订后，李鸿章殁于位，袁世凯署理直隶总督。为了迎接慈禧回銮，袁亲赴保定，为慈禧的行宫做了精心周到、极尽奢华的准备。

太后寝殿，铺陈华美，供给周备；李连英室次之；皇上寝殿极冷落。宫监及内务府诸人趋奉太后事毕，各散去饮博，或休息。李连英伺太后已睡，潜至皇上寝宫，小阁无一在者。上一人对灯兀坐。连英跪安毕，问曰："主子为何这时还不睡？"上曰："你看看这屋里，叫我怎么睡？"连英环视之，时正隆冬，宫中除硬胎之坐褥椅垫靠枕外，无他物。连英跪抱皇上之腿，痛哭曰："奴才们罪该万死也！"连英出，旋抱衾枕至，曰："今夜已深，不能再传他们。他们为奴才所备被褥，请主子将就用之。奴才罪上加罪，已无法也。"

余（王小航）尝闻上驷院卿福启言，上还京后，每追念西行之苦曰："若无李俺答，我活不到今日。"俺答，满语，如汉语之奶妈也。自戊戌以后，太后宫中，即二总管崔玉贵独揽大权，因连英出言谨慎，不敢附和逆谋，故太后疑忌之，以资格仍居大总管之名。

由此可见，再受宠的奴才，也有被主子疑忌、抛弃的时候，更何况慈禧这样反复无常的主子。幸亏老佛爷死得其时，李连英才捡了个全身而退。

宫中岁月，固然是衣鲜食美，而李连英活得并不自在。在老佛爷身边，时常有意想不到的大事小情发生，李要机敏面对，处理得当。费心费力不说，结果是吉是凶，殊难意料。

《清稗类钞·阉寺类》记了"李连英深衔德宗"一段事：

德宗（光绪）大渐，隆裕后欲视之，恐蹈孝哲后覆辙。彷徨无计，李连英进曰："皇帝疾甚，皇后何不视之？"隆裕曰："无老佛爷旨。"李曰："此何时？皇后速往。老佛爷见责，奴才任之。"后使得与德宗诀。

这件虽近人情，却充满凶险的决定，李连英担当了，足以看出他修炼多年、积蓄下的政治智慧和应急的决断力。隆裕自然感激于心。李连英死后，隆裕太后赏赐千两白银，丧事也办得很隆重、很体面。他的墓制远超过一般妃嫔，规制很高。李连英一生，显赫一时，终落了个寿终正寝。尽管他死后，宫廷内外对李的褒贬不一，甚至有人打主意想动他的财产，终幸无机可乘。

毕竟李连英在宫里眼见的、经历的太多了。他推人及己，知险恶，能收敛，有自知之明。李连英不像那些小人乍富、气焰嚣张的太监，稍稍得势就讲排场，比阔绰，作威作福，不管不顾。他一生不纳妻妾，弟兄们各过各的，不建大宅院。出宫后，他隐居西华门外的"花神庙"，平素不出门，不访友，过着半出家的日子，自甘默默，潜度余生，还不是怕招灾惹祸，晚年不保。

他常常警告身旁的人说："我受恩深重，不可失慎。天恩越大，性命越险，吾人不可不慎。"还说："一个内务府，每年稳稳当当的十万两银子，足够我花的，用不着交外官，交外官是有危险的。"这话说给人听，也是自解自警。

庚子后，袁世凯、杨士骧等人给老佛爷进贡的同时，也给李连英备一份。李收下后，再想法子把人情还回去。"收一千，还八百"，人情、面子，于情于礼都要说得过去。官场送礼的"规矩",自古而然,就是皇上、太后、太祖、太宗也心安理得,一概照单全收。李连英能"收一千,还八百",已经很不容易了。他知道,自己终究是个奴才,再得势,命也是攥在老佛爷手里。他知危自保,不忘形,有了这点儿"小聪明"。奇怪的是,一些念了一辈子书、出身三榜进士的官吏,却连这点儿"小聪明"也没有,旁若无人,为所欲为,直闹到"不丧身家不肯罢",最终身败名裂,遗臭万年。"皮削李"始终记着自己是个奴才的"小聪明",不值得思索、玩味吗?

这么说并不是给李连英翻案。只是击破人们历来口耳相传的成见,为历史人物提供一个设身处地、合情合理的说法。不欺瞒、不戏耍、不媚俗、不随意,还历史真实、合理的面目。

说到底,李连英不过是慈禧忠实的奴才,清朝的太监又不像明朝的太监那样跋扈,可以肆意弄权干政。因此,清兴清亡,他起不了决定作用,也担不了主要责任,更不可能挺身而出,擎起一片蓝天,解民倒悬。奴才就是个奴才,为非作歹的劣迹,不可能被他的"小聪明"掩盖掉。李连英不是"助纣为虐"的符号,他曾是个活生生的人。在他身上,你不难发现"阿Q"的DNA,找到自己的影子。在历史的明鉴上,你不难发现现世的影子。历史,就是过去那些人,发生过的那些事儿,可以欺瞒,可以歪曲,但不能戏说,不能抹杀。戏谑或掩盖历史终究是要遭报应的。

再见那枚翡翠扳指,依旧光彩诱人。从一块深埋在缅甸山石之下的璞玉,到雕琢一件器物,这枚扳指走过了三四千年的路程。它由朴而华,听候人们注进智慧、灵巧和希望;虽然被打扮成"光环",去装饰权贵,填补空虚;但它的存在、变异,印证了人类文明进步的光辉。

如今,翡翠扳指出土重光,成了身价不菲的"文物",而它最后的主人李连英,却灰飞烟灭、尸骨不存,空余下一段说不完的"闲话",听任后人评说,见仁见智,各取所需。睹物思人,物是人非,有足够的经验教训摆在那儿,叫今人自己去品味。

李连英作为老北京的一个符号,留给我们不尽思索的空间,容我们去揣度猜想。我们又能从中得到多少愉悦、满足或醒悟呢?

老北京是有生命的。它的生命,植根于自身的历史演变、文化积累,它不仅仅留在史书的记载、地面上的建筑和地下的文物里,它还"活"在故事、传说、风俗、习惯以及一代代人的记忆、思念、话语当中。这笔丰厚的非物质文化遗产,是城市生命的一部分,是它传宗接代、不失本色的根。

了解老北京,要从知晓老北京开始。知之,方能识之。这正是我们接过历史重任，让古都北京不断焕发新生力量的前提。"今胜昔"是不争的事实；忆旧思故，也绝非是"没落阶级"垂死的哀鸣。小时候常听大人呵斥："别光吃饭，不长记性！"有记性，不忘旧，是应有的觉悟，是做人的品格和处世的情操，是自强不息、与时俱进的基础。既然我们的祖先创造了辉煌的过去，他们的子孙就应接受这笔遗产，去创造更美好的未来！这里，不用回避我们曾经的幼稚和莽撞、冒犯和失误。北京城的生命正活泼泼地涌动在一代代新北京人的身体中。我们应该无愧先人，无愧北京！

追寻、阅读、温习老北京这本永远也读不完的书，可以在桌前、网上；也可以在街巷胡同里、古代建筑面前。北京的田野、山林、山峦、河水，都刻印着老北京的记忆。许多昨天的故事，均可启迪今人的智慧。解读老北京的人和事，可以使我们增智广识，拓展思路，培育情操，完善修养。因为，时代需要我们鉴知古今，做一个开朗通达、乐天知命的现代人。

鲁迅、阿Q和我　裘沙、伟君作